Datenverarbeitung im Recht (DVR)

Archiv für die gesamte Wissenschaft der Rechtsinformatik, der Rechtskybernetik und der Datenverarbeitung in Recht und Verwaltung

Band 3, 1974

J. Schweitzer Verlag · Berlin

Geschäftsführender Herausgeber

Dr. Sigmar Uhlig, D-53 Bonn-Tannenbusch, An der Düne 13,
Telefon 0 22 21 / 66 13 78 (privat); 0 22 21 / 5 81 oder 58 48 27 (dienstlich)

Zitierweise: DVR

Inhalt

Abhandlungen

Literatur

Hinweis

Veranstaltung

Die Autoren der Beiträge

Hélène Bauer-Bernet, Dr. jur. Lic en Droit, Lic. es Lettres, Drève des Deux Moutiers 11, B-1160 Bruxelles

Thomas A. Cowan, Professor, Rutgers University, Newark N.J. (USA), University Avenue

Ullrich Dammann, Wissenschaftlicher Mitarbeiter der Forschungsstelle für Juristische Dokumentation, D-600 Frankfurt, Senckenberganlage 31

Herbert Fiedler, Professor, Dr. jur., Dr. rer. nat., Universität Bonn/Gesellschaft für Mathematik und Datenverarbeitung, Birlinghoven, D-5300 Bonn, Lessingstraße 24

Ejan Mackaay, Assistant Professor, Université de Montréal, Faculty of Law, Case postale 6128, Montréal 101, P. Q., Canada

Patrick Le Minor, Avocat à la Cour, 7 Rue Daubenton, F-75 Paris 50

Leo Reisinger, Dr., Privatdozent, Institut für Statistik an der Universität Wien, A-1010 Wien, Universitätsstraße 7

Pierre Robillard, Professor, Université de Montréal, Départment d'Informatique, Case postale 6128, Montréal 101, P. Q., Canada

Klaus Scholz-Villard, Rechtsanwalt, D-6670 St. Ingbert, Albert-Weisgerber-Allee 24

Spiros Simitis, Dr. jur., Professor an der Universität Frankfurt, Forschungsstelle für juristische Dokumentation, D-6000 Frankfurt/M., Senckenberganlage 31

Wilhelm Steinmüller, Dr. jur., Professor an der Universität Regensburg, D-8400 Regensburg 2, Postfach 397

Franciszek Studnicki, Professor, Dr., Uniwersytet Jagiellonski, Instytut Prawa Cywilnego, Krakow, ul. Olszewskiego 2

Werner Robert Svoboda, Dr., Assistent am Institut für Staats- und Verwaltungsrecht an der Universität Wien, A-1030 Wien, Krummgasse 2

Manuskripte, redaktionelle Anfragen und Besprechungsexemplare werden an den Geschäftsführenden Herausgeber erbeten, geschäftliche Mitteilungen an den Verlag. Für unverlangt eingesandte Manuskripte wird keine Gewähr geleistet.

Auf Anforderung ist ein Formblatt zur Manuskriptgestaltung erhältlich.

Die Beiträge werden nur unter der Voraussetzung aufgenommen, daß der Verfasser denselben Gegenstand nicht gleichzeitig in einer anderen Zeitschrift behandelt.

Verantwortlich für den redaktionellen Teil: Dr. Sigmar Uhlig, Bonn.

Verlag: J. Schweitzer Verlag, 1 Berlin 30, Genthiner Straße 13, Telefon 0 30/2 61 13 41, Postscheckkonto: Berlin-West, Konto-Nr. 566 67-108; Berliner Bank A.G., Depka 32, Konto-Nr. 32 71036 400. Der Verlag ist eine KG; persönlich haftende Gesellschafter sind Dr. Kurt Georg Cram, Berlin, und Dr. Arthur L. Sellier, München. Kommanditisten sind Alfred Sellier und Marie-Louise Sellier, beide München. *Anzeigenannahme:* J. Schweitzer Verlag. Gültig ist Anzeigenpreisliste Nr. 2. Verantwortlich für den Anzeigenteil: Dietrich Foth. Anzeigenschluß 4 Wochen vor Erscheinen des Heftes. *Satz*: Behr, München. *Druck*: Gerber, München. *Erscheinungsweise:* Die Zeitschrift erscheint bandweise, ein Band besteht aus 4 Heften zu je ca. 96 Seiten. Jährlich soll ein Band erscheinen. *Bezugspreise*: Abonnementpreis pro Band DM 154,–. Vorzugspreis für Studenten und Referendare DM 116,–. Einzelheft DM 44,–, Doppelheft DM 88,–. Alle Preise verstehen sich inklusive Mehrwertsteuer, jedoch zuzüglich Zustellgebühr. *Bestellungen* nehmen entgegen: jede Buchhandlung und der Verlag. Bestellungen zum Vorzugspreis nur gegen Vorlage einer Ausbildungsbestätigung. *Abbestellungen* müssen 4 Wochen vor Vierteljahresschluß erfolgen.

Band 3, Heft 3/4, November 1974

Inhalt

Abhandlungen

Literatur

Hinweis

Veranstaltungen

Die Autoren der Beiträge dieses Heftes

Klaus Scholz-Villard, Rechtsanwalt, D-6670 St. Ingbert, Albert-Weisgeber-Allee 24

Edouard Houtard, Avocat, 34, Rue de la Montagne, B-1000 Brüssel

Patrik Le Minor, Avocat à la Cour, F-75 Paris 50, 7, Rue Daubenton

Herbert Fiedler, Professor, Dr. jur., Dr. rer. nat. Universität Bonn/Gesellschaft für Mathematik und Datenverarbeitung, Bierlinghoven, D-5300 Bonn, Lessingstraße 24

Héléne Bauer-Bernet, Dr. jur., Lic. en Droit, Lic. es Lettres, Dréve des Deux Moutiers 11, B-1160 Bruxelles

Klaus Fietzeck, Assessor, IBM Deutschland GmbH, Fachbereich für Datenverarbeitung in Wissenschaft und Verwaltung, D-5300 Bonn-Bad Godesberg, Stephan-Lochner-Straße 2

Franciszek Studnicki, Professor, Dr., Uniwersytet Jagiellonski, Instytut Prawa Cywilnego, Krakow, ul. Olszewskiego 2

Ulrich Dammann, Wissenschaftlicher Mitarbeiter der Forschungsstelle für Juristische Dokumentation, D-6000 Frankfurt, Senckenberganlage 31

Ejan Mackaay, Université de Montréal, Faculty of Law, Case postale 6128, Montréal 101, P.O. Canada

Pierre Robillard, Professor, Université de Montreal, Department délnformatique, Case postale 6128, Montréal 101, P. O., Canada

Thomas A. Cowan, Professor, Rutgers University, Newark N.J. (USA), University Avenne

Hans D. Jarass, Dr., Institut für Politik und öffentliches Recht der Universität München, D-8000 München 22, Veterinärstraße fl

Verantwortlich für den redaktionellen Teil: Dr. Sigmar Uhlig, Bonn. *Verlag:* J. Schweitzer Verlag, 1 Berlin 30, Genthiner Straße 13, Telefon 0 30/2 61 13 41, Postscheckkonto: Berlin-West, Konto-Nr. 566 67-108; Berliner Bank A.G., Depka 32, Konto-Nr. 32 71036 400. Der Verlag ist eine KG; persönlich haftende Gesellschafter sind Dr. Kurt Georg Cram, Berlin, und Dr. Arthur L. Sellier, München; Kommanditisten sind Alfred Sellier und Marie-Louise Sellier, beide München. *Anzeigenannahme:* J. Schweitzer Verlag. Gültig ist Anzeigenpreisliste Nr. 1. Verantwortlich für den Anzeigenteil: Dietrich Foth. Anzeigenschluß 4 Wochen vor Erscheinen des Heftes. *Satz:* Behr, München. *Druck:* Gerber, München. *Erscheinungsweise:* Die Zeitschrift erscheint bandweise, ein Band besteht aus 4 Heften zu je ca. 96 Seiten. Jährlich soll ein Band erscheinen. *Bezugspreise:* Abonnementspreis pro Band DM 154,–. Vorzugspreis für Studenten und Referendare DM 116,–, Einzelheft DM 44,–, Doppelheft DM 88,–. Alle Preise verstehen sich inklusive Mehrwertsteuer, jedoch zuzüglich Zustellgebühr. *Bestellungen* nehmen entgegen: jede Buchhandlung und der Verlag. Bestellungen zum Vorzugspreis nur gegen Vorlage einer Ausbildungsbestätigung. *Abbestellungen* müssen 4 Wochen vor Vierteljahresschluß erfolgen.

Klaus Scholz-Villard

Datenverarbeitung und Europarecht

Wir leben im Computerzeitalter!

Gilt dies auch für den Juristen, hat es insbesondere der Anwalt erkannt, was die Zeichen der Zeit für ihn bedeuten?

Der folgende Beitrag will versuchen, eine Darstellung dessen zu geben, was die Veranstalter – europäische Rechtsanwälte in Zusammenarbeit mit dem Gustav-Stresemann-Institut – veranlaßt hat, im Herbst 1972 in Luxemburg eine Tagung mit dem Thema „Datenverarbeitung und Europarecht" durchzuführen.

Es hieße nun Eulen nach Athen tragen, wollte ich an dieser Stelle versuchen, die Problematik der elektronischen Datenverarbeitung dem Leser zu verdeutlichen.

Anders steht es mit der Frage der Bedeutung des Europarechts. Zum einen hat das Europarecht in Juristenkreisen noch viel zu wenig Eingang gefunden, zum anderen scheint mir, daß einer Gefahr, die mit der Einführung der elektronischen Datenverarbeitung im nationalen Bereich der europäischen Integration droht, viel zu wenig Beachtung geschenkt wird.

Spricht man von Europarecht, so ist damit das Recht der Europäischen Gemeinschaften gemeint, das heißt das primäre Gemeinschaftsrecht, nämlich die drei Verträge[1], und das sekundäre Gemeinschaftsrecht, die Rechtsakte der Gemeinschaftsorgane[2].

Obwohl Rechtsprechung und Lehre sich in den letzten Jahren mit Erfolg bemüht haben, Klarheit in die Problematik des Verhältnisses zwischen Gemeinschaftsrecht und nationalem Recht zu bringen[3], wird diese Frage in der täglichen Praxis des Anwalts noch in erschreckend großem Maße ignoriert. Dies ist um so erstaunlicher, wenn man bedenkt, welche Bedeutung diesem Fragenkreis für den Rechtsschutz der Einzelpersonen zukommt[4].

Die unmittelbare Geltung des sekundären Gemeinschaftsrechts ergibt sich aus

---

[1] Vertrag über die Gründung der Europäischen Gemeinschaft für Kohle und Stahl vom 18. April 1951 – Vertrag zur Gründung der Europäischen Wirtschaftsgemeinschaft (EWG) vom 25. März 1957 – Vertrag zur Gründung der Europäischen Atomgemeinschaft (EURATOM) vom 25. März 1957.

[2] Vgl. dazu *Zuleeg*, in: Einführung in die Rechtsfragen der europäischen Integration, Schriftenreihe des Gustav-Stresemann-Instituts, 2. Auflage, Bonn 1972, Seite 40 ff.

[3] Dazu *Grabitz*, Entscheidungen und Richtlinien als unmittelbar wirksames Gemeinschaftsrecht, in Europarecht, Heft 1, 1971, Seite 1 ff. mit weiteren Nachweisen.

[4] *Constantinesco*, Die unmittelbare Anwendbarkeit von Gemeinschaftsnormen und der Rechtsschutz von Einzelpersonen im Recht der EWG, Baden-Baden 1969.

Art. 189 EWG-Vertrag[5]. Es wird unterschieden zwischen Verordnung, Richtlinie, Entscheidung und Empfehlung. Die Verordnung ist in den Mitgliedsstaaten verbindlich und gilt nach ihrer Veröffentlichung im Amtsblatt der Gemeinschaften unmittelbar, ohne daß es noch eines Transformationsaktes oder der Zustimmung des nationalen Gesetzgebers bedarf. Die Tatsache, daß dadurch laufend Normen (und dies nicht nur im Bereich der Agrarordnung) ohne Zutun – allerdings auch ohne parlamentarische Kontrolle – des nationalen Gesetzgebers in den Mitgliedsstaaten zur Entstehung gelangen, ist schließlich das, was man richtigerweise als die fortschreitende Integration Europas bezeichnen kann. Auf die Bedeutung der Richtlinie, insbesondere auf ihre unmittelbare Anwendbarkeit – sie ist durch das sogenannte Leber-Pfennig-Urteil des Europäischen Gerichtshofs[6] in den Mittelpunkt des Interesses getreten –, sowie auf die Bedeutung der Entscheidung und der Empfehlung soll hier wegen der Kürze der Einführung nicht weiter eingegangen werden.

Je mehr nun die Integration Formen annimmt, um so bedeutsamer wird diese Integration für den einzelnen und um so weitreichender kann das Bedürfnis nach Rechtsschutz sein.

Die Bedeutung der Datenverarbeitung für den Rechtsschutz ist bekannt. Das, was *Simitis* von dem „uninformierten Bürger" sagt, gilt auch für den uninformierten Marktbürger der Europäischen Gemeinschaften[7]. Es wird nicht nur die Rechtssicherheit und Rechtsstaatlichkeit in Frage gestellt, sondern es kommt gar die Europäische Integration in Gefahr. Eines der Ziele der europäischen Integration nämlich, die Art. 2 EWG-Vertrag formuliert, ist die beschleunigte Hebung der Lebenshaltung. Der Europäische Gerichtshof hat bereits in einem Urteil im Jahre 1963[8] gesagt, daß die „Wachsamkeit der an der Wahrung ihrer Rechte interessierten einzelnen eine wirksame Kontrolle darstellt, welche die durch die Kommission und die Mitgliedstaaten ausgeübte Kontrolle ergänzt". Mit anderen Worten, der einzelne hat sehr oft ein konkretes Interesse an dem Fortschreiten dieser Integration. Jenem Interesse wird durch mangelhafte Information über das Recht mit Sicherheit nicht Rechnung getragen.

Inzwischen gibt es in Europa eine ganze Reihe juristischer Datenbanken. Das Projekt, das wohl am weitesten fortgeschritten ist, ist CREDOC in Brüssel[9]. Die Franzosen haben in den letzten Jahren mit mehr oder weniger großem Erfolg einige Versuche gestartet[10]. Für Deutschland ist die Gesellschaft für Mathematik und Datenverarbeitung zu nennen, die mit Hilfe des Bundesjustizministeriums Aussichten hat, konkrete Erfolge zu erzielen[11].

---

[5] Die entsprechende Vorschrift im EURATOM-Vertrag ist Art. 161; der Vertrag über die Gründung der Europäischen Gemeinschaft für Kohle und Stahl regelt dies in Art. 14 (die Terminologie ist dort anders als in den beiden erstgenannten Verträgen).

[6] Urteil vom 6. 10. 1970 in der Rechtssache 9/70.

[7] *Simitis*, Informationskrise des Rechts und Datenverarbeitung, Karlsruhe 1970, S. 48 ff.

[8] Urteil vom 5. 2. 1963 in der Rechtssache 26/62.

[9] Siehe dazu den folgenden Beitrag von *Houtard,* S. 179 ff.

[10] Über den aktuellen Stand berichtet *Le Minor* auf S. 186 ff.

[11] Siehe dazu *Fiedler,* S. 198 ff.

In diesem Zusammenhang wird die oben angedeutete Gefahr deutlich, die, wie mir scheint, noch nicht in ihrer ganzen Tragweite erkannt ist. Die Tatsache nämlich, daß dem Juristen durch die elektronische Datenverarbeitung ganz neue Arbeitsmittel in die Hand gegeben werden, die nicht nur seine Arbeitsweise beeinflussen, sondern, wie ich behaupten möchte, durch diese neue Art der „Rechtsanwendung" das Recht selbst, läßt den Schluß zu, daß einseitig nationale Projekte neue nationale Grenzen errichten werden. Es ist fraglich, ob die Art. 100 ff. EWG-Vertrag ausreichend Möglichkeiten bieten, diese Schwierigkeiten zu bewältigen.

Erschwert wird dieser Vorgang durch die Besonderheiten der Datenverarbeitung. Die Maschinen bereiten dabei heute kaum noch Schwierigkeiten. Von Bedeutung wird dagegen immer mehr die Frage der Software. Da die Industrie meist Hardware und Software gleichzeitig verkauft, ist sie kaum geneigt – das ist deutlich in der Verkaufsstrategie der Hersteller zu beobachten – die Kompatibilität in größerem Maße zu erleichtern. Ihr Interesse geht schließlich dahin, auch die nächste Generation ihrer Computer noch leicht auf dem Markt abzusetzen. Diese Problematik der Industriepolitik in der Europäischen Gemeinschaft und die Möglichkeiten, die die Kommission in diesem Bereich hat, können an dieser Stelle nicht weiter ausgeführt werden. Sie würden den Rahmen einer Einführung sprengen und sind Thema eines späteren Beitrages.

Die Vorteile einer europäischen Datenbank liegen auf der Hand. Der Benutzerkreis ist so groß, daß die Wirtschaftlichkeit gewährleistet ist.

Das Sprachproblem ist kein Problem mehr. CREDOC in Brüssel hat das bereits gelöst. Aber auch die Kommission hatte bei ihrem Dokumentationssystem diese Schwierigkeiten zu bewältigen[12]. Gerade durch das Mittel der elektronischen Datenverarbeitung ist eine bessere Vereinheitlichung der juristischen Terminologie zu erreichen.

Die Streitfrage der Vorwärtsdokumentation oder der Rückwärtsdokumentation stellt sich bei dem Recht der Europäischen Gemeinschaften nicht in der Schärfe, da die Entwicklung mit der fortschreitenden Integration nach vorn gerichtet ist.

Aus dieser Überlegung heraus hat der Veranstalter versucht, durch die Tagung in Luxemburg die Aufmerksamkeit der Rechtsinformatiker auch auf das Gebiet des Europarechts zu lenken.

Besonderen Dank schulden die Veranstalter der Kommission der Europäischen Gemeinschaften für ihre Unterstützung bei der Durchführung dieser Tagung. Kontakte zwischen Kommission und Rechtsanwälten sind wichtig, weil erst dadurch der Anwalt seine Aufgabe bei der europäischen Integration erfüllen kann. Der Anwalt, der es zuläßt, in einen Informationsrückstand zu geraten, wird eine der wichtigsten Grundlagen seines Berufes, die Unabhängigkeit, verlieren; er kann dann seiner Pflicht als Berater des einzelnen, der, wie wir gesehen haben, im Gemeinsamen Markt die entscheidende Rolle spielt, nicht gerecht werden.

---

[12] Zum Stand der Arbeiten der Kommission der Europäischen Gemeinschaften siehe *Bauer-Bernet*, S. 206 ff.

Die Kommission als „Motor der Integration" hat insoweit dieselben Interessen wie der Anwalt.

Es wird mit Genugtuung festgestellt, daß am 14. Juni 1973 in Bonn der vom Vorstand des Deutschen Anwaltsvereins eingesetzte Fachausschuß „Juristische Datenbank" zu seiner konstituierenden Sitzung zusammengetreten ist. Dem Anwaltsverein ist zu wünschen, daß es ihm gelingt, Wege der Kooperation mit europäischen Anwälten zu finden. Ansätze sind sicher vorhanden.

Edouard Houtart

La cooperation dans le domaine de l'informatique juridique

Avant d'aborder le problème de la coopération dans le domaine de l'informatique juridique il m'a été demandé de vous dire quelques mots des réalisations belges en matière d'informatique juridique.

1. Création et activités du CREDOC

C'est en janvier 1967 que l'association sans but lucratif CREDOC a été créé par la Fédération des Avocats et la Fédération des Notaires avec la collaboration de magistrats, du Ministère de la Justice et des Universités. A ce moment une enquête approfondie auprès de 800 juristes belges a permis de connaître les besoins réels des praticiens du droit ainsi que les solutions demandées et celles qui n'étaient pas souhaitées. Nous avons pu constater par exemple qu'en 1967 les praticiens refusaient à concurrence de 96% de devoir interroger eux-mêmes un ordinateur au moyen d'un terminal ...

Dès l'élaboration du système il a été tenu compte d'une série de considérations pratiques:

- la nécessité de créer um système multilingue, susceptible de répondre indifferemment en français ou en néerlandais et ultérieurement dans d'autres langues.
- la possibilité d'effectuer des recherches très précises.
- le souci de mettre au point un outil essentielement pratique et économique c'est-à-dire d'un coût adapté au service rendu.

Le centre est devenu opérationnel en septembre 1969 et depuis lors il répond chaque jour – en général par retour du courrier – aux questions que lui adressent journellement les juristes belges. Le Credoc dispose actuellement d'un ordinateur pris en location chez *Honeywell Bull.* Il s'agit d'un GE 115, de 12 K, avec 3 lecteurs de disques DSU 160, un lecteur de cartes et une imprimante.

Divers services sont rendus:

- la recherche documentaire rétrospective;
- la diffusion sélective mensuelle de la documentation nouvelle suivant les centres d'intérêts signalés par les consultants;
- l'envoi des textes que le juriste ne possèderait pas dans sa bibliothèque;
- la traduction de tous textes;

– la publication de divers répertoires: les personnes interdites ou mises sous conseil judiciaire par décision judiciaire, les faillites et concordats;
– la tenue par ordinateur des comptabilités des études notarieles et cabinets d'avocats.

2. Le problème de l'harmonisation à l'échelle européenne

Le fait d'avoir regroupé au sein d'une seule association tous les juristes belges a évidemment permis de résoudre le problème de l'harmonisation au sein de ce pays. Avec la création de l'Europe, l'harmonisation se pose toutefois de façon plus large. La nécessité d'utiliser l'ordinateur comme outil de gestion et comme outil de recherche documentaire au service des juristes commence a être ressentie de plus en plus. Sans doute l'ensemble des juristes, et plus particulièrement des avocats, n'est-il pas encore convaincu de cette nécessité, ni peut-être même conscient de ce problème, mais l'évolution des idées au cours de ces dernières années est extrêmement sensible. Il est bien certain que des réunions comme celle à laquelle nous avons le plaisir d'assister contribuent beaucoup à l'indispensable prise de conscience par le monde juridique de ses responsabilités dans ce domaine. Le droit, dont la raison d'être est l'harmonisation des relations entre les individus et les groupes, est devenu par sa complexité une source d'inquiétude permanente pour l'individu qui n'est jamais sûr d'être en ordre vis-à-vis des règlements qu'il est sensé connaître. Si nous voulons que demain notre société reste une société basée sur le droit il faut que les juristes mettent dès à présent en oeuvre les moyens qui leur permettront demain de connaître le droit malgré une complexité qui ira inévitablement en s'accentuant.

Sans attendre les appuis qu'ils mériteraient, un certain nombre de juristes se sont dès à présent lancés dans la voie de l'informatique. Des études et des expériences sont entreprises dans de nombreux pays et quelques réalisations pratiques ont pu être ménées à bien, souvent dans des conditions extrêmement difficiles. L'intérêt de toutes ces recherches et de ces réalisations réside essentiellement dans leur originalité propre. Si les problèmes de documentation juridique sont fondamentalement les mêmes, on constate que les façons de les aborder peuvent être extrêmement variées et cela à chacun des nombreux stades de réalisation des travaux d'un centre documentaire, qu'il s'agisse de la saisie de l'information, de son stockage ou de son traitement. Cette diversité d'approche permet d'expérimenter et de comparer les avantages et les inconvénients de chaque option; elle permet aussi aux idées originales de surgir avec beaucoup de spontanéité, ce qui est indispensable dans un domaine où, si les problèmes sont anciens, les solutions doivent être nouvelles.

Toutes ces initiatives doivent être encouragées et suivies. Pour cela une coopération peut être extrêmement précieuse.

3. La formation, base indispensable pour une coopération efficace

Il faut se rendre compte que la mise au point d'un système informatique par des juristes nécessite une formation de base indispensable: formation au plan juridique bien sûr, mais aussi au plan de la technique documentaire et des techniques informatiques. Il est par exemple indispensable d'avoir des connaissances de linguistique. Pour pouvoir en choisir un, il faut connaître les differents types possibles de classification et être capable de comparer les avantages et les inconvénients de chacun. Pour opérer un choix judicieux du matériel le plus approprié et ne pas être contraint de s'en remettre les yeux fermés aux producteurs de ce matériel, il faut nécessairement certaines connaissances techniques. Tous ceux qui veulent aborder les problèmes de l'informatique juridique se trouvent confrontés avec ce problème capital de la formation. Ce problème de formation restera permanent car s'il intéresse les responsables de projets, il concernera aussi leurs collaborateurs présents et à venir. La formation me paraît donc être un premier domaine dans lequel une coopération au niveau européen paraît indispensable.

Depuis plusieurs années déjà les responsables du Conseil de l'Europe, conscients de ce problème, ont pris l'initiative de faire organiser chaque année un stage d'informatique par un des Gouvernements membres. Le dernier stage de ce cycle a été organisé par le Gouvernement belge du 2 au 13 octobre 1972. Malgré un programme très chargé, ce stage a été suivi avec beaucoup d'assiduité par un groupe de juristes de haut niveau, magistrats, hauts fonctionnaires, notaires, avocats, provenant de 14 pays différents allant du Portugal à la Turquie et même au Brésil.

Ceci démontre que le besoin d'une formation est là actuel et pressant. Comment faut-il y répondre? Une première réponse doit venir des Universités qui, parmi les options offertes aux étudiants des Facultés de Droit, doivent présenter une option informatique. Cela existe déjà à certains endroits, mais devra être généralisé. Les activités de l'association internationale d'informatique juridique INTERDOC doivent aussi être encouragées. L'organisation par INTERDOC d'un congrès d'informatique juridique à Strasbourg les 29–30 et 31 mars 1973 répond certainement à un besoin réel. Il faut souhaiter qe les stages organisés à l'initiative du Conseil de l'Europe se poursuivent, car ils permettent un contact direct avec les réalisations d'un pays, ce qui est extrêmement intéressant. L'intérêt de ces stages dépend évidemment de l'organisation de ceux-ci par le Gouvernement qui en accepte la charge. Peut-être, à côté de ces stages, pourrait-il y avoir place pour l'organisation périodique au niveau européen d'un cycle plus systématique de formation des juristes à la documentation et à l'informatique.

Je dirai tout à l'heure un mot de la responsabilité des avocats en matière d'informatique, je me bornerai à dire maintenant qu'il me paraît indispensable que les associations nationales d'avocats mettent à disposition de certains d'entre-eux les moyens financiers nécessaires pour participer à ces stages et acquérir la formation informatique indispensable. Il s'agit là d'un investissement qui à moyen terme doit se révéler profitable et même indispensable à l'avenir de l'ensemble de la profession.

Si la formation est un domaine où la coopération se révèle nécessaire, il y en a d'autres où elle paraît indispensable.

4. Surmonter l'écueil de l'incompatibilité des systèmes

Sans doute le droit national intéresse-t-il principalement le juriste du pays con-concerné, mais l'internationalisation de toute la vie économique et sociale entraîne le développement d'un droit international toujours plus important et la nécessité de plus en plus fréquente d'appliquer simultanément plusieurs droits nationaux. Les nouveaux moyens techniques disponibles bouleversent aussi un certain nombre de données. Il est actuellement possible d'interroger un ordinateur sous la forme d'un dialogue et cela de n'importe quel point du globe. Sans doute la mise en oeuvre de cette technique spectaculaire mais très coûteuse est-elle dans l'immédiat sans intérêt réel dans un grand nombre de cas, il faut cependant en tenir compte dés à présent car il est certain qu'elle se généralisera dans l'avenir.

La création aujourd'hui d'un centre d'informatique juridique doit absolument tenir compte de la coopération internationale qui se développe dans tous les domaines. Si chaque pays devait créer des centres d'informatique juridique sans tenir aucun compte des méthodes de travail des centres des autres pays, les possibilités d'entr'aide et les échanges d'information seraient rendus extrêmement difficiles, voire même impossibles. Pour prendre une image, il est bien certain que les déplacements et les échanges internationaux seraient freinés si les chemins de fer de chaque pays utilisaient un écartement différent pour leurs voies ferrées.

Le danger est de voir créer des systèmes informatiques totalement incompatibles, c'est-à-dire incapables d'établir entre-eux des échanges automatiques d'informations. La mise au point d'un système et la constitution d'un stock documentaire constituent un investissement extrêmement important. Le travail terminé, il est pratiquement impossible de revenir en arrière. De ce fait, la création de systèmes incompatibles entre-eux créerait des barrières beaucoup plus infranchissables que les frontières nationales. Cette incompatibilité des systèmes serait d'autant plus regrettable qu'elle peut aujourd'hui être évitée puisque nous sommes au début de l'informatique juridique et qu'une harmonisation est par conséquent tout à fait possible.

Si l'on veut vraiment éviter la création de barrières infranchissables il faut alors consacrer à ce problème les moyens suffisants en hommes et en argent. Sans doute serez-vous ici tous conscients qu'il s'agirait là d'un investissement important pour l'avenir, encore faut-il que les responsables des décisions politiques au niveau général le soient aussi.

5. Une initiative méritoire du Conseil de l'Europe

Dans ce domaine le mérite d'une initiative concrète en la matière revient aussi au Conseil de l'Europe qui, dès 1969 a constitué un comité d'experts pour l'harmonisation des modalités de la mise de données juridiques sur ordinateur. La mission confiée à ce comité est de préparer un projet de recommandation à soumettre au Conseil des Ministres. Deux sous-comités ont été créés, l'un chargé de l'étude de la mise en ordinateur du droit national et l'autre du droit international. Depuis 1969 ces comités se sont réunis à plusieurs reprises, au rythme d'environ deux fois par an. Les travaux réalisés à ce jour sont à la fois extrêmement importants, mais encore assez loin d'atteindre le but poursuivi.

L'harmonisation de systèmes documentaires peut se situer à divers niveaux avec pour chacun d'eux un éventail de solutions possibles allant du maximum au minimum. Pour rendre possible les échanges documentaires entre centres, l'harmonisation doit en effet intervenir:

- au plan strictement documentaire, c'est-à-dire du choix d'un type de classification;
- au plan du langage, c'est-à-dire de l'élaboration de thesaurus de concepts;
- au plan de la procédure de la saisie d'informations et de la normalisation de son analyse;
- au plan des méthodes de traitement de l'information, c'est-à-dire, dans un système informatique, des programmes d'ordinateur;
- enfin, au plan des matériels utilisés, qu'il s'agisse du type de matériel électronique ou du type de matériel de stockage, tel que le format de microfilm ou de microfiches.

Dans chacun de ces domaines diverses solutions sont possibles allant, comme je viens de le dire, du maximum au minimum. Le maximum — et de m'empresse de dire qu'il n'est actuellement ni réalisable, ni même souhaitable — serait la création d'un centre unique comprenant la totalité du droit de tous les pays européens, centre auquel chaque juriste pourrait être directement relié par terminal. Une autre possibilité serait la création de centres nationaux et de centres spécialisés, chargés de l'analyse du droit qui les concerne plus particulièrement, mais travaillant chacun suivant une méhtode identique. Un niveau moindre d'harmonisation serait la création de centres travaillant suivant des méthodes totalement distinctes, mais qui s'engageraient mutuellement à échanger leur documentation au moyen de bandes magnétiques constituées suivant des normes communes très précises que chaque centre pourrait ensuite utiliser et exploiter suivant ses propres méthodes.

Au-delà il ne s'agit plus à proprement parler d'harmonisation de systèmes. En cas de création de systèmes ne permettant aucune compatibilité entre-eux, la seule solution serait d'établir une procédure d'entr'aide mutuelle entre les divers centres nationaux. Il serait toutefois regrettable, au moment où des systèmes nouveaux vont devoir être mis en route dans chacun des pays, de ne pouvoir aller au-delà de ces rapports de bon voisinage.

Vous comprendrez aisément qu'il est impossible dans le cadre de cet exposé de développer pour chacun des domaines où une harmonisation est nécessaire, les différentes solutions possibles d'une part au niveau théorique et idéal et d'autre part au niveau pratique. Mon seul souci est de vous convaincre de deux choses:

1. Une harmonisation est *indispensable*.

   Indispensable pour éviter des doubles emplois coûteux dans l'élaboration de systèmes où l'expérience de chacun peut être extrêmement utile à tous et faire gagner beaucoup de temps et d'argent.

Indispensable aussi pour éviter des doubles emplois dans la constitution de stock documentaire portant sur des matières identiques.

Pour illustrer ceci d'un exemple concret, je dirai que le CREDOC dispose actuellement sur ordinateur de la jurisprudence de la Cour européenne de Luxembourg et qu'il serait sans doute dommage que d'autres centres soient contraints de refaire le même travail. Il en sera évidemment de même pour la documentation constituée par chacun des centres existants ou à naître.

2. Si l'harmonisation est nécessaire, elle ne sera cependant *pas facile à réaliser* et exigera la mise en oeuvre rapide des moyens nécessaires.

A cet égard le comité d'experts réuni à l'initiative du Conseil de l'Europe a déjà réalisé un travail très important, mais il reste énormément à faire et le travail devrait être accéléré. Le travail de ce comité est freiné par divers éléments:

- tout d'abord pour des raisons financières bien compréhensibles, il ne se réunit qu'environ deux fois par an durant trois ou quatre jours. Malgré l'intensité du travail fourni pendant ces journées, il est cependant difficile d'établir une véritable continuité dans le travail;
- les experts envoyés par certains Gouvernements changent à chaque réunion ce qui suppose chaque fois une nouvelle information concernant l'état des travaux antérieurs et ceci occupe une partie importante du temps disponible.
- Enfin il arrive souvent que les délégués envoyés n'aient que des connaissances sommaires, soit en informatique, soit en matière documentaire, soit en matière juridique, ce qui ralentit encore le travail.

Les responsables du Conseil de l'Europe ont eu l'énorme mérite non seulement d'avoir pris conscience de l'importance d'une harmonisation, mais d'avoir, dès 1969, mis en oeuvre concrètement des moyens d'action. Ce travail doit être inlassablement poursuivi car il est capital si l'on ne veut pas arriver trop tard. Les réunions bisannuelles d'experts, organisées par le Conseil de l'Europe, devront être préparées et complétées par les travaux d'une équipe restreinte de spécialistes qui pourraient, par un travail plus systématique, et plus suivi, faire la synthèse des travaux et préparer les réunions suivantes, notamment par des visites sfstématiques auprès des responsables des projets en élaboration dans divers pays. Ceci nécessiterait un budget qui sans être très important devrait cependant être suffisant pour assurer une action efficace.

6. Le rôle des avocats européens

Je terminerai par un mot sur le rôle des avocats européens dans le domaine de l'informatique juridique.

Ce rôle est capital. Le besoin d'information juridique n'est évidemment pas propre exclusivement aux avocats. Il est commun à tous ceux qui doivent appliquer le droit, à la limite c'est le problème de tout citoyen. De ce fait, et du fait de l'importance des moyens financiers que nécessite l'informatique, la mise en oeuvre de techniques informatiques appliquées au droit peut difficilement être l'oeuvre exclusive des avocats. D'autres juristes peuvent d'ailleurs avoir, au plan de la documentation juridique, des besoins propres qui n'intéressent pas directement le praticien mais qu'un système informatique devra pouvoir satisfaire aussi. Je songe par exemple à certains besoins spécifiques du législateur ou à ceux des chercheurs universitaires.

La participation des avocats et j'ajouterai des notaires et des magistrats à l'élaboration de systèmes d'informatique juridique est cependant indispensable pour deux raisons:

- tout d'abord il faut que les systèmes documentaires soient susceptibles de répondre vraiment à leurs besoins réels et pour cela ils doivent être associés étroitement à leur élaboration;
- ensuite la participation de cette catégorie de juristes, dont une des caractéristiques principales est la totale indépendance, est une garantie essentielle à la défense de la liberté individuelle.

L'utilisation des ordinateurs est devenue indispensable, elle présente des avantages extra-ordinaires, mais elle présente aussi des dangers certains. Une documentation sur ordinateur, juridique ou autre, peut, sans difficultés et à l'insu des utilisateurs, être orientée ou même tronquée. Sans doute, telle ne sera jamais l'intention des créateurs de centres d'informatique juridique. La présence des avocats, des notaires et des magistrats au sein de ces centres de documentation sera toutefois pour le citoyen une garantie essentielle d'objectivité. Comme je l'ai déjà dit, cela suppose que ces diverses professions consentent l'effort financier nécessaire pour assurer une présence vraiment efficace, c'est-à-dire compétente, au sein des équipes chargées de la création de ces centres documentaires. Concrètement cela suppose la participation de juristes qui auront pu acquérir une formation suffisante en matière documentaire et en informatique.

L'apparition de toute technique nouvelle fait apparaître des exigences nouvelles et la nécessité de solidarités nouvelles. Jamais en Belgique les différents barreaux n'avaient oeuvré ensemble, ni a fortiori avec les notaires, les magistrats et les universités. Cette solidarité doit s'étendre au niveau européen. Les juristes d'aujourd'hui se voient devant la lourde responsabilité de mettre en oeuvre des moyens modernes de gestion au service du droit. Les avocats doivent participer étroitement et activement à ce service. Il s'agit d'une tâche exaltante mais difficile car les choix qui seront faits seront lourds de conséquence. Il est essentiel que les avocats, les notaires et les magistrats européens assument leur part de responsabilité dans cette tâche. Je ne doute pas que l'intervention personnelle de chacun de vous contribuera à leur en faire prendre conscience.

Quittant le domaine de l'informatique juridique pour l'harmonisation des droits et le droit comparé, le conférencier de ce matin nous a dit que ces sujets permettraient sans doute aux participants de «se sentir chez eux». J'exprime l'espoir qu'après ces journées vous vous sentirez aussi «chez vous» en matière d'informatique juridique.

Patrick Le Minor

Etat actuel des travaux d'informatique juridique en France

A. Introduction

I. Les Besoins

Le Juriste organise généralement sa connaissance des faits et leur interprétation autour d'un axe historique. Il lui faut, à tout instant, confronter son opinion, convaincre ou réfuter à l'aide de décision ou de textes de Loi. Il est donc grand demandeur de documents.

II. Un phénomène quantitatif: L'accroissement de la masse documentaire

Le monde dans lequel nous vivons connaît un phénomène sans précédent d'inflation documentaire dans tous les domaines. C'est ainsi que dans le secteur scientifique le nombre de publications disponibles double tous les 25 ans.

Ce phénomène n'épargne pas le secteur juridique. Les Législateurs des Techno-Démocraties[1] du monde occidental ont la prétention d'organiser la vie sociale dans ses moindres détails. Ils se veulent avant tout organisateurs. Ils sont poussés dans ces fonctions par la complexité du monde moderne où tout se tient et s'articule dans un climat: sur le plan global de fragile stabilité; sur le plan sectoriel de perpétuelle mise en cause. Le tout, dans une volonté d'aboutir à une meilleure qualité de la vie. Aux Etats-Unis[2], à l'heure actuelle, 25 000 nouvelles décisions sont publiées par an et les recueils contiennent plus de 2 500 000 décisions. De plus, il existe dans les recueils de textes aux Etats-Unis, plus de 1 500 000 lois, et environ 29 000 lois nouvelles voient le jour chaque année. En France, le J.O. qui ne comptait en 1920 qe 1200 pages, avait en 1967 un volume

---

[1] Le terme est de *M. Maurice Duverger.*

[2] *Wilson, Robert A.*, Computer retrieval of case Law, Southwestern Law Journal, 16 September 1962, pp. 409—438.

de 13 000 pages. A l'heure actuelle, les sources législatives nationales représentent environ 6500 documents par an, soit 1500 Lois et Décrets, 5000 Arrêtés et Circulaires. Les sources interprétatives du droit[3], Jurisprudence et Doctrine, représentent un volume d'environ 2 500 000 documents par an: pour les juridictions de droit commun 2 400 000, pour le Conseil d'Etat 3200, le reste pour les autres Tribunaux et Doctrine. Le greffe du Tribunal de Grande Instance de Paris inscrit à lui seul plus de 30 000 affaires civiles par an au rôle général.

III. Un phénomène qualitatif: Les lacunes dans la diffusion

La diffusion des informations juridiques pose trois grands problèmes:

- cette diffusion doit être exhaustive;
- l'information juridique doit être diffusée rapidement: c'est le problème de la mise à jour;
- l'accès aux sources documentaires doit être possible et rapide.

En France, si toutes les sources législatives nationales du droit sont publiées au J.O., seule une très faible partie des sources interprétatives sont publiées. Les quelques 200 périodiques juridiques publient environ 30 000 articles de doctrine par an. Il est édité environ 120 ouvrages de droit chaque année. La quasi totalité des arrêts de la Cour de Cassation et du Conseil d'Etat sont publiés par les soins de l'Etat[4]. Mais guère plus de 3000 décisions des Cours et Tribunaux sont imprimées par an.

La rapidité de diffusion de l'information juridique présente deux aspects. Pour les informations de type cumulatif comme la jurisprudence et la doctrine, le problème est celui de réduire au maximum le temps qui s'écoule entre l'instant où la décision est rendue et celui où elle parvient à la connaissance du praticien par l'intermédiaire de revues spécialisées. Pour l'information de type modificatif ou abrogatif comme les textes législatifs, il s'ajoute souvent un travail préalable de mise à jour des documents anciens.

Compte tenu de la cadence accélérée des modifications législatives, la gestion des ouvrages mis à jour selon les méthodes traditionnelles de l'édition devient de plus en plus lourde et complexe. A titre d'exemple, le législateur français a modifié dernièrement la législation sur la filiation. Cette réforme a des répercussions dans tout le droit de la famille et le droit successoral. Un délai de plus de trois ans sera certainement nécessaire avant que les ouvrages sur feuillets mobiles soient de nouveau à jour après intégration de cette loi nouvelle. En effet, si nous examinons le circuit de production d'un fascicule devant s'intégrer dans un ouvrage à feuillets mobiles, nous nous apercevons qu'il faut:

une moyenne de trois mois de rédaction d'auteur,
un mois minimum d'imprimerie,
une moyenne de 3 mois entre le dernier «bon à tirer» et l'envoi du fascicule aux abonnés.

---

[3] Statistiques des affaires jugées en 1968 – Ministère de la Justice; Etudes de Documents 1968, Conseil d'Etat, fascicule no. 21.

[4] Bulletin des arrêts de la Cour de Cassation; recueil des arrêts du Conseil d'Etat (*Lebon*).

Il en résulte qu'un délai d'un an entre la modification législative et la mise à jour est chose très courante. Dans les matières en évolution très rapide comme par exemple le droit fiscal, il arrive assez souvent que le feuillet mobile ou, à fortiori, l'ouvrage, soit périmé avant sa diffusion. L'accès aux sources documentaires du droit doit être, disions-nous, possible et rapide. L'accès aux sources publiées est généralement possible mais la rapidité d'accès dépend beaucoup du lieu où l'on consulte l'ouvrage. Par contre, certaines sources documentaires du droit – Instructions, textes d'intérêt local – sont pratiquement introuvables.

IV. L'appel aux techniques modernes de traitement de l'information

Dans le monde entier, quatre facteurs contribuèrent ainsi à la création de centres de documentation juridique utilisant de nouvelles méthodes de traitement des données.

Les deux premiers sont purement juridiques:

l'inflation législative et jurisprudentielle,
en corrélation avec cette première cause, l'augmentation du temps consacré à la recherche.

Les deux autres facteurs sont scientifiques et techniques:

– les progrès de la théorie de l'information et de la cybernétique,
– les possibilités offertes pour le développement de l'électronique.

La première partie de notre exposé sera consacrée à décrire l'état d'avancement des projets de traitement de la documentation juridique en France. Certes, le traitement sur ordinateur de la documentation juridique constitue l'une des applications essentielles de l'Informatique au droit. Pourtant, décrire l'état actuel des travaux d'informatique juridique en France sans évoquer des applications comme:

le traitement des dossiers contractuels,
l'organisation informatique du Palais de Justice,
le problème de traitement des fichiers publics,

conduirait à une lacune. Ainsi, la deuxième partie des cet exposé sera consacrée aux autres applications de l'informatique juridique en France.

B. L'état d'avancement des projets de traitement de la documentation juridique en France

I. Notion de chaîne documentaire

Tous les systèmes informatiques de documentation font appel à la notion de chaîne documentaire[5]. Les maillons de cette chaîne sont les suivants:

– collecte des documents;
– analyse du contenu des documents[6] qui donne naissance soit à une conden-

---

[5] *Chaumier, J.*, «Systèmes Informatiques de documentation» – Entreprise Moderne d'Edition.

[6] Cette étape, comme nous le verrons, peut-être sautée dans le cas des systèmes de documentation qui enregistrent le texte intégral.

sation sous forme de résumé, soit à l'indexation, c'est-à-dire à la description du contenu du document à l'aide de most-clès ou descripteurs qui constituent le lexique du langage documentaire;

– l'entrée des données en machine,
– l'exploitation,
– la diffusion des produits documentaires.

II. Aspects généraux du traitement automatique de la documentation juridique

Il existe actuellement deux approches fondamentales pour le traitement automatique de la documentation juridique: d'une part, l'indexation préalable du document par un indexeur avant son traitement par l'ordinateur; d'autre part, l'enregistrement du texte brut (full text). Dans les systèmes qui utilisant l'indexation préalable, le document subit une condensation qui est le résultat d'une analyse faite par l'homme, généralement un juriste. Dans les systèmes qui enrigstrent directement l'ensemble du texte du document, trois variantes peuvent se présenter: ou bien le document est enregistré tel quel, ce cas se présente rarement; ou bien le document est sommairement analysé et organisé, de manière à faciliter le traitement ultérieur des informations qu'il contient. Enfin, le document peut être dilaté par l'adjonction de concepts implicites qui sont découverts à la lecture du texte. Les deux dernières variantes peuvent d'ailleurs se combiner.

L'une et l'autre approche présente des avantages et des inconvénients. Le systéme de l'indexation présente l'avantage d'occuper un volume restreint de stockage et, à titre de corollaire, un moindre temps de recherche. Il présente l'inconvénient de soumettre les utilisateurs du système à la discipline du ou des indexeurs. De plus, la condensation du texte conduit inévitablement à une perte d'information. Enfin, si dans un tel système, le coût des recherches est moins élevé, il faut tenir compte toutefois du salaire des analystes. Le système du texte intégral présente l'inconvénient d'un coût relativement élevé d'enregistrement matériel des données et des recherches (dû au volume du fichier). En contre partie, il est plus souple et réserve l'avenir de la recherche documentaire[7]. Les principaux centres de documentation juridique français que nous allons maintenant décrire s'orientent, pour l'instant, vers un système d'indexation préalable des documents. Il existe pourtant deux expériences d'enregistrement du texte intégral.

III. Les projets divers

1. L'institut de recherches et d'etudes pour le traitement de l'information juridique (I.R.E.T.I.J.)

a) Historique

«I.R.E.T.I.J.» est un Institut dépendant de la Faculté de Droit de Montpellier. Cet Institut est associé au Centre National de Recherches Scientifiques et travaille sur un ordinateur dépendant du Laboratoire de Calcul et Traitement de l'Information de la Faculté des Sciences de Montpellier. Les premiers travaux du Centre de Montpellier datent de 1965. Dès cette époque, le Professeur *Pierre*

---

[7] Par exemple, les possibilités futures d'indexation automatique.

Catala avait pressenti l'importance que pouvait prendre l'Informatique dans le domaine juridique. Il décida la création de l'I.R.E.T.I.J. avec l'aide du Professeur *Falgueirettes* de la Faculté des Sciences de Montpellier, Directeur du Laboratoire de Calcul et de Traitement de l'Information de cette faculté.

Le Centre a pris pour option de traiter la jurisprudence par le procédé de l'indexation préalable sous forme d'Abstracts. En 1967, la configuration de base utilisée se composait

d'une unité centrale IBM 360/40 de 64 K,
de trois unités de disques 2311,
d'un lecteur-perforateur de cartes 2540,
d'une imprimante 1403/N 1 (1100 lignes/minute),
et d'une machine à écrire 1052 sur pupitre.

b) Travaux

Dans ses travaux sur l'automatisation de la documentation juridique, l'I.R.E.T.I.J. a fait porter son effort sur le traitement de la documentation jurisprudentielle par la méthode des Abstracts de volume réduit. De 1966 à 1969, le Centre a constitué un premier fichier des «Titres» figurant en tête des arrêts publiés au Bulletin des Chambres Civiles de la Cour de Cassation. Ce premier fichier se compose de plus de 35 000 arrêts, indexés sous forme d'Abstracts couvrant une période allant du 1er janvier 1960 au 31 décembre 1969. C'est à l'aide de ce corpus documentaire que des études ont été consacrées en 1968 et 1969 à la méthodologie de l'analyse. Ces études, financées par le Ministère de la Justice, ont donné lieu à la rédaction de deux rapports intitulés: «l'Indexation des décisions judiciaires». A partir du 1er janvier 1970, l'équipe de l'I.R.E.T.I.J. a entrepris l'analyse des arrêts de la Cour de Cassation (Chambres Civiles) en appliquant les principes dégagés dans les deux rapports. Depuis 1971, le Centre élargit son champ d'investigation en procédant au dépouillement et à l'analyse des décisions rendues par les Cours d'Appel de Montpellier et de Nîmes. Depuis cette date le Centre s'intéresse aussi aux problèmes soulevés par le traitement de la Doctrine. Récemment, le Centre vient de mettre à la disposition des praticiens de la région, à titre expérimental, les fichiers ainsi constitués. Ceux-ci peuvent désormais poser des questions qui pour l'instant sont traitées en différé.

2. Le centre de Recherche et developpement en informatique juridique (C.E.D.I.J.)

a) Historique

Les premiers travaux en matière d'informatique juridique datent d'une dizaine d'années. Ils ont commencé, sur le plan théorique sous l'impulsion de M. *Aurel* David et M. Lucien *Mehl*. En 1966, un groupe de travail dirigé par M. *Mehl,* Maître des Requêtes au Conseil d'Etat, était constitué. Les études informatiques étaient confiés à M. *Jean-Marie Breton*, Ingénieur des Arts et Manufactures. Le groupe de travail décida d'orienter le futur Centre vers un système d'enregistrement «en forme libre» du texte intégral. A partir de 1967, l'équipe se constitua grâce à la collaboration d'étudiants en droit et en sciences. L'équipe est hébergée par le Conseil d'Etat qui lui dispense une aide matérielle. Les premiers essais techniques et les premières expériences ont été exécutés au Centre de Documentation des Armées (C.E.D.O.C.A.R.) en 1967, puis à l'I.N.S.E.E. (1968–1969) et enfin à l'E.D.F. (1969–1970). Depuis 1970, le C.E.D.I.J. est une Association 1901. Il collarbore notamment avec le Centre de Documentation du Conseil d'Etat et le Service du fichier de la Cour de Cassation dirigé par M. le Conseiller *BEL*.

b) Travaux

Voici l'état du corpus du Centre: 1. Enregistrements complets et interrogeables
du Code Général des Impôts (ed. 1966),
du Résumé des arrêts fiscaux du Conseil d'Etat (1935–1954)
du Code de Commerce.

2. Enregistrement en cours du Code Civil.

Si l'équipe de travail du C.E.D.I.J. avait opté à l'origine pour un procédé d'enregistrement des documents en texte intégral ou libre, elle est arrivée à la conclusion que ce procédé et celui de l'indexation sont complémentaires. Le Centre est en train de mettre au point un procédé qui se présente, suivant ses promoteurs, comme une synthèse entre les deux procédés d'enregistrement des données. Il concerne plus particulièrement la recherche sur texte intégral; mais, il peut aussi s'appliquer à des résumés en langage courant, ainsi qu'à des «Abstracts» documentaires ou même à des documents mixtes. Ce procédé est développé sous le nom de «DOCILIS» (Documents et Interrogations Libres). Il est fondé sur une stratégie de «Chasse au silence».

3. Le centre de documentation des editions techniques

a) Historique

La Société des «Editions Techniques» est une entreprise du secteur privé qui publie des ouvrages sur feiullets mobiles et notamment dans le domaine juridique les «Juris-classeurs». Cette maison d'édition s'intéresse à l'informatique depuis quelques années. Dans ce domaine, son effort à tout d'abord porté sur la gestion de l'entreprise elle-même; puis, la Société s'est penchée sur la problème du traitement de la documentation juridique et médicale. Le Centre de Documentation juridique des Editions Techniques a été créé en 1970. La configuration utilisée par cette Société est la suivante:

un ordinateur I.C.L. 1902-A — unité centrale des 32 000 mots,
six dérouleurs de bandes de 7 pistes à 20 000 caractères/seconde,
deux unités de disques de 10 millions de caractères,
une imprimante de 1350 lignes/minute,
un lecteur de cartes,
un écran de 10 lignes de 50 caractères.

b) Travaux

Dans le domaine du traitement des données juridiques, la Société s'est tout d'abord livrée à une enquête. Elle a observé

le fonctionnement et l'organisation des Centres de Documentation aux USA;
l'évolution des Centres de Documentation juridique au Canada;

la naissance et l'évolution des projets de documentation juridique sur ordinateur en Europe.

Cette enquête a permis d'établir les différentes *étapes* par lesquelles il était raisonnable de passer pour aboutir à la Recherche proprement dite sur ordinateur. Ces étapes sont:

1. l'aide à la recherche traditionnelle (Tables, Index ...),
2. l'aide à la rédaction (diffusion sélective aux auteurs),
3. la Recherche proprement dite au niveau des utilisateurs.

Les fichiers sont constitués de la manière suivante:

1. Jurisprudence de la Cour de Cassation (7 années; volume: 6 millions de caractères) et de la Cour d'Appel de Paris (fichier en cours de constitution)
2. Fichier Législatif avec toute la législation depuis l'ordonnance de Moulin (sous forme de références) (volume: 5/6 millions de caractères).

Le Centre a adopté pour la jurisprudence la technique de l'enregistrement «d'Abstracts» et travaille sur ce point en étroite collaboration avec le Centre de Montpellier (I.R.E.T.I.J.). Le fichier Législatif contient pour matériaux de base les tables du «Codes et Lois», ouvrage publié par cette maison d'édition.

4. Le centre documentaire notarial

a) Historique

Au cours de l'année 1969, de C.R.I.D.O.N (Centre de Recherches, d'Information et de Documentation Notariales) de Lyon a mis au point, avec le concours des ingénieurs de l'Institut de Mathématiques Appliquées de la Faculté des Sciences de Grenoble (I.M.A.G), un système de traitement automatique par ordinateur de l'information juridique dénommé «SYDONI»" (Système de Documentation Notariale Informatique).

b) Travaux

Le système a pour base un fichier manuel réuni au CRIDON de Lyon depuis 1962. Ce fichier était utilisé au moyen du procédé «SELECTO». Il comprend 12 000 fiches représentant 60 000 références provenant de sources très variées. Une partie de la fiche est réservée au Résumé du document, suivi des références bibliographiques où le document peut être consulté. Une deuxième partie contient la liste des mots-clés. Chaque fiche porte un numéro d'ordre. Les fiches sont directement utilisées pour la perforation, sans bordereau intermédiaire, l'ensemble du fichier représente environ 15 millions de caractères. Le projet SYDONI a été réalisé au Centre de Calcul de l'I.M.A.G. sur un IBM 360-40 et un IBM 360-67. Il a été ensuite transposé sur un Control Data 6600.

5. Autres experiences documentaires

a) L'experience du barreau de Paris

En 1969, sous l'impulsion du Bâtonnier *Lussan*, une expérience de traitement par ordinateur de la loi sur les Sociétés Commerciales était présentée à la Bibliothèque de l'Ordre des Avocats de Paris au Palais de Justice. L'enregistrement des documents avait été fait suivant le système du texte intégral. Le terminal situé à la bibliothèque du Palais était relié à un ordinateur BULL.

b) Jurindex

Il s'agit d'un ouvrage de références juridiques qui a été publié et commercialisé par l'éditeur *Masson* pendant près de 6 mois en 1971–1972. L'ouvrage se composait de deux parties. La première, JURUNA, comportait un certain nombre d'Abstracts de textes, d'articles, de doctrine et de décisions générés sur «listings» d'ordinateur. Ces «listings» étaient ensuite préparés pour la publication. Chaque Abstract était précédé d'un numéro d'ordre. La seconde, JURINDEX, comportait une série de tables et un index KWIC.

c) En France, la liste de ceux qui travaillent dans le domaine de la documentation juridique s'allonge de jour en jour. Nous n'avons décrit ici que les principaux Centres de traitement. Nous pouvons remarquer que les deux tendances d'enregistrement des documents sont représentées:

le Système d'enregistrement du texte intégral,
et le Système de condensation par Indexation sous forme d'Abstracts.

Par ailleurs, aucun Centre français n'a, jusqu'à présent, véritablement subi la critique des praticiens ou recueilli leurs éloges. Seul, le Centre de Montpellier donne accès aux praticiens pour leurs recherches documentaires. Mais le service rendu est encore difficile à apprécier car l'expérience est trop récente. De plus, les dés sont un peu pipés par le fait que les questions sont actuellement posées gratuitement.

C. Autres applications de l'informatique juridique en France

Le monde dans lequel nous vivons est dominé par deux impératifs en apparence contradictoire: servir bien, mais aussi servir vite. Si la recherche documentaire est l'une des activités quotidiennes du juriste, elle est loin d'être la seule. Nous rédigeons des contrats, des actes de procédure. Pour accomplir ces tâches, nous collectons un grand nombre d'informations tirées, notamment, de registres ou fichiers. Notre vie est organisée en fonction de ces activités. Elle est aussi organisée en fonction d'autres organisations dont nous sommes l'un des rouages; par exemple, celles du Palais de Justice. Or, il se trouve qu'un bon nombre de travaux que nous accomplissons tous les jours présentent un caractère répétitif. Ici encore, l'Informatique peut nous aider.

I. Le traitement des dossiers contractuels

1. La redaction des contrats par des machines a memoire et commande numerique

Devant la répétition de certaines clauses et le gonflement du volume des actes, les notaires ont pensé à reproduire ces clauses constantes au moyen d'une machine à écrire automatique. Conçues à l'origine pour établir des lettres de rappel, les machines à mémoire et commande numérique se caractérisent généralement par l'existence d'une unité périphérique que nous conviendrons d'appeler «Bloc-Mémoire». Le support matériel de stockage des informations mises en mémoire est constitué, soit par des bandes magnétiques qui se présentent sous forme de cassettes, soit par des bandes de papier perforé ou des cartes à perforation marginale. Le processus d'élaboration d'un contrat à l'aide d'une telle machine demeure globalement le même que par rédaction classique. Il y a pourtant lieu de tenir compte d'opérations supplémentaires de codage et de traitement des «variables» du contrat. L'utilisation des machines à mémoire pour la rédaction des contrats est actuellement trés courante en France.

2. Le traitement des dossiers contractuels par ordinateur

La rédaction matérielle du contrat n'est bien souvent qu'une étape relativement courte dans le traitement d'un dossier de type contractuel. Avant de pouvoir rédiger son acte, le juriste doit collecter, dans une *phase pré-contractuelle*, un nombre de plus enplus important d'informations. Le contrat signé donne également lieu à l'accomplissement de *formalités post-contractuelles.* Ainsi donc, un ensemble administratif de gestion des informations précède et suit la phase purement rédactionnelle. Quelques pionniers et notamment le *Centre Notarial d'Informatique* pensent, en France, qu'il est possible d'aboutir à une gestion intégrée par ordinateur de l'ensemble du dossier contractuel.

II. L'organisation informatique des palais de justice

1. Le dactylocodage des actes de procedure

Cette technique s'apparente à la rédaction des contrats par les machines à mémoire et commande numérique. Une étude fût entreprise, au Tribunal de Paris, pour rechercher s'il existait une technique qui faciliterait le travail de rédaction des jugements. L'analyse montra que tous les jugements correctionnels comportent quatre parties:

la première se compose de mentions constantes (siège du Tribunal, etc. . . .),
la seconde partie est une constante par type d'infraction,
une troisième partie, bien que propre à chaque affaire, constitue une variable du dossier qui peut être préalablement enregistré. Il s'agit du lieu et date de l'infraction, de l'état civil du prévenu, etc. . .
la dernière partie comporte toutes les motivations particulières. Elle fait l'objet d'un traitement purement manuel.

Ces éléments sont donc enregistrés et stockés sur bande magnetique ou de papier perforé. Ils sont, ensuite, traités sur ordinateur pour en tirer des sous-produits statistiques. Depuis novembre 1970, cette technique fonctionne au Tribunal de Grande Instance d'Orléans avec satisfaction.

2. Le problème des bureaux d'ordre

Ce problème a surtout été étudié dans la région parisienne où l'éclatement du Tribunal de la Seine en un Tribunal de Paris et un ensemble de Tribunaux périphériques pose de sérieux problèmes. Les Magistrats et les Avocats ont pensé à la création d'un bureau d'ordre central. La raison est la suivante: des poursuites multiples risquent de se développer devant plusieurs Tribunaux pour un fait unique. La première application de l'Informatique dans ce domaine est actuellement mis au point au Tribunal de Bobigny avec du matériel LOGABAX:

les plaintes et premiers procès-verbaux sont enregistrès sur un premier fichier;
l'ordinateur procède à un premier traitement de tri et génère un ensemble de listes;
à ce stade, une recherche des «précédents» est possible;

un deuxième tri a lieu au moment du classement «sans suit». Si l'affaire n'est pas classée, les demandes de casier judiciaire sont éditées.
l'opération se poursuit ainsi jusqu'au jugement suivant toutes les étapes de la procédure.

III. Le problème du traitement des fichiers publics

1. Le casier judiciaire

Avec l'étude du casier judiciaire nous abordons le traitement de fichier dont l'explosion volumique en information est comparable aux fichiers documentaires. Il s'agit d'un énorme fichier réparti entre tous les Tribunaux de Grande Instance, en fonction du lieu de naissance des Citoyens. Il existe aussi à Nantes un Casier Central concernant les Etrangers et les Français nés à l'étranger. L'ensemble du fichier contenait avant la loi d'amnistie de 1969, six millions de fiches pénales. Chaque fiche comporte environ 500 caractères. Le Ministère de la Justice envisage la gestion du casier judiciaire à l'aide de six ordinateurs, dont l'un serait affecté à la région parisienne, l'autre à Nantes (Casier Central), les quatre autres couvriraient le reste de la France.

2. Fichiers d'Etat-Civil

Les Communes sont tenues de gérer divers registres dont celui de l'Etat-Civil des habitants. Depuis quelques années l'ordinateur est utilisé dans un nombre de plus en plus important de communes en France.

3. Le fichier immobilier

De 1957 à 1966, les formalités de publication des immeubles aux Bureaux des Hypothèques ont augmenté de 34%, les inscriptions de 80%, les réquisitions d'état de plus de 50%. Il existe sur le territoire français 120 millions de parcelles cadastrales non bâties et 18 millions de parcelles bâties. Les chiffres montrent l'importance du Fichier Immobilier. Son exploitation par l'Informatique s'avèrera tôt ou tard indispensable.

De l'Informatique juridique, nous n'avons fait état, pour la France, que d'un seul aspect: celui de la technique informatique au service du juriste.

Notre exposé est donc nécessairement incomplet,
que ceux qui ceuvrent dans ce domaine comme pionniers et dont nous n'avons pas évoqué les travaux veuillent bien nous pardonner.

Mais, l'informatique juridique est aussi le droit de l'informatique, c'est-à-dire, le juriste au service de la Technique informatique pour éclairer des matières comme: la protection des informations, celle des programmes d'ordinateur et des packages, les contrats d'informatique. Ces matières relèvent d'un domaine qui nous est déjà plus familié.

Bibent, M., Le traitement de la jurisprudence sur ordinateur, Revue Internationale de Droit Comparé, 1968, no. 4

Bibent, M., Problèmes de traitement du langage jurisprudentiel, Actes du Congrès «l'Informatique au service de l'Homme», Grenoble, mars 1969

Catala, P., et *Falgueirettes, J.*, Le traitement de l'Information juridique sur ordinateur, Semaine Juridique «G», 1967-I-2052

Catala, P., L'évaluation des besoins quantitatifs et qualitatifs de la recherche juridique dans la communauté internationale. Rapport présénte à l'Académie de Droit Comparé

Catala, P., Le traitement de la jurisprudence civile sur ordinateur. Cahier de l'AUPELF, no. 3, mai 1969
Filliatre, B., La recherche documentaire en jurisprudence. 01 Informatique, mars 1968
Filliatre, B., Recherche documentaire en jurisprudence; aspects sur la programmation. Actes du 9ème Congrès de l'European Guide, Naples, mai 1968
Filiatre, B., Description d'un système de traitement de la jurisprudence civile. Actes du Congrès «l'Informatique au service de l'Homme», Grenoble, mars 1969
Filliatre, B., Conception et réalisation d'un système de documentation automatique pour la jurisprudence. Thèse de Doctorat ès Sciences Appliquées, Université de Montpellier, Faculté des Sciences, juin 1970
L'indexation des décisions judiciaires. Contribution à une définition de l'Abstract, I.R.E.T.I.J., 1969
Compte-rendu des journees d'informatique juridique, Montpellier 18 et 19 juin, 1971, I.R.E.T.I.J.
David, A., L'automatisation dans les activités quaternaires. Compt-rendu des Journées Internationales d'Information sur les implications économiques et sociales de l'automatisation. Association Internationale de Cybernétique, Namur, 1957
Breton, J. M., «DOCILIS» ou comment les textes de droit français sont enregistrés en ordinateur. A.F.C.E.T., brochure no. 7, Congrès d'Informatique, Paris, septembre 1970
Mehl, L., Automation in Legal world. Compte-rendu du Congrés de Teddington (Grande-Bretagne), 1956
Mehl L., Les sciences juridiques devant l'automation. Cybernetica, vol. III, no. 1 et 2, Namur, 1960
L'automatisation de la recherche de l'information juridique par le procede docilis. C.E.D.I.J., juin 1970
Fichier Législatif et Réglementaire. Centre de Documentation juridique des Editions Techniques, 1971
Delahodde, J., et *Mignot*, Le traitement de l'information juridique. Rapport du 66ème Congrès des Notaires de France, 1968
Huillier, M., L'Informatique de Gestion au service de l'automatisation du dossier et de certaines procédures juridiques. C.R.I.D.O.N., Paris, Journée d'Etude du 18 octobre 1971
De la Maziere, A., Vers le traitement automatique des actes notariés, 01-Informatique, décembre 1970
Le Minor, P., et *Boule, M.*, Techniques Notariales Modernes, Organisation d'une étude. Librairies Techniques, 1970
Le Minor, P., Traitement et production des actes notariés par l'automation, J.C.P. –G-I– 2240, avril 1969
La redaction moderne des actes – Rapport C.R.I.D.O.N., Paris, Journée d'Etude du 11 octobre 1969
Monzein, P., Justice et Informatique. J.C.P. «G» –I– 2471, avril 1972
L'Informatique et les Communes. La Presse Informatique, no. 7, 16 juin 1972
Pessina, H. C., Informatique et fichiers publics. Rapport du 66ème Congrès des Notaires de France, Grenoble, 1968, Librairies Techniques
Rousseau, G., La Publicité Foncière du Crédit Hypothécaire. Rapport du 69ème Congrès des Notaires de France, Le Touquet, 1972
Joseph J. Beard, Information Systems Application – in Law Information Annual Review of 11, pp. 369–396, vol. 6, 1972
Informatique et Sciences Juridiques. Collection documentation, Centre de Documentation Sciences Humaines, C.N.R.S., – Paris, 15, quai Anatole France
Pour une Organisation Nationale de l'Informatique juridique, Rapport du Groupe de Travail pour l'informatique juridique, U.N.P.L., – C.N.I.P.E., 1970
Le notaire et le traitement de l'information. Rapport du 66ème Congrès des Notaires de France, Genroble, 1968, Librairies Techniques

Resumé

Cet exposé fait l'inventaire de l'état actuel des travaux d'informatique juridique en

France.
L'auteur y décrit:
D'une part, l'état d'avancement des projets de traitement de la documentation juridique en France dans les principaux centres de documentation:

Institut de recherches et d'études pour le traitement de l'information juridique (I.R.E.T.I.J.);
Centre de recherche et développement en informatique juridique (C.E.D.I.J.);
Centre de documentation des éditions techniques;
Centre documentaire notarial.

D'autre part, les autres applications de l'informatique en France, dans les domaines suivants:

Traitement des dossiers contractuels;
Organisation des Palais de justice;
Traitement des fichiers publics.

L'étude est assortie d'une bibliographie par sujets traités et d'une bibliographie complémentaire.

Zusammenfassung

Dieser Bericht gibt einen Überblick über den augenblicklichen Stand der Arbeiten auf dem Gebiet der Rechtsinformatik in Frankreich.
Der Autor beschreibt auf der einen Seite die Projekte der Dokumentation in Frankreich in den Hauptzentren, wie:

Institut de recherches et d'études pour le traitement de l'information juridique (I.R.E.T.I.J.);
Centre de recherche et développement en informatique juridique (C.E.D.I.J.);
Centre de documentation des éditions techniques;
Centre documentaire notarial.

Er zeigt auf der anderen Seite die anderen Anwendungen der Informatik in Frankreich in den folgenden Bereichen auf:

Vertragsgestaltung;
Organisation der Gerichte;
Organisation der öffentlichen Register.

Der Arbeit ist eine ausführliche Bibliographie beigefügt.

Herbert Fiedler

Grundprobleme der Juristischen Informatik*

Übersicht

Die Anwendung der Datenverarbeitung in Recht und Verwaltung führt zu einer Reihe von Fragen und erzeugt Problemzusammenhänge, welche schließlich zur Konzeption der neuen Disziplin „Juristische Informatik" (oder „Rechtsinformatik") Anlaß geben. Hier sollen zunächst beispielhaft einige aktuelle Probleme der Datenverarbeitung in Recht und Verwaltung angeführt werden (I). Danach sollen einige methodische und wissenschaftstheoretische Fragen genannt werden, welche speziell für die Rechtsinformatik wichtig sind (II). Schließlich soll die Konzeption der Rechtsinformatik skizziert werden (III).

I. Einige Probleme der Datenverarbeitung in Recht und Verwaltung

Zwei große Anwendungsgebiete der Datenverarbeitung sind einerseits die Automatisierung der öffentlichen Verwaltung, andererseits die elektronische Rechtsdokumentation. Hinzu kommt die Notwendigkeit spezieller rechtlicher Regelungen derartiger Anwendungen, d. h. das Recht der Datenverarbeitung und allgemeiner ein „Informationsrecht" im objektiven Sinne.

1. Verwaltungsautomatisierung

Teillösungen sind leichter zu verwirklichen als neuartige Gesamtkonzeptionen. Natürlich steht dem der Nachteil gegenüber, daß Partiallösungen auch nicht die organisatorischen Vorteile der Gesamtkonzeption bringen können, diese im Gegenteil eventuell später blockieren. Demgemäß könnte man von einer einerseits mehr „synthetischen" (zusammenfügender Aufbau aus Teillösungen), andererseits mehr „analytischen" (zergliedernder Aufbau aufgrund einer vorgegebenen Gesamtkonzeption) Vorgehensweise sprechen. Der Unterschied ist insofern graduell, als die Teillösungen mehr oder weniger unabhängig oder „koordiniert" sein können.

Die Automatisierung der öffentlichen Verwaltung ist bisher mehr den „synthetischen" Weg gegangen, über die Automatisierung in einzelnen Funktionen und Bereichen zur funktionellen und räumlichen „Integration". Dies hatte Vorteile der Flexibilität und des Experimentieren-Könnens mit verschiedenen Varianten,

* Vortrag bei der Tagung „Datenverarbeitung und Europarecht", Luxemburg 1972

war auch z. T. aus rein quantitativen Gründen gar nicht anders möglich. So kann man etwa erst jetzt, nach jahrzehntelangen Erfahrungen, an die Realisierung von „Landesinformationssystemen" denken. Man könnte bei dieser Vorgehensweise von „Integration als Strategie" sprechen. Hierzu gehört jedoch auch die rechtzeitige Beachtung globaler Zusammenhänge, die rechtzeitige Einführung gemeinsamer Standards und Regelungen.

Darüber hinaus scheint es, daß heute im Zusammenhang mit Reform und Rationalisierung der Verwaltung das Bedürfnis für Gesamtkonzeptionen der Verwaltungsautomatisierung stärker empfunden wird. Wird es auch möglich sein, auf mehr „analytischem" Wege tragfähige Konzeptionen dieser Art zu gewinnen, ausgehend von umfassenden Aufgabenmengen und den dafür nötigen Daten? Sehr wertvoll für die Verwaltungsautomatisierung könnte hier eine Rechts- und Verwaltungsinformatik sein, welche eine Struktur- und Organisationstheorie dieses Anwendungsgebiets einbezieht.

2. Elektronische Rechtsdokumentation

Als zweites Beispiel sei hier die elektronische Rechtsdokumentation genannt, welche von den Daten und Aufgaben her ganz andersartige Probleme bietet. Im Gegensatz zu den meist „formatierten" Daten für Planuung und Vollzug der Verwaltung geht es hier um die Behandlung, Speicherung und Wiederauffindung meist „unformatierter" juristischer Dokumente. Nichtsdestoweniger ist die Problematik gerade in dem oben erwähnten Punkt heute eine verwandte. Auch hier geht es heute um die Frage, wieweit zunächst Teillösungen realisiert werden sollen oder von vornherein die Realisierung umfassender Systemkonzeptionen anzustreben ist — also um die Frage einer mehr „synthetischen" oder mehr „analytischen" Vorgehensweise bei der Systemkonstruktion. Während einerseits die Teilfunktionen der elektronischen Verwaltung und Analyse umfangreichen juristischen Quellenmaterials noch viele Schwierigkeiten bieten, wird andererseits schon die Erweiterung dieses klassischen Ansatzes der juristischen Quellenerschließung postuliert, die Einbeziehung von „Sozialdaten", die Einbettung in umfassende rechtspolitische Zielsetzungen und juristische Informationssysteme.

Wahrscheinlich kann man für die elektronische Rechtsdokumentation ein ähnlich „synthetisches" Vorgehen erwarten (und mit gewissen Zusatzbedingungen auch empfohlen) wie in der Verwaltungsautomatisierung. Kürzerfristig müssen noch Erfahrungen mit den Grundfunktionen der Rechtsdokumentation gesam melt, Varianten und Teillösungen mit begrenztem Risiko erprobt werden. Daneben muß aber bereits jetzt die Systemanalyse für umfassende juristische Informationssysteme treten, mit einer koordinierenden und richtungweisenden Funktion für inzwischen betriebene Teillösungen. Diese Vorgehensweise entspricht z. B. auch dem Vorschlag der Projektgruppe für die Konzeption eines juristischen Informationssystems der BRD: Zunächst wird ein „Entwicklungssystem" mit begrenzten Teillösungen erstrebt, welches mit seinen realistischen Erfahrungen (und einer gleichzeitig betriebenen „Parallelforschung") die Voraussetzungen schafft für ein umfassenderes „Ausbausystem". Das letztere kann erst nach jahrelangen weiteren Erfahrungen eigentlich konzipiert werden. (Von der Projektgruppe werden für das Entwicklungssystem ca. 6 Jahre angesetzt.) Die hiermit angesprochenen Probleme der Rechtsinformatik sind ebenfalls Grundsatzprobleme der Forschung, welche hier neben der Datenverarbeitung vor allem die Informationswissenschaften betreffen. So würde die Konzeption umfassender juristischer Informationssysteme Fragestellungen aufwerfen, welche noch keineswegs nach irgendwelchen bekannten Vorbildern durchschaubar sind. Diese ergeben sich etwa aus den dann aktuellen Forderungen des umfassenden Gegenstandsbereichs der Dokumentation, der Publikumsbenutzung und der fortgeschrittenen Systemleistungen noch über die üblichen Dokumentationsfunktionen hinaus.

3. DV-Recht und Informationsrecht

Gerade die anspruchsvollen Konzeptionen der Automation in Recht und Verwaltung motivieren zugleich den Wunsch nach ihrer rechtlich garantierten Begrenzung, nach speziellen rechtlichen Regelungen ihrer neuartigen Phänomene. Sowohl die Verwaltungsautomatisierung wie die elektronische Rechtsdokumentation können zu Auswirkungen führen, welche an herkömmlichen Vorstellungen nur schwer abschätzbar, mit überkommenen Mitteln nur schwer beherrschbar sind. So etwa einerseits die unkontrollierte Verfügbarkeit von mosaikartig aus Einzeldaten zusammengeführten Persönlichkeitsbildern der Bürger, andererseits die Manipulierbarkeit juristischer Information in einem umfassenden juristischen Informationssystem. Vor allem der erstere Problemkomplex hat unter dem Motto „Datenschutz" in der westlichen Hemisphäre breite Publizität erlangt. Jedoch führt darüber hinaus die Datenverarbeitung wahrscheinlich allgemein zu einer Sensibilisierung für die Probleme gesellschaftlicher Informationsprozesse. In diesem Sinne ist inzwischen auch mit dem Datenschutzrecht ein erster Anfang gesetzlicher Regelungen auf diesem Sektor gemacht worden. Hier soll nur eine kleine Gliederungsskizze für das Recht der Datenverarbeitung versucht werden, welches sich vielleicht einmal in einem allgemeinen „Informationsrecht" (im objektiven Sinne) fortsetzt. Danach ließe sich dieses Gebiet etwa gliedern in das

- DV-Organisationsrecht
  (hierzu gehören z. B. die Gesetze über die Organisation der Datenverarbeitung in manchen Ländern der Bundesrepublik)
- Datenbereitstellungsrecht
  (hierher wären etwa zu zählen Bestimmungen über die Datenbeschaffungspflicht gewisser Aufgabenträger oder Bestimmungen über Datenzugriffsrechte gesetzgebender Körperschaften in DV-gestützten Informationssystemen)
- Datenschutzrecht
  (i. e. S.; hierher gehört die Regelung der Restriktionen und Verpflichtungen im Umgang mit personenbezogenen Daten, insbesondere im Interesse des Persönlichkeitsschutzes. Die einzusetzenden Mittel wären hier vor allem Datensicherung, Programmkontrolle, Systemkontrolle).

Entwicklungslinien in Richtung auf ein allgemeines Informationsrecht zeichnen sich z. B. darin ab, daß man Datenschutzbestimmungen über die automatische Datenverarbeitung hinaus auch auf „konventionelle" Methoden des Umgangs mit Information erstrecken möchte. Die Konstruktion und Erforschung von Informationssystemen wird sicherlich weitere Beiträge in dieser Richtung leisten, welche in vielen Einzelaspekten bereits unseres gegenwärtigen Rechtssystems Anknüpfungspunkte findet. Notwendig ist vor allem auch hier die Einleitung einer konkretisierenden Einzelforschung, um über die Phase nur abstrakter Postulatorik hinauszukommen.

II. Methodische und wissenschaftstheoretische Fragen der Rechtsinformatik

In ihrer gegenwärtigen Entwicklungsphase ist die Konzeption der Rechtsinformatik in verschiedene Grundrichtungen ausgedeutet worden. Hier sollen einige dieser möglichen Orientierungen und wissenschaftstheoretisch kritischen Probleme etwas zugespitzt in Frageform angesprochen werden.

1. Soll sich die Rechtsinformatik vor allem mit dem juristischen Informationswesen und der elektronischen Rechtsdokumentation befassen, oder soll sie z. B. zugleich die Methoden der Automatisierung rechtlich bestimmter Verwaltungsaufgaben einbeziehen? Mit der zweiten Alternative wäre natürlich nicht etwa das Ansinnen verbunden, die ganze „Verwaltungsinformatik" als Teil der Rechtsinformatik zu beanspruchen.

Mit dem französischen Terminus „informatique juridique" scheint eher die erste, engere Auffassung verbunden zu sein. Dabei sollte es aber nicht nur um Fragen der terminologischen Abgrenzung gehen. Dahinter steht das Problem einer sinnvollen Zusammenfassung von Gebieten der Forschung und Entwicklung. Gibt es insbesondere Lehren und Methoden, welche computergestützte Verfahren von Planung, Dokumentation und Vollzug des Rechts gemeinsam betreffen? Oder: Gibt es Ansätze einer allgemeinen Theorie der computergestützten juristischen Information und Entscheidung?

2. Soll sich die Rechtsinformatik vorwiegend als Methodenwissenschaft verstehen (z. B. als Methodik der Rechtsdokumentation usw.), oder soll sie sich eher als neuen Zweig der juristischen Dogmatik auffassen (z. B. als Lehre vom Datenschutzrecht usw.)? Oder gibt es eine dritte Auffassung der Rechtsinformatik als „Problemwissenschaft" oder auch „Strukturwissenschaft", welche diesen Gegensatz übergreifen kann?

3. Kann Rechtsinformatik apriorisch betrieben werden oder muß sie nicht auch empirisch und sogar experimentell vorgehen? So beschäftigt sich die Rechtsinformatik etwa mit Mensch-Maschine-Systemen im Rechtswesen. Müssen nicht hier experimentelle Untersuchungen heuristisch sehr wertvoll, vielleicht de facto unentbehrlich sein?

4. Besitzen nicht die Überlegungen der Rechtsinformatik manche ausgeprägt futurologischen Komponenten, etwa indem darin künftige Errungenschaften der DV-Technologie einbezogen werden? So z. B. die Entwicklung umfassender „integrierter Informationssysteme", wodurch die Notwendigkeit von Datenschutzmaßnahmen begründet wird.

Wieweit lassen sich hier begründbare präzise Aussagen machen? Es soll hier nicht etwa utopische Spekulation propagiert werden, sondern gerade umgekehrt ein kritisches Bewußtsein für die Zukunftsdimension gewisser Überlegungen gefordert werden. Dies gilt insbesondere für die Themen des Datenschutzrechts und Informationsrechts.

5. Große DV-gestützte Systeme rechtlicher Dokumentation, Planung oder Entscheidungshilfe sind apriorisch nur begrenzt vorausbestimmbar, sowohl in ihren Eigenschaften wie selbst in ihrer Wünschbarkeit.

Dies bedeutet, daß hier tentativ gearbeitet werden muß, mit Experimentalsystemen und Pilotprojekten oder allgemeiner gesagt mit Zwischenstufen zwischen Experiment und Realisierung. Liegt nicht aber in diesem Vorgehen eine bedenkliche Präjudizierung der durch das Experiment gerade erst zu begründenden Entscheidung? Wieweit kann eine wissenschaftliche Rechtsinformatik hier die Mitverantwortung übernehmen oder auch verbesserte Entscheidungshilfen bieten? Es erhebt sich hier auch die Frage nach Legitimationsverfahren (etwa „partizipatorischer" Art) für die Konstruktion derartiger nicht voll vorausbestimmbarer Systeme.

Die Art der eben angedeuteten Fragen (welche leicht vermehrt werden könnten) läßt kaum eine vollständige und abschließende Antwort erwarten. Als bewußt nur begrenzter Beitrag soll nun die hier zugrunde gelegte Konzeption der Rechtsinformatik skizziert werden.

III. Konzeption der Rechtsinformatik

Während weitgehend Einigkeit darüber besteht, daß Ausgangspunkt und Gegenstand der Rechtsinformatik die Datenverarbeitung in Recht und Staat bildet, ist die genauere Abgrenzung und Orientierung noch in der Diskussion. Zur Abgrenzung stellt sich z. B. die Frage nach dem Verhältnis zwischen Rechts- und Verwaltungsinformatik. Für die Orientierung wird eine eher erweiternd wirkende Tendenz von *Steinmüller* vertreten: Rechtsinformatik wird aufgefaßt als die Lehre von den Möglichkeiten, Voraussetzungen und Folgen der Datenverarbeitung im Recht. Die Rechtsinformatik erscheint hier als „Problemwissenschaft", die in voller interdisziplinärer Breite alle Aspekte der Datenverarbeitung in Recht und Verwaltung erfaßt. Demgegenüber stellt sich die Frage, ob nicht ganz allgemein jede – auch anwendungsorientierte – Informatik vor allem an das Spezifikum der Datenverarbeitung anknüpfen sollte, nämlich an die mathematische Methodik. Zur Vermeidung einengender Mißverständnisse dieser Methodik wird diese hier mit einer für alle mathematischen Wissenschaften und deren Anwendung im weitesten Sinne geltenden Umschreibung „strukturell" genannt. Die Rechtsinformatik könnte so als Strukturwissenschaft gesehen und, wie die Informatik in allen ihren Anwendungsarten, an einer mathematischen Methodik orientiert werden.

Die gesellschaftliche Bedeutung der Datenverarbeitung ist nicht allein aus einer Technologie (etwa der Nachrichtenübertragung und -speicherung), sondern gerade in einem tieferen Sinne nur aus der in der Informationsverarbeitung zugrunde gelegten mathematischen und logischen Methodik zu verstehen. Die Technologie der Datenverarbeitung ist nichts anderes als die Verkörperung dieser Methodik. Die gesellschaftliche Bedeutung der Datenverarbeitung hängt danach eng zusammen mit der gesellschaftlichen Bedeutung der Mathematik im weitesten Sinne der „Strukturwissenschaften“ (einschließlich der formalen Logik, Kybernetik usw.). Demgemäß wird es hier für zweckmäßig gehalten, auch die Rechtsinformatik schwerpunktmäßig zugleich als methodenorientiert aufzufassen und in ihrem Kern als Strukturtheorie zu verstehen. Diese Tendenz verdeutlicht, daß gerade die „strukturellen“ Zusammenhänge der Datenverarbeitung für ihre Möglichkeiten, Voraussetzungen und Folgen maßgebend sind. Außerdem bietet sie den Vorteil, daß auch über den Anlaß der tatsächlichen Datenverarbeitungsanwendung hinaus eine spezifische Erweiterung der Rechtsinformatik im Sinne einer allgemeinen Strukturtheorie der juristischen Information und Entscheidung möglich ist, welche nicht mit der Rechtstheorie schlechthin zusammenfällt.

Folgt man der hier vertretenen Tendenz einer spezifisch-methodischen Orientierung, so ist für die Konzeption der Rechtsinformatik folgendes wesentlich:

- Ausgangspunkt und Basis der juristischen Informatik ist die praktische Anwendung der Datenverarbeitung in Recht und Staat. Hierbei ist „Recht“ gewissermaßen das abstrakte System, „Staat“ ein zugehöriges konkretes System. Es genügt für die moderne Jurisprudenz – und erst recht die Rechtsinformatik – nicht mehr, nur das abstrakte System des Rechts zu betrachten. Gerade für die Anwendungsproblematik der DV ist es unumgänglich, daß man sich auch mit der Realisierung und Fortentwicklung des Rechts in Gesellschaft und Behördenapparat beschäftigt, mit der Wirksamkeit, Kritik und Planung des Rechts. Daher ist die Rechtsinformatik von der Informatik der Regierung, Gesetzgebung, Verwaltung und Justiz nicht scharf trennbar. Vor allem nach der Vorstellung des „Rechtsstaats“ muß sie diese Gebiete zwangsläufig mit einbeziehen.
- Das Interesse der Juristischen Informatik richtet sich auf die *Struktur* rechtlich normierter, zugleich als gesellschaftliche Realität betrachteter Zusammenhänge (z. B. Organisationen, Verfahren, Regelungen, Dokumente) im Hinblick auf die Datenverarbeitung. Insbesondere in der mathematisch fundierten empirischen Strukturanalyse von Organisationen, Verfahren, Regelungen, Dokumenten im Hinblick auf die Datenverarbeitung sind für eine juristische Informatik sehr konkret faßbare Ansatzpunkte gegeben, welche für sie spezifisch sind. Diese Strukturanalyse muß anhand der tatsächlichen Durchführung von Datenverarbeitungsanwendungen laufend überprüft werden.

Hieraus ergeben sich die interdisziplinären Verwandtschaften der Rechtsinformatik: methodisch zu den Strukturwissenschaften (Mathematik, Logik, Informatik); inhaltlich zu den Sozialwissenschaften, insbesondere den „Informationswissenschaften“. Durch die Rechtsinformatik tritt der im engsten Sinne rechtswissenschaftliche Aspekt zwangsläufig in Beziehung zur Verwaltungswissenschaft, Justizforschung, Gesetzgebungslehre, Regierungs- und Politikwissenschaft. Neben Rechtsvergleichung und Rechtsgeschichte wird gerade für die Rechtsinformatik eine Rechtszukunftsforschung (Rechtsfuturologie) treten müssen. Das letztere ergibt sich aus der erheblichen Zeitdimension der Planungen von Datenverarbeitungsanwendungen und deren Realisierung. Hier ergibt sich eine konkrete Notwendigkeit der Prognose und Vorausplanung von Recht aus technologischen Gesetzlichkeiten. Eine Rechtsfuturologie oder Zukunftsforschung des Rechts könnte dabei insbesondere 3 Dimensionen einschließen: die Prognose rechtlich relevanter Tatsachen; die Prognose von Rechtsentwicklungen und schließlich eine in einem genaueren Sinne zukunftsbezogene Rechtspolitik.

Beim Versuch einer formelartigen Zusammenfassung ergibt sich für die hier vertretene Auffassung etwa die Umschreibung: Rechtsinformatik ist die Strukturtheorie der Datenverarbeitung in Recht und Staat. Faßt man die allgemeine Informatik in hinreichend weitem Sinne auf, so würde dies ungefähr der Formulierung entsprechen: Rechtsinformatik ist die spezielle Informatik von Recht und Staat; oder: die Anwendunn der Informatik auf rechtliche Zusammenhänge in Staat und Gesellschaft. Demgemäß ist die Rechtsinformatik einerseits an der Anwendung der Datenverarbeitung orientiert, enthält andererseits Ansätze zu einer mathematisch fundierten Informationswissenschaft des normativen Bereichs in Staat und Gesellschaft. Noch besser verdeutlichen läßt sich der hier vertretene Standpunkt durch Angabe einer Gliederung der Rechtsinformatik, nach welcher diese folgende Gebiete umfaßt:

a) spezielle Rechtsinformatik, d. h. strukturell orientierte Theorie der DV in Recht und Staat (Regierungen, Verwaltung, Gesetzgebung, Justiz);
b) allgemeine Rechtsinformatik, d. h. DV-orientierte Strukturtheorie der rechtlich bestimmten Information und Entscheidung;
c) Dogmatik des DV-Rechts und eines allgemeinen Informationsrechts (wegen enger Wechselwirkung zwischen dogmatischen und strukturellen Methoden wird diese dogmatische Disziplin zweckmäßig in den Bereich der Rechtsinformatik einbezogen).

Eine Erläuterung scheint hier vor allem zu den Begriffen „strukturell“ und „Strukturtheorie“ nötig. Diese wurden hier eingeführt als eine solche Umschrei bung des Wesens der Formalwissenschaften, wie formale Logik und Mathematik, welche kein einengendes Mißverständnis insbesondere der Mathematik befürchten läßt. Die Hinzufügung dieser Begriffe bedeutet nichts anderes, als daß die hier vertretene Auffassung auch die Rechtsinformatik methodisch an den Formalwissenschaften orientieren möchte. Dies bedeutet zwar insbesondere die Betonung der Bedeutung von Präzisierung und mathematischer Analyse als Voraussetzung der praktischen Anwendung wie des theoretischen Verständnisses von Datenverarbeitungssystemen. Es bedeutet aber nicht das Erfordernis einer Mathematisierung aller Überlegungen im Sinne irgend eines bestimmten, vorgegebenen Formalismus. Die Betonung der Eigenschaft als „Strukturtheorie“ soll gerade bedeuten, daß die verschiedensten Mittel der Strukturierung und exakten Beschreibung herangezogen werden können. Hierzu gehören etwa auch exakte verbale Beschreibungen, nicht etwa allein quantitative Angaben. Am besten wird man Ansätze und Möglichkeiten einer „Strukturtheorie“ auf juristischem Gebiet anhand schon gelieferter Beispiele struktureller Betrachtungen klarmachen können. Hierher gehören etwa die Strukturuntersuchungen (Systemanalyse) des juristischen Informationswesens, welche für das Projekt „Juristisches Informationssystem" unternommen wurden. Entsprechendes gilt für andere Planungen und Systemanalysen für Datenverarbeitungssysteme in Recht und Verwaltung. Hierher gehören aber auch die mehr theoretischen Konstruktionen und Strukturüberlegungen zur Datenverarbeitung im Recht, und ebenso allgemeine strukturwissenschaftliche Untersuchungen im Recht.

Zusammenfassung

Die Rechtsinformatik beschäftigt sich sowohl mit den Problemen des juristischen Informationswesens wie auch mit der Automatisierung rechtlich bestimmter Aufgaben in der öffentlichen Verwaltung. Im Sinne der „Informatik" ist dabei auch die Rechtsinformatik grundsätzlich methodenorientiert. Wesentlich ist vor allem die Methodik der Anwendung der Datenverarbeitung in Recht und Staat. Die Rechtsinformatik erscheint so als „Strukturwissenschaft". Die Rechtsprobleme des DV-Rechts und „Informationsrechts" sind wegen des engen Zusammenhangs in ihrem Rahmen mitzubehandeln. So ergibt sich die Gliederung der Rechtsinformatik in die folgenden Gebiete:

a) spezielle Rechtsinformatik, d. h. srukturell orientiert Theorie der DV in Recht und Staat (Regierung, Verwaltung, Gesetzgebung, Justiz);
b) allgemeine Rechtsinformatik, d. h. DV-orientierte Strukturtheorie der rechtlich bestimmten Information und Entscheidung;
c) Dogmatik des DV-Rechts und eines allgemeinen Informationsrechts (wegen enger Wechselwirkung zwischen dogmatischen und strukturellen Methoden wird diese dogmatische Disziplin zweckmäßig in den Bereich der Rechtsinformatik einbezogen).

Summary

Informatics of law (Rechtsinformatik) deals with problems concerning the area of legal informations as well as the automation of legally determined tasks within public administration. As information and computer sciences (Informatik) generally, also jurimetrics, in principle, is method-oriented. In particular, the methodics of applying data processing in law and government are essential. Informatics of law thus appears as a "science of structures". The legal issue of the law of data processing and the "law of information" must be included within this framework because of the close connection with informatics of law. Thus, the following system of informatics of law results:

a) Special informatics of law, i. e., structurally oriented theory of data processing in law and state (government, administration, legislation, judicature),
b) general informatics of law, i. e., data processing-oriented theory of structures relating to legally determined information and decision,
c) doctrines of the law of data processing and of a general law of information (it is useful to include this doctrinal discipline within the field of informatics of law because of the close interaction between doctrinal and structural methods).

Hélène Bauer-Bernet
Bruxelles

Documentation automatique et droit communautaire
Présentation du système d'informatique juridique documentaire des Communautés européennes

1. Problèmes d'information spécifiques au droit communautaire

1.1 Difficultés d'information

L'ordre juridique communautaire créé par les Traités de Paris (1951) et de Rome (1957), s'imbrique étroitement aux ordres juridiques des six Etats membres. Dans les domaines couverts par les Traités, la connaissance du droit national doit être complétée par celle des dispositions d'origine communautaire qu'il exécute, applique ou interprète, ou auxquelles il cède la primauté. Or, le juriste en quête d'informations sur le droit communautaire rencontre des difficultés particulières: difficultés de dépistage, d'accès physique, de gestion, d'interprétation.

Dépistage

Par exemple, la relation entre une mesure nationale et le droit communautaire qu'elle exécute n'est pas toujours explicite. De nombreux textes communautaires sont applicables sans l'intervention du législateur national.

Accès physique

Le nombre des actes á caractère normatif dérivés des Traités est en augmentation progressive: plus de 4.000 actes nouveaux en 1973 sur un total de plus de 25.000. Une partie importante de ces actes est de caractère éphémère mais figure aussi au J.O.C.E. Les tables de J.O.C.E. ne sont disponibles qu'avec un grand retard.

Les Traités instituant les Communautés ont été, depuis leur entrée en vigueur, Les Traités instituant les Communautés ont été, depuis leur entré en vigueur, modifiés au point de justifier une nouvelle édition mise à jour. Les relations entre actes sont de plus en plus complexes (près d'un tiers des actes valables en janvier 1971 avaient été modifiés au moins une fois depuis leur entrée en vigueur); elles ne sont pas toujours évidentes (les actes perdent leur force contraignante plus souvent implicitement que par abrogation explicite).

Interprétation

Les Traités et actes dérivés font appel à des notions qui ne font pas toujours partie de la culture générale du juriste «national» — même si les termes qui les expriment semblent familiers. Ainsi, les termes «entreprise», «salaire» et «détournement de pouvoir» ont un sens spécifique en droit communautaire.

Les versions dans toutes les langues communautaires (français, allemand, italien, néerlandais, anglais, danois) des règlements et de certains autres actes font également foi. Les Traités et actes dérivés sont appliqués et interprétés, selon des règles spécifiques, non seulement par la Cour de Justice des Communautés européennes, mais aussi par les juridictions nationales: le praticien d'un Etat membre est ainsi concerné par les arrêts des juridictions d'autres Etats membres.

1.2 Besoins d'information

Il est donc de plus en plus difficile de connaître le droit communautaire appicable à un moment donné et ses prolongements dans les ordres nationaux.

Cependant, le besoin d'information en matière de droit communautaire croît avec la mise en oeuvre progressive des Traités, qui touche des domaines de plus en plus variés (la T.V.A., par exemple, a fait couler beaucoup d'encre). L'internationalisation des transactions et des entreprises, notamment dans l'espace communautaire, amplifie le besoin d'information qui est ressenti par les services publics nationaux, les Institutions des Communautés européennes, les praticiens, entreprises et particuliers.

1.3 Automatisation des fichiers

Le Service juridique de la Commission des Communautés européennes s'est préoccupé du problème depuis 1967 et a mis au point un système automatisé de documentation en matière de droit communautaire. Le système est entré, en janvier 1971, dans une première phase opérationnelle:

«opérationnelle», c'est-à-dire, le système est interrogé quotidiennement par terminal; certains résultats servent à la publication de répertoires;

«première» phase, parce que seule une partie du champ définitif[1] est couverte, et que le système est provisoirement réservé à l'usage interne.

Il est à présent possible d'accélérer le stockage de l'information, en liaison également avec les autres Institutions communautaires (la décentralisation de l'analyse, selon le principe du contrôle à la source, est en projet[1a] et de préparer l'accès d'un plus grand cercle d'utilisateurs à cette information, notamment pour les autres Institutions communautaires, ainsi que les administrations et centres documentaires nationaux.

2. Solution documentaire: contraintes et options

2.1 Méthode

La matière étant complexe et la population documentaire de dimension moyenne, une solution assez élaborée s'imposait — notamment à l'usage des Institutions communautaires, co-législateurs — et a pu être mise en oeuvre[2]. Par exemple:

La grande mortalité des actes conduit à affiner l'analyse de la validité et à attribuer à chaque acte un vecteur-temps, qui permet de sélectionner les actes valables à une certaine date ou pendant une certaine période.

L'absence de code et la rareté des textes coordonnés impose de recenser le droit au jour le jour à partir du Journal officiel des Communautés européennes lui-même et d'établir, par un système de relations entre actes et une gestion stricte de ces relations, une sorte de pré-codification.

La grande hétérogénéité de la matière interdit de se limiter à une seule méthode pour l'enregistrement du contenu (par exemple, indexation ou texte intégral).

D'une part, on ne peut résumer les Traités et certains règlements de base; d'autre part, de nombreux actes secondaires peuvent être aisément détectés à l'aide de quelques mots-clefs; la doctrine ne peut être enregistrée intégralement.

La pluralité des langues mène à exploiter au maximum les possibilités d'indexation indépendantes de la langue. Sont utilisés systématiquement, par exemple:

- les nomenclatures internationales à code-chiffre,
- les citations d'actes transnationaux tels les actes communautaires,
- les codes-matières tirés de la structure des Traités et traduisibles de manière univoque en plusieurs langues.

2.2 Matériel et programmes

La Commission de Communautés européennes a accès de Bruxelles en télégestion à son Centre de calcul situé à Luxembourg.

---

[1] Voir section 3., «Champ documentaire».

[1a] Voir le «Document de travail sur l'automatisation de la documentation juridique» transmis au Secrétariat du Conseil le 30 avril (R/1156/74 JUR 74) et son annexe, le «Rapport sur l'automatisation de la documentation juridique» de la Commission des Communautés européennes, du 8 avril 1974 (JUR/77/74).

[2] Voir Annexe I, «Structure de l'information».

La configuration de l'installation du Centre comprend en 1974 un ordinateur IBM (370/145, 512 K, VS 2; disques 3330) et un ordinateur CII (10070, Siris 7; disques DIMAS; dérouleurs: lecteur de ruban). Le machine IBM est reliée à Bruxelles par un terminal à lecteur de cartes et imprimante et par une console à écran; la machine CII, par un terminal programmable, à lecteur de cartes et imprimante.

Le Service juridique utilise les programmes généraux de recherche documentaire du constructeur (DPS/IBM de 1969 a 1973, remplacé alors par STAIRS; en test, MISTRAL/CII) en les adaptant à ses besoins par des programmes spécifiques[3].

Les programmes spécifiques (vingt en 1974, soit 20.000 instructions) ont été écrits à des fins diverses, par exemple:

pour faciliter l'alimentation en libérant le juriste et l'atelier de perforation de servitudes (codage, cadrage, comptage), de tâches de contrôle mécanisables (notamment, vraisemblance du contenu des rubriques, correction de fautes d'orthographe, etc. ...), et de l'exploitation automatique de certaines rubriques (par exemple, report de la modification d'un acte par un autre);

pour permettre une gestion plus efficace (mise à jour séparée de rubriques spécifiques, chargement séparé des rubriques contenant un résumé ou le texte intégral, etc. ...);

pour améliorer l'interrogation, par exemple:

- fournir une réponse synthétique (une ligne par document)
- permettre la diffusion multilingue de l'information, par consultation automatique de tables de substitution pour les titres et autres rubriques.

  La réponse à une interrogation est automatiquement imprimable dans la langue choisie par le demandeur, sous réserve d'une alimentation adéquate en tables de substitution multilingues.

La saisie des documents est faite principalement sur ruban perforé (Friden Flexowriter) et, accessoirement sur bande magnétique (BM 72).

L'alimentation automatique à partir de sous-produits du processus d'impression est en démarrage.

3. Champ documentaire

3.1 Champ définitif

Le champ documentaire définitif du système comprend le droit communautaire, sa génèse, son interprétation et ses prolongements nationaux, à savoir:

les Traités instituant les Communautés européennes et autres traités communautaires (fusion, ressources propres, adhésion),
le droit conventionnel connexe aux objectifs des Traités communautaires,
le droit dérivé de ces Traités, émis par le Conseil ou la Commission[4]
la jurisprudence de la Cour de justice des Communautés européennes[4],

---

[3] Voir Annexe II, «Interrogation».

[4] Pour les domaines intéressant plusieurs Institutions communautaires, une collaboration est amorcée.

les travaux préparatoires,
les réponses à certaines questions écrites du Parlement européen[4],
la doctrine relative au droit communautaire.
la pratique administrative
les prolongements nationaux du droit communautaire[5].

3.2 Champ actuel

Du champ définitif, seule une partie est couverte à ce jour, à savoir:

les Traités communautaires
le droit conventionnel connexe
le droit dérivé de force contrainante, autre qu'éphémère.

Pour ces domaines, l'alimentation se fait en deux phases.

La première phase est achevée. Elle comprend l'analyse détaillée des actes et de leurs relations. L'analyse détaillée fournit, par document, 50 à 100 descripteurs ou autres données répartis en une trentaine de rubriques spécifiques, concernant notamment les aspects formels de l'acte.

– Une deuxième phase est en cours. Elle comprend l'enregistrement de rubriques contenant, selon l'importance de l'acte, le texte intégral, explicité, un résumé ou des descripteurs.

Au 31 décembre 1973, environ 7.500 documents dont la longueur varie entre 800 et 30.000 caractères, étaient chargés dans le système.

Se trouvaient en outre chargés en texte intégral: les Traités communautaires, les actes du secteur fiscal et les actes de base du secteur viti-vinicole; les règlements du Conseil sont en cours d'enregistrement en 1974.

3.3 Les prolongements nationaux du droit communautaire:

Un système de recherche portant sur le droit communautaire doit servir de plaque tournante pour faciliter la constatation de liens entre droit communautaire et droit national, ne serait-ce qu'au niveau de la macro-analyse (références et vedettes-matières). Il doit donc courvir les prolongements nationaux du droit communautaire – notamment les mesures nationales d'exécution et la jurisprudence nationale relative à l'application du droit communautaire.

Par suite de l'imbrication des ordres juridiques et de l'élargisemment des intérêts au-delà des frontières traditionnelles de l'information juridique – nationales ou linguistiques – les risques de lacunes, discontinuité et doubles emplois dans la documentation relative aux prolongements du droit communautaire sont très grands.

En matière législative, le risque de lacune ou discontinuité est d'autant plus grand que les méthodes de mise en oeuvre du droit communautaire varient largement – de la loi à la circulaire ministérielle – au sein d'un même Etat et d'un Etat à l'autre, compliquant ainsi la tâche de recensement et de références d'un ordre juridique à l'autre. Il serait aggravé par un cloisonnement des efforts des différents centres documentaires, et pourrait entraver l'application uniforme du droit communautaire.

---

[5] Voir point 3.

Le Service juridique de la Commission des Communautés européennes se préoccupe des raccords d'information essentiels, en liaison avec les centres nationaux d'informatique juridique, ainsi que des problèmes connexes de compatibilité des méthodes ou des techniques. Des travaux concrets sont entrepris à cet égard.

La recherche des liens entre prolongements nationaux du droit communautaire peut servir de catalyseur pour une étude plus générale des problèmes dus à la pluralité de droits et de langues au sein des Communautés européennes.

4. Pluralité des droits et des langues

L'espace juridiques communautaire est loin d'être monolithique: sa complexité – neuf pays, dix ordres juridiques, sept langues – n'est pas pour faciliter l'établissement d'un réseau documentaire.

Les problèmes terminologiques ne sont pas trop aigus en ce qui concerne le droit communautaire proprement dit, dont les versions dans les langues officielles se correspondent phrase par phrase et notion par notion. Seule alors la langue change et non l'ordre juridique.

De simples tables de substitution peuvent, dans ce contexte précis, rendre des services, à condnition d'être alimentés non seulement en mots mais en groupes de mots. Des index KWIC multilingues sont déjà en usage à la Commission des Communautés européennes, avec renvoi à un corpus de correspondances. La consultation automatique de tels corpus est à l'étude. L'automatisation de la substitution peut être envisagé comme troisième étape.

Le raccord à larges mailles entre droit communautaire et prolongements nationaux (mesures nationales d'exécution, jurisprudence nationale relative au droit communautaire, doctrine) pose des problèmes plus délicats mais d'une ampleur limitée pusiqu'il existe, au niveau de la macro-analyse, un vocabulaire commun dont l'usage assurerait une certaine communication.

Les références à des textes communautaires, à des dates in périodes, à des nomenclatures permettent une sélection souvent efficace.

Les problèmes de communication se poseront surtout lorsque l'on tentera d'établir des raccords détaillés entre droit communautaire et prolongements nationaux ou entre prolongements nationaux, car les notions rattachées à des ordres juridiques différents se correspondent rarement de manière bi-univoque. Les possibilités techniques d'interrogation rapide à distance précèdent dès maintenant les possibilités de communication intellectuelle par-delà les frontières juridiques et linguistiques.

5. Perspectives

L'enregistrement du texte intégral de certains actes de droit communautaire dérivé et de la jurisprudence de la Cour de justice des Communautés européennes par alimentation directe à partir du sous-produits du processus d'impression, préparée en 1973 et opérationnelle en 1974, devrait permettre une alimentation complète et rationnelle des fichiers législatifs. Le passage au mode d'interrogation converationnel en 1973 devrait faciliter dès 1974 l'accès d'un plus grand nombre d'utilisateurs à l'information stockée.

Pour que le système de documentation automatique pour le droit communautaire atteigne une phase définitive d'exploitation «en régime», son organisation doit évoluer vers une collaboration accrue entre les institutions des Communautés européennes et une plus grande ouverture aux besoins documentaires extérieurs. En outre, l'alimentation multilingue des fichiers et la couverture du champ documentaire doivent être accélérées.

Le Conseil de Ministres de la Justice des Etats membres de la Communauté européenne, en sa session du 3 juin 1971, a manifesté son intérêt pour ces questions. A sa demande, un rapport a été établi sur les objectifs à atteindre et les moyens nécessaires[6].

Zusammenfassung

Das schnell anwachsende Gemeinschaftsrecht hat spezifische Aspekte, die den Zugang physisch und intellektuell schwierig machen.

Der Juristische Dienst der Kommission der Europäischen Gemeinschaften hat für dieses Recht ein Datenverarbeitungssystem geschaffen, das seit Januar 1971 für den internen Gebrauch verwendet wird und später Benutzern außerhalb der Kommission zugänglich gemacht werden soll.

Das gesamte Gemeinschaftsrecht (abgesehen von den schon vor 1970 außer Kraft getretenen oder den nur kurzlebigen Bestimmungen) – d. h. die Gründungsverträge, das hiervon abgeleitete Recht und die mit den Verträgen zusammenhängenden Übereinkommen – wurde analysiert (Titel und bibliographische Daten) und eingespeichert. Die wichtigsten Vorschriften sind außerdem im Volltext zugänglich. Die automatische Einspeicherung des Volltextes des Gemeinschaftsrechts und der Rechtsprechung des Europäischen Gerichtshofs unter Verwendung der amtlichen Veröffentlichungen der Gemeinschaften ist in Vorbereitung.

Das Anwendungsgebiet soll sich später auf die nationalen Durchführungsmaßnahmen und Rechtsprechung die vorbereitenden Arbeiten, die Lehre und die Verwaltungspraxis erstrecken.

Die durch spezifische Programme vorbereiteten Angaben werden mit Hilfe eines von der Computerfirma erstellten „Package" abgefragt. Das „Package" wird durch Programme ergänzt, die die Beantwortung in mehreren Sprachen ermöglichen.
Der Ausfatz beschreibt und illustriert das System.

Summary

Euopean Community Law, which grows very rapidly, presents specific aspects that make its physical retrieval und intellectual understanding particularly difficult.

The Legal Service of the European Community Commission has set up a computerized system to memorize, process and retrieve this Law. The system runs since January 1971 for internal use and will later be made accessible to external users.

All Community Law (other than out of force before 1970 or ephemeral) – that is, the European Community Treaties, the statutes derived from them and the internal conventions related with Community objectives – is analyzed (titles and descriptors) and memorized. Fundamental norms (such as the Treaties) are searchable also on their full text. The automatic feeding in of the full text of all Community Law and of the decisions of the

---

6 Voir note 1a. Cette question est à l'ordre du jour de la session du Conseil des Communautés européennes (Ministres de la justice) prévue pour l'automne 1974.

European Community Court of Justice, seized in machine readable form in the printing process, is imminent. It is foessen to extend the system to the national measures or court decisions implementing or interpreting Communtiy Law, to the legislative history, the literature, the administrative praxis.

These data, prepared by a chain of specific program, are searched with a standard "package", completed by specific programs for multilingual editing.

The article describes and illustrates the system.

ANNEXES

I. STRUCTURE DE L'INFORMATION[7]

a) Fiche d'analyse

PERFO 1 2 3 4 5

COMMUNAUTES EUROPEENNES – COMMISSION N°: ....

STOP

! NSEQUEN

! NUM.DOC ! SOUV...

9×7(6) ! AUTEUR.

! FORME.. =

•255(254) •146(145) ! FTITRE.

! 1DATDOC / / ! 2DATNOT / /

15+3(2) ! 1REFPUB JC = ! 3DATPUB / /

! 2REFCLA = ! 3REFCLA =

14×1 ! DESTINA N B F D 6 P X =

10×1 ! 1LANGFF N F D 4 X =

! 2LANGUE

! MATIERE =

! 4DATEFF / / =

! 5DATIN / / =

! 6DATERM / / * =

/ / •

! 7DATMAJ / /

35+3(2) ! TR.PREP = =

! TYPANA. =

•182(181) ! COMMENT

! ANALYST ! PERFO.

•! ULT.REF ···/...

! CATEX ···/...

! CITEX.. $ = $

$ = $

$ = $

$ = $

$ = $

$ = $

$ = $

$ = $

$ = $

$ = $

! FINDEX ···/...

! FTEXTES ···/...

10 [illegible]/1971

1	2	3	4	5	6	7	8	9	10	11	12	13	14	15	16	17	18	19	20	21	22	23	24	25	26	27	28	29	30	31	32	33	34	35	36	37	38	39	40	41	42	43	44	45	46	47	48	49	50	51
!	N	U	M	.	D	O	C																																											
!	C	A	T	E	X	.	.																																											
																			:					$	=																								$	
																			:					$	=																								$	
																			:					$	=																								$	
																			:					$	=																								$	
																			:					$	=																								$	
																			:					$	=																								$	
																			:					$	=																								$	
																			:					$	=																								$	
																			:					$	=																								$	
																			:					$	=																								$	
!	U	L	T	.	R	E	F		C	I	T	=	B	D	D	␣	M	N	E	␣	I	N	F	␣	L	I	T	␣																						
									C	A	T	=	␣	␣																																				
																									=																								;	
																									=																								;	
																									=																								;	
																									=																								;	
																									=																								;	
																									=																								;	
																									=																								;	
																									=																								;	
																									=																								;	
																									=																								;	
																									=																								;	
																									=																								;	
																									=																								;	
																									=																								;	
																									=																								;	
																									=																								;	
																									=																								;	
																									=																								;	
!	F	I	N	D	E	X																																												

[7] Les chiffres 6 et 4 dans les rubriques !DESTINA et !1LANGFF ont, dans les actes encore en vigueur lors de l'adhésion des nouveaux Etats membres, été remplacés respectivement par 9 et 6.

b) Commentaire de la fiche d'analyse: explication des principales rubriques

1. Rubriques d'identification et d'analyse formelle:

!NSEQUEN	Numéro séquentiel mécanographique (attribué par programme)
!NUMDOC	N° de document à code mnémonique, tel 367RO123 pour «Droit dérivé, règlement n° 123/67» Le numéro attribué est unique pour chaque acte. Un contrôle de duplication est ainsi rendu possible, ainsi que le chaînage automatique des actes (cf. rubriques de chaînage, p. 18)
!SOUV	Ordre juridique dont émane l'acte (CEE, EUR, CECA, ETATS MEMBRES etc.) ou Partie à un accord international
!AUTEUR	Institution dont émane l'acte (Conseil [CONS], Commission [COMM], Cour de justice [CJCE], Représentants des Etats membres [REM]) ou Partie à un accord international.
!FORME	Forme de l'acte analysé (règlement, décision, directive, etc.)
!FTITRE	Titre en français, in extenso. Si exceptionellement certains mots sont abrégés par rapport au titre original, le premier mot est abrégé.
!FSUITE	Suite du titre, lorsque le titre est très long (plus de 255 caractères). Des rubriques parallèles sont prévues pour des enregistrements dans les autres langues officielles des Communantés européennes. L'enregistrement des ritres en allemand et en anglais est en cours.
!DATDOC	Date de l'acte
!DATEFF	Date d'effet (EV = entrée en vigueur, MA = mise en application, PE = prise d'effet).
!TRAPREP	Travaux préparatoires
!DESTINA	Destinataire d'un acte individuel (qui peut être un Etat membre)
!1LANGFF	Langue(s) faisant foi
!2LANGUE	Langue(s) autre(s): version non officielle, résumé, traduction, ...
!COMMENT	Commentaire en texte semi-libre.

2. Rubriques bibliographiques

!REFPUB	Référence de publication au Journal officiel. Le nombre de trois chiffres qui suit «JC» indique le numéro du Journal. Le nombre final de quatre chiffres indique la page du Journal. La lettre «L» signifie «Partie L». La lettre «P» signifie «page» (ancienne présentation)
!DATPUB	Date de publication au Journal officiel (inversé). Ces références sont essentielles puisque le recensement des textes se fait non pas à partir de textes cofidiés et autres ouvrages organisés mais du Journal officiel lui-même.

3. Rubriques matière

!MATIERE	Vedette-matière très générale reflétant les domaines couverts par les Traités (voir liste des codes actuellement utilisés à l'annexe II, p. 20). Cette rubrique a pour vocabulaire une centaine de termes dont une grande partie correspond de manière explicite et univoque à des articles des Traités instituant les Communautés européennes ou à des règlements de base. Son but est de permettre une structuration grossière du champ sémantique, pour 1) répondre à des profils d'intérêt (divisions administratives) et 2) faciliter la compatibilité entre systèmes par une approche à deux niveaux (macro- et micro-thésaurus).

4. Rubriques «vecteur-temps»

!DAT.IN	Date d'entrée en «actualité» déterminée selon des règles explicites
!DATERM	Date de fin de validité juridi.ue, ou date fictive de fin d'actualité déter-

minée selon des règles explicites. Un astérisque suit les dates non éclures, un point, les dates éclures. Le code «99/99/99*» signifie «valable pour une durée indéterminée».
Ces rubriques permettent d'attribuer à chaque acte une durée d'actualité couvrant au moins sa validité juridique et accessible pour la sélection des actes qui étaient actuels à un moment quelconque de l'axe du temps. Il est ainsi possible de reconstituer l'état du droit à une date passée ou présente.

5. Rubriques de chaînage par relations entre actes et entre fichiers

!CATEX Référence à des actes antérieurs affectés par le présent acte (relations de type: modification, prorogation, abrogation, etc. ...)

!CITEX Référence à des actes antérieurs, notamment ceux qui servent de base juridique (B = Base) et sont visés dans le préambule (V = Visa).

!ULTREF Référence à des actes ultérieurs, soit par référence globale à des mesures nationales d'exécution (MNE), soit par référence spécifique aux actes ultérieurs qui affect l'acte sous rubrique.
Par exemple:
M PAR 369R1234 = DP 01/01/70
P PAR 370R2345 = JQ 31/12/70
signifie que:
l'acte sous rubrique a été modifié (M) par le règlement n° 1234/69 à compter (DP = depuis) du premier janvier 1970, et prorogé (P) par le règlement n° 2345/70 jusqu'au (JQ) 31 décembre 1970.
Le chiffre 3 au début des références signale qu'il s'agit de droit dérivé (voir page «numéro de document«)
La lettre «L» facilite la gestion technique de la fin de validité des actes parents. CAT = ... indique le nombre de références à des actes non reprises en ULTREF (au-delà de la sixième à compter de la dernière).
Les références complémentaires se trouvent dans le fascicule «COMPLEMENT AU REPERTOIRE ANALYTIQUE»
Si l'acte est prorogé ou abrogé, la date de fin de validité est mise à jour (rubrique !DATERM).
Les rubriques CATEX et CITEX servent au chaînage vers l'amont (c'est-à-dire de l'acte postérieur à l'acte antérieur).
La rubrique ULTREF, qui sert au chaînage vers l'aval, contient une information inverse de celle qui est contenue dans les rubriques CATEX des actes correspondants. Le chaînage vers l'aval par report du chaînage vers l'amont est automatique à un double point de vue:
1°) Le report ULTREF est totalement automatique.
2°) Les relations entre actes jouent également le rôle de termese d'index (descripteurs). Ceci permet la recherche d'actes qui modifient ou citent un antécédent connu, ou lui sont liés par une relation autre. Les combinaisons booléennes sont possibles. En renouvelant de proche en proche une telle recherche, il est possible de retrouver une «famille» d'actes selon un type de relation, par exemple, celle des actes dérivés – même indirectement – d'une base commune (telle un article du Traité). Une sous-zone de la rubrique !ULT.REF permet une référence globale à un autre fichier (mesures nationales d'exécution, jurisprudence, etc. ...)

6. Rubriques contenu

!TYPANA Type d'analyse (selon la nature et l'importance de l'acte): l'acte sera-t-il «découenpé», résumé ou en registré intégralement, etc. ...?
Cette rubrique sert à harmoniser et systématiser la profondeur d'analyse ent fonction de critères explicites.

!FINDEX Sommaire ou résumé (!TYPANA : RES) ou descripteurs normalisés (!TYPANA : NOR)

!FTEXTE Texte original intégral en français: dispositif seul (!TYPANA : DIS) ou dispositif et considérants (!TYPANA : TOT)
Des rubriques paralléles sont prévues pour des enregistrements dans les autres langues officielles des Communautés européennes.

c) Fiches après perforation et chargement (extrait du grand fichier, sauf texte intégral)

```
NSEQUEN              EXTRAIT DU GRAND FICHIER
4026

NUMDOC     371R2358

AUTEUR     CONS

SOUV       CEE

FORME      REGL

FTITRE     REGLEMENT (CEE) NO 2358/71 DU CONSEIL, DU 26 OCTOBRE 1971,
           PORTANT ORGANISATION COMMUNE DES MARCHES DANS LE SECTEUR
           DES SEMENCES

FSUITE

DATDOC     71/10/26

DATNOT

REFPUB     JC246-L0001

DATPUB     71/11/05

REFCLA

REFCLB

DESTINA

LANGEF     4

LANGUE

MATIERE    SEME AIDE LCM  PCOM

DATEFF     72/05/01=ART 17  MA CF CMT

DATIN      71/10/26=DATDOC

DATERM     99/99/99*

DATMAJ

TRPREP     PR COMM AV PE AV CES

TYPANA

COMMENT    MA 1/7/72

ANALYST    EO/HP

PERFO GC/LL

ULTREF

CATEX      367R0120 M = M ART 1 A) DP 1/7/72

CITEX      1E042 BV   1E043 BV
```

NSEQUEN 2541	EXTRAIT DU GRAND FICHIER	
NUMDOC	370D0460	
AUTEUR	CONS	
SOUV	CEE	
FORME	DECI	
FTITRE	DECISION DU CONSEIL, DU 29 SEPTEMBRE 1970, AUTORISANT LA TACITE RECONDUCTION DE CERTAINS ACCORDS COMMERCIAUX CONCLUS PAR DES ETATS MEMBRES AVEC DES PAYS TIERS	
FSUITE		
DATDOC	70/09/29	
DATNOT		
REFPUB	JC225-L0024	
DATPUB	70/10/12	
REFCLA		
REFCLB		
DESTINA	6	
LANGEF	4	
LANGUE		
MATIERE	PCOM	
DATEFF		
DATIN	70/09/29=DATDOC	
DATERM	72/03/31.=CF CMT	
DATMAJ		
TRPREP	PR COMM	
TYPANA		
COMMENT	DATES ECHELONNEES JO 31/03/72	
ANALYST	JA	
PERFO	MM	
ULTREF		
CATEX		
CITEX	1E BV 369D0494-A03 BV	

NSEQUEN 2593	EXTRAIT DU GRAND FICHIER
NUMDOC	370L0157
AUTEUR	CONS
SOUV	CEE
FORME	DIRECT
FTITRE	DIRECTIVE DU CONSEIL, DU 6 FEVRIER 1970, CONCERNANT LE RAPPROCHEMENT DES LEGISLATIONS DES ETATS MEMBRES RELATIVES AU NIVEAU SONORE ADMISSIBLE ET AU DISPOSITIF D'ECHAPPEMENT DES VEHICULES A MOTEUR
FSUITE	
DATDOC	70/02/06
DATNOT	70/02/10
REFPUB	JC042-L0016
DATPUB	70/02/23
REFCLA	
REFCLB	
DESTINA	6
LANGFF	4
LANGUE	
MATIERE	RAPL TRAN INDU
DATEFF	70/02/10=DATNOT CF CMT
DATIN	70/02/06=DATDOC
DATERM	99/99/99*
DATMAJ	
TRPREP	PR COMM, AV PE CES
TYPANA	
COMMENT	MNE DELAI 18 MOIS A PARTIR DE DATNOT (ART 4)
ANALYST	JG/HP
PERFO	JD
ULTREF	
CATEX	
CITEX	1E100 BV

d) Relations entre actes

d 1 Codes des rubriques CATEX et ULTREF

	CATEX	ULTMOD
A signifie	ABROGEANT OU ANNULANT (OU CLOTURANT EN CAS DE CLOTURE D'ADJUDICATION)	ABROGE OU ANNULE (CLOTURE EN CAS DE CLOTURE D'ADJUDICATION)
C signifie	COMPLETANT	COMPLETE PAR
D signifie	DEROGEANT	DEROGATION PAR
E signifie	ETENDANT	ETENDU PAR
I signifie	INTERPRETANT AUTHENTIQUEMENT	INTERPRETE AUTHENTIQUEMENT PAR
K signifie	COORDONNANT	COORDONNE PAR
M signifie	MODIFIANT	MODIFIE PAR
O signifie	METTANT EN OEUVRE	MIS EN OEUVRE PAR
P signifie	PROROGEANT	PROROGE PAR
R signifie	REMPLACANT	REMPLACE PAR
S signifie	SUSPENDANT	SUSPENDU PAR
T signifie	RETARDANT	RETARDE PAR
V signifie	VISANT	VISE PAR

Les autres codes utilisés dans les rubriques «CATEX» et «ULTMOD» ont la même signification que dans le NUMERO DE DOCUMENT (rubrique «NUMDOC»).

d 2 Codes de la rubrique CITEX

B BASE JURIDIQUE (MAIS NON VISEE)

V VISA

BV BASE JURIDIQUE VISEE

H HOMOLOGIE (PLURALITE D'ACTES A CONTENU PRESQUE IDENTIQUE OU COMPLEMENTAIRE)

Les autres codes utilisés dans la rubrique «CITEX» ont la même signification que dans le NUMERO DE DOCUMENT (rubrique «NUMDOC»).

d 3 Extrait de la liste automatique ULTREF («références ultérieures»)

Pour prendre en compte la structure juridique d'un ensemble d'actes, plusieurs rubriques de chaînage ont été crées (cf. b. Commentaire de la fiche d'analyse, rubriques CATEX, CITEX, ULTREF). La liste ULTREF (*réf*érences *ult*érieures, p. ex. «X est modifié par Y») est établie automatiquement sur la base des relations indiquées dans les rubriques CATEX (p. ex. «Y modifié X») et sert à la mise à jour automatique des rubriques ULTREF pour établir l'état du droit.

LISTE DES ULTREF AUTOMATIQUES
****

NUMDOC		REFERENCE ULTERIEURE	
370R0370	* M	PAR 370R1373	=M ART7 DP1/1/71
	* M	PAR 370R1373	=A ART1,2,4 DP1/1/71
	* M	PAR 370R2637	=A SAUF ART9,10 DP1/1/71
370R0571	* ML	PAR 371R0345	=M ANN II DP 19/2/71
370R0727	* ML	PAR 371R1574	=R ART4P4 DP27/7/71
370R0756	* M	PAR 370R1479	=M ART2P3 DP1/8/70
	* M	PAR 370R2640	=A ART2P3DP 1/1/71
	* ML	PAR 371R2814	=M ART2 DP1/1/72
370R0772	* CL	PAR 370R1047	=C ANN DP6/6/70
	* LC	PAR 370R1655	=C ANN DP14/8/70
	* LC	PAR 370R1883	=C ANN DP18/9/70
	* LM	PAR 370R1913	=M ANN DP24/9/70
	* M	PAR 370R2012	=M ANN DP8/10/70
	* ML	PAR 371R0563	=M ART2 DP 31/3/71
	* ML	PAR 371R0563	=M ANN DP 31/3/71
	* ML	PAR 371R0563	=ADJ ART4P3 DP 31/3/71
	* ML	PAR 371R0563	=R ART8P4 DP 31/3/71
	* ML	PAR 371R0563	=R ART8P5L2 DP 31/3/71
	* CL	PAR 371R0872	=C ANN DP29/4/71
	* CL	PAR 371R0943	=C ANN DP7/5/71
	* CM	PAR 371R1097	=C,M ANN DP28/5/71
	* A	PAR 371R1355	=A DP1/7/71
370R0916	* S	PAR 370R1022	=S ART29 DP1/6/70 CMT2
	* D	PAR 370R1093	=D ART25P1 DP15/6/70
	* M	PAR 370R1126	=S ART25P1 DP1/6/70
	* M	PAR 370R1253	=M ART8P2 DP1/7/70
	* M	PAR 370R1633	=S ART24 DP15/8/70
	* D	PAR 370R2319	=D ART25P1 DP19/11/70
	* D	PAR 370R2319	=D ART13P1 DP19/11/70
	* D	PAR 370R2319	=D ART27P2 A) DP19/11/70
	* ML	PAR 370R2612	=R ART 12P1 DP1/1/71
	* CL	PAR 370R2612	=ADJ ANT IV DP1/1/71
	* ML	PAR 370R2612	=R ANN IIPT17,19 DP1/1/71
	* D	PAR 371R0324	=D ART5P5 DP17/2/71
	* D	PAR 371R0965	=D ART 5P5L3 DP1/5/71
	* M	PAR 371R1627	=M ART37S2 DP1/8/71
	* ML	PAR 371R2312	=R ART30P1 DP1/11/71
	* ML	PAR 371R2312	=R ART29 DP1/11/71
	* ML	PAR 371R2504	=M ART5P5L2 DP27/11/71
	* CL	PAR 371R2722	=C ART6P3 DP23/12/71
	* ML	PAR 371R2722	=M ART5 DP23/12/71
370R0817	* C	PAR 371R1627	=ADJ ART1L3 DP1/8/71
370R0898	* C	PAR 371R1168	=ADJ ART1C) DP 24/6/71

II. INTERROGATION

a) Principes généraux

Les informations contenues dans les rubriques de la fiche d'analyse servent à sélectionner les documents pertinents en réponse à une question documentaire. Une question documentaire doit préciser:

1) les rubriques interrogées parmi les rubriques de la fiche d'analyse; par exemple:

COMMission ou CONSeil dans AUTEUR

AGRIculture dans MATIERE
REGLement dans FORME
date ›31/12/69 dans 1DATDOC
VINICULTURE dans TEXTE
etc. . . .

Les termes recherchés peuvent être combinés à l'aide des opérateurs logiques *et*, *ou*, *sauf* et de parenthèses (p. ex., pour la recherche de documents contenant «([A *et* B *et* C] *ou* [D *et* E]) sauf F» dans la rubrique TEXTE). Les questions ainsi formulées peuvent être rendues plus spécifiques par des restrictions concernant la position relative dans termes dans le texte; ou plus générales par la prise en compte de synoymes ou quasi-synonymes (consultation automatique de tables de substitution, ou troncature de mots).

Toutes les rubriques d'analyse sont accessibles tant pour la sélection des documents formant réponse que pour l'impression d'une réponse plus ou moins détaillée (p. ex. impression du numéro de document NUMDOC; ou des rubriques choisies par le demandeur, dans l'ordre qu'il souhaite; ou de toutes les rubriques).

Si le demandeur ne précise pas la période de référence (rubriques DATIN et DATERM), c'est l'état selon la dernière mise à jour qui lui sera fourni. Il suffit de consulter les Journaux des Communautés européennes parus entretemps (quelques semaines) pour une mise à jour complète.

L'interrogation se fait en mode dialogué à l'aide d'une console à écran cathodique et clavier. Ce mode d'interrogation permet, d'une part, la recherche de documents par approximations successives; d'autre part, la décentralisation de l'interrogation.

b) Exemples simples

b 1 Interrogation sur rubriques spécifiques seules

Exemples de demandes auxquelles il peut être répondu par interrogation des *rubriques spécifiques*:

1. Quel est l'ensemble des actes du *Conseil* C.E.E. concernant la *concurrence* en vigueur au *01/04/73*?
2. Quel est l'ensemble des actes concernant à la fois la *politique commerciale* et *les mesures de sauvegarde* en vigueur après le 31/12/70?
3. Quel est l'ensemble des actes basés sur *l'article 235 CEE* entrés en vigueur le 01/01/69 ou ultérieurement et valables sans limitation de durée?
4. Quel est l'ensemble des actes affectant le *règlement n° 27 de 1962 au 01/04/73*?

Ces mêmes demandes peuvent être exprimées de la manière suivante, plus proche de la «question-machine».

Question nº	RUBRIQUES INTERROGEES	CRITERES DE RECHERCHE
1.	AUTEUR	CONSEIL
	MATIERE	CONCURRENCE
	CITEX	BASE ART. 85 ss. CEE
	DATERM	≧ 01/01/73
2.	MATIERE	POLITIQUE COMMERCIALE
	CITEX	BASE ART. 108, 109, 226 CEE
	DATERM	≧ 01/01/71
3.	CITEX	BASE ART. 235 CEE
	DATIN	≧ 01/01/69
	DATERM	= 99/99/99
4.	CATEX	REGLEMENT Nº 27 DE 1962
	DATERM	≧ 01/04/73

Le choix des rubriques à imprimer est indépendant de celui des rubriques à interroger (p. ex.: «chercher les documents dont DATDOC 31/12/72 et imprimer, pour chacun de ces documents, la rubrique NUMDOC»).

```
          QUESTION NO 1



QUELS SONT LES ACTES CONCERNANT LA POLITIQUE
COMMERCIALE ET LES MESURES DE SAUVEGARDE
ET QUI SONT EN VIGUEUR APRES LE 31/12/70


..SEARCH

1  PCOM AND SAUV. MATIERE.
  (REPONSE INTERMEDIAIRE  STATISTIQUES = 216 DOCUMENTS)


..SELECT

2  1 DATERM GT 701231
  (REPONSE  STATISTIQUES = 147 DOCUMENTS)


..BROWSE NUMDOC,SOUV,AUTEUR,FORME,ETITRE,ESUITE,
         DATDOC,REFPUB,DATPUB,MATIERE,DATERM,CITEX
```

EXTRAIT DE LA REPONSE NO 1

NUMDOC	362D1101P2698
SOUV	CEE
AUTEUR	COMM
FORME	DECI
FTITRE	DECISION DE LA COMMISSION RELATIVE AU RECOURS DE LA REPUBLIQUE FEDERALE D'ALLEMAGNE A L'ARTICLE 115, ALINEA 1, DU TRAITE POUR EXCLURE DU TRAITEMENT COMMUNAUTAIRE LES FEUILLES DE TABAC NON ECOTEES ET DECHETS DE TABAC ORIGINAIRES DES PAYS TIERS ET MIS
FSUITE	EN LIBRE PRATIQUE DANS LES AUTRES ETATS MEMBRES
DATDOC	62/10/31
REFPUB	JC119-P2698
DATPUB	62/11/16
MATIERE	PCOM SAUV
DATERM	99/99/99*
CITEX	1E115-L1 BV

NUMDOC	368D0098
SOUV	CEE
AUTEUR	COMM
FORME	DECI
FTITRE	DECISION DE LA COMMISSION, DU 30 JANVIER 1968, RELATIVE AUX RECOURS DE LA REPUBLIQUE ITALIENNE A L'ARTICLE 115,ALINEA 2, DU TRAITE, CONCERNANT CERTAINS PRODUITS ORIGINAIRES DE PAYS TIERS ET MIS EN LIBRE PRATIQUE DANS LES AUTRES ETATS MEMBRES
FSUITE	(CARTONS, MACHINES A CALCULER, TRANSISTORS ET AUTRES)
DATDOC	68/01/30
REFPUB	JC038-L0005
DATPUB	68/02/13
MATIERE	PCOM SAUV
DATERM	99/99/99*
CITEX	1E115-L2 BV

b 2 Interrogation sur rubriques et texte

```
QUESTION NO 2


QUELLES SONT LES DIRECTIVES CONCERNANT LES DROITS D'ACCISE
SUR LE VIN ET VALABLES LE 1/1/1973


..SEARCH

1  VIN OR VINS OR VINEF OR VINIF OR VITIF
   (REPONSE INTERMEDIAIRE  STATISTIQUES = 233 DOCUMENTS)

2  ALCOOLF OR APERITIFF OR SPIRITUEUF
   (REPONSE INTERMEDIAIRE  STATISTIQUES = 20 DOCUMENTS)

3  ACCISEF
   (REPONSE INTERMEDIAIRE  STATISTIQUES = 8 DOCUMENTS )

4  DIRECT. FORME.
   (REPONSE INTERMEDIAIRE  STATISTIQUES = 225 DOCUMENTS)


5  (1 OR 2) AND 3 AND 4
   (REPONSE INTERMEDIAIRE  STATISTIQUES = 2 DOCUMENTS)


..SELECT

6  5 DATERM GT 721231
   (REPONSE  STATISTIQUES = 2 DOCUMENTS)

..BROWSE NUMDOC, SOUV,AUTEUR,FORME,FTITRE,DATDOC,DATNOT,
         REFPUB,DATPUB,DESTINA,LANGFF,MATIERE,DATEFF,
         DATIN,DATERM,TRPREP,ULTREF,CITEX
```

EXTRAIT DE LA REPONSE NO 2

NUMDOC	369L0169
SOUV	CEE
AUTEUR	CONS
FORME	DIRECT
FTITRE	DIRECTIVE DU CONSEIL, DU 28 MAI 1969, CONCERNANT L'HARMONISATION DES DISPOSITIONS LEGISLATIVES, REGLEMENTAIRES ET ADMINISTRATIVES RELATIVES AUX FRANCHISES DES TAXES SUR LE CHIFFRE D'AFFAIRES ET DES ACCISES PERCUES A L'IMPORTATION DANS LE TRAFIC
.FSUITE	INTERNATIONAL DE VOYAGEURS
DATDOC	69/05/28
DATNOT	69/05/29
REFPUB	JC133-L0006
DATPUB	69/06/04
DESTINA	6
LANGFF	4
MATIERE	RAPL FISC TRAN
DATEFF	69/05/29=DATNOT DELAI 1/1/70
DATIN	69/05/28=DATDOC
DATERM	99/99/99*
TRPREP	PR COMM
ULTREF	CM PAR 372L0230
CITEX	1E099 BV

DIRECTIVE DU CONSEIL, DU 29 MAI 1969, CONCERNANT L'HARMONISATION DES DISPOSITIONS LEGISLATIVES, REGLEMENTAIRES ET ADMINISTRATIVES RELATIVES AUX FRANCHISES DES TAXES SUR LE CHIFFRE D'AFFAIRES ET DES ACCISES PERCUES A L'IMPORTATION DANS LE TRAFIC INTERNATIONAL DE VOYAGEURS (69/169/CEE)
LE CONSEIL DES COMMUNAUTES EUROPEENNES, VU LE TRAITE INSTITUANT LA COMMU- NAUTE ECONOMIQUE EUROPEENNE, ET NOTAMMENT SON ARTICLE 99 /*1E099F/,
VU LA PROPOSITION DE LA COMMISSION, CONSID.../ A ARRETE LA PRESENTE DIRECTIVE
ARTICLE PREMIER 1. UNE FRANCHISE DES TAXES SUR LE CHIFFRE D'AFFAIRES ET DES ACCISES PERCUES A L'IMPORTATION EST APPLICABLE, DANS LE CADRE DU TRAFIC DE VOYAGEURS ENTRE PAYS TIERS ET LA COMMUNAUTE, AUX MARCHANDISES CONTENUES DANS LES BAGAGES PERSONNELS DES VOYAGEURS, POUR AUTANT QU'IL S'AGISSE D'IMPORTATIONS DEPOURVUES DE TOUT CARACTERE COMMERCIAL ET QUE LA VALEUR GLOBALE DE CES MARCHANDISES NE DEPASSE PAS, PAR PERSONNE, VINGT-CINQ UNITES DE COMPTE.
2. LES ETATS MEMBRES ONT LA FACULTE, POUR LES VOYAGEURS AGES DE MOINS DE QUINZE ANS, DE REDUIRE CETTE FRANCHISE JUSQU'A DIX UNITES DE COMPTE.
3. LORSQUE LA VALEUR GLOBALE DE PLUSIEURS MARCHANDISES DEPASSE, PAR PERSONNE, RESPECTIVEMENT LE MONTANT DE VINGT-CINQ UNITES DE COMPTE OU CELUI FIXE EN VERTU DU PARAGRAPHE 2, LA FRANCHISE EST ACCORDEE, JUSQU'A CONCUR RENCE DE CES MONTANTS, POUR CELLES DE CES MARCHANDISES QUI, IMPORTEES SEPAREMENT, AURAIENT PU BENEFICIER DE LADITE FRANCHISE, ETANT ENTENDU QUE LA VALEUR D'UNE MARCHANDISE NE PEUT ETRE FRACTIONNEE.

b 3 Réponses éditées par les programmes spécifiques

Synthèse formatée: une ligne par document

PAGE 59

SEQUENCE	NUM.DOC.	ORDRE JURID.	AUTEUR	FORME	DAT.DOC.	REF.PUBL.	DAT.PUBL.	MATIERE	DAT.EFF.	DAT.TERM.
369325980	369R2598	CEE	CONS	REGL	69/12/18	JC324_L0016	69/12/27	F-L	70/01/01	70/05/31.
369325990	369R2599	CEE	CONS	REGL	69/12/18	JC324_L0018	69/12/27	F-L	70/01/01	70/05/31.
369326010	369R2601	CEE	CONS	REGL	69/12/18	JC324_L0021	69/12/27	F-L FEOG	70/01/01	99/99/99*
369326020	369R2602	CEE	CONS	REGL	69/12/18	JC324_L0023	69/12/27	AGRI	70/01/01	99/99/99*
369326030	369R2603	CEE	CONS	REGL	69/12/20	JC324_L0025	69/12/27	PCOM	69/12/31	99/99/99*
369326040	369R2604	CEE	CONS	REGL	69/12/20	JC324_L0034	69/12/27	DOM PCOM	69/12/31	99/99/99*
369326070	369R2607	CEE	CONS	REGL	69/12/15	JC326_L0001	69/12/29	PCOM TDCC	70/01/01	70/12/31.
369326080	369R2608	CEE	CONS	REGL	69/12/15	JC326_L0003	69/12/29	TDCC PCOM	70/01/01	70/12/31.
369326090	369R2609	CEE	CONS	REGL	69/12/15	JC326_L0005	69/12/29	PCOM TDCC	70/01/01	70/12/31.
369326100	369R2610	CEE	CONS	REGL	69/12/15	JC326_L0008	69/12/29	TDCC	70/01/01	70/12/31.
369326110	369R2611	CEE	CONS	REGL	69/12/15	JC326_L0011	69/12/29	PCOM TDCC	70/01/01	70/12/31.
369326120	369R2612	CEE	CONS	REGL	69/12/15	JC326_L0013	69/12/29	PCOM TDCC	70/01/01	70/12/31.
369326130	369R2613	CEE	CONS	REGL	69/12/15	JC326_L0015	69/12/29	PCOM TDCC	70/01/01	70/12/31.
369326140	369R2614	CEE	CONS	REGL	69/12/15	JC326_L0017	69/12/29	PCOM TDCC	70/01/01	70/12/31.
369326150	369R2615	CEE	CONS	REGL	69/12/15	JC326_L0020	69/12/29	PCOM TDCC	70/01/01	70/12/31.
369326160	369R2616	CEE	CONS	REGL	69/12/15	JC326_L0023	69/12/29	PCOM TDCC	70/01/01	70/12/31.
369326170	369R2617	CEE	CONS	REGL	69/12/16	JC326_L0025	69/12/29	PCOM TDCC	70/01/01	70/06/30.
369326180	369R2618	CEE	CONS	REGL	69/12/16	JC326_L0028	69/12/29	PCOM TDCC	70/01/01	70/06/30.
369326190	369R2619	CEE	CONS	REGL	69/12/16	JC326_L0031	69/12/29	PCOM TDCC	70/01/01	70/12/31.
369326200	369R2620	CEE	CONS	REGL	69/12/19	JC328_L0001	69/12/30	PCOM TDCC	70/01/01	70/12/31.
369326210	369R2621	CEE	CONS	REGL	69/12/19	JC328_L0004	69/12/30	TDCC	69/12/31	70/08/31.
369326220	369R2622	CEE	CONS	REGL	69/12/21	JC328_L0008	69/12/30	LAIT	70/01/01	99/99/99*
369326230	369R2623	CEE	COMM	REGL	69/12/23	JC327_L0001	69/12/30	CONJ MONA HORS	69/12/08	70/07/31.
369326310	369R2631	CEE	COMM	REGL	69/12/29	JC327_L0020	69/12/30	MGRA	69/12/31	99/99/99*
369326320	369R2632	CEE	COMM	REGL	69/12/29	JC327_L0021	69/12/30	LAIT	69/12/30	99/99/99*
369326330	369R2633	CEE	COMM	REGL	69/12/24	JC327_L0022	69/12/30	F-L	70/01/01	70/04/30.
369326340	369R2634	CEE	COMM	REGL	69/12/24	JC327_L0023	69/12/30	F-L	70/01/01	70/05/31.
369326350	369R2636	CEE	COMM	REGL	69/12/24	JC327_L0028	69/12/30	F-L	70/01/01	70/05/31.
369326370	369R2637	CEE	COMM	REGL	69/12/24	JC327_L0031	69/12/30	F-L AIDE FEOG	70/01/01	99/99/99*
369326380	369R2638	CEE	COMM	REGL	69/12/24	JC327_L0033	69/12/30	F-L	70/01/01	99/99/99*
369326640	369R2664	CEE	COMM	REGL	69/12/24	JC329_L0053	69/12/31	LAIT CONJ MONA	69/12/31	71/01/15.
369900570	369X0057	KSG	CCS	REGINT	68/07/01	JC040_L0001	69/02/17	INST		99/99/99*
369903010	369X0301P0009/C41	KSG CEE EUR	PARL	REGINT	69/03/11	JC041_C0009	69/04/01	INST		99/99/99*
369904010	369X0401P0065/C12	EUR	AGENCE	AUTRE	69/04/30	JC065_C0012	69/06/02	APPR	69/06/02	99/99/99*
369904910	369X0491	CEE KSG EUR	CONS	REGFIN	69/12/15	JC326_L0033	69/12/29	INST FIN		70/12/31.
369904920	369X0492	CEE EUR KSG	CONS	REGFIN	69/12/15	JC326_L0034	69/12/29	FIN INST		72/12/31*
369904980	369X0498	CEE KSG EUR	CONS	REGFIN	69/12/19	JC328_L0009	69/12/30	INST FIN		70/12/31.
370100010	370D0001	KSG	COMM	DECI	69/12/19	JC002_L0010	70/01/05	PRIX COKE HOUI SIDE	70/01/01	73/01/01*
370100020	370D0002	CEE	COMM	DECI	69/12/11	JC002_L0015	70/01/06	AGRI SAUV		70/06/30.
370100030	370D0003	CEE	CONS	DECI	69/12/20	JC006_L0001	70/01/09	PCOM		70/12/31.
370100040	370D0004	CEE	CONS	DECI	69/12/20	JC006_L0004	70/01/09	PCOM		70/12/31.
370100050	370D0005	CEE	CONS	DECI	69/12/20	JC006_L0005	70/01/09	PCOM		70/12/31.
370100060	370D0006	CEE	CONS	DECI	69/12/20	JC006_L0005	70/01/09	PCOM		70/12/31.
370100070	370D0007	CEE	CONS	DECI	69/12/20	JC006_L0006	70/01/09	PCOM		70/12/31.
370100080	370D0008	CEE	CONS	DECI	69/12/20	JC006_L0007	70/01/09	PCOM		74/12/31*
370100090	370D0009	CEE	CONS	DECI	69/12/20	JC006_L0008	70/01/09	PCOM		74/12/31*
370100100	370D0010	CEE	CONS	DECI	69/12/20	JC006_L0009	70/01/09	PCOM		70/12/31.
370100110	370D0011	CEE	CONS	DECI	69/12/20	JC006_L0011	70/01/09	PCOM		74/12/31*
370100120	370D0012	CEE	CONS	DECI	69/12/20	JC006_L0012	70/01/09	PCOM		70/10/31.
370100150	370D0015	CEE	COMM	DECI	69/12/09	JC006_L0019	70/01/09	PCOM SAUV		69/12/31.

Commentaire de la première ligne:

Le code	*signifie*
369R2598	Règlement n° 2598/69
CEE	C.E.E.
CONS	Conseil
REGL	Règlement
69/12/18	18/12/1969
JC324-L0016	J.O.C.E. n° 324 Partie L page 16
69/12/27	du 27/12/1969
F-L	Fruits-et-légumes
70/01/01	1/1/1970 (*date* de prise d'*eff*et)
70/05/31	31/5/1970 (date de fin de validité)

Edition par la «chaîne multilingue» de programmes

EXTRAIT D'UNE REPONSE EDITEE PAR LES
PROGRAMMES DE LA CHAINE MULTILINGUE

31/8/73	D	
DOK-NUMMER	373R0553	
R-BEREICH	EWG	
VERFASSER	KOMMISSION	
FORM	VERORDNUNG	
SACHGEBIET	MILCH NAHRUNGSMITT.	
D-TITEL	VERORDNUNG (EWG) NR. 553/73 DER KOMMISSION VOM 21. FEBRUAR 1973 UEBER DIE LIEFERUNG VON MAGERMILCHPULVER NACH DEM LIBANON UND AN DIE UNRWA IM RAHMEN DER GEMEINSCHAFTSHILFE	
DOK-DATUM	73/02/21	
AMTL.FUNDST	JC 054-L0023	
VEROEFF.DAT	73/02/27	
VBINDL.SPR.	DEUTSCH FRANZOES ITALIENISCH NIERDERLAEND	
WIRK-DATUM	73/02/28	=ART2 (JC+1)
IN-DATUM	73/02/21	=DATDOC
END-DATUM	73/03/31.	=ART2
VORBEZUG	372R2721 O	= O DP 15/3/73
RECHTSBEZUG	368R0804-A07P5 BV	

```
EXTRAIT D'UNE REPONSE EDITEE PAR LES
PROGRAMMES DE LA CHAINE MULTILINGUE


31/8/73   F                    D                  I               N

NUMDOC    373R0553

SOUV      C.E.E.               EWG                C.E.E.          EEG

AUTEUR    COMMISSION           KOMMISSION         COMMISSIONE     COMMISSIE

FORME     REGLEMENT            VERORDNUNG         REGOLAMENTO     VERORDENING

MATIERE   LAIT                 MILCH              LATTE           MELK
          ALIMENT.             NAHRUNGSMITT.      ALIMENTI        VOEDINGSMID

F-TITRE   REGLEMENT (CEE) N. 553/73 DE LA COMMISSION, DU 21 FEVRIER 1973,
          RELATIF A LA FOURNITURE DE LAIT ECREME EN POUDRE AU LIBAN ET A
          L'UNRWA A TITRE D'AIDE COMMUNAUTAIRE

D-TITEL   VERORDNUNG (EWG) NR. 553/73 DER KOMMISSION VOM 21. FEBRUAR 1973
          UEBER DIE LIEFERUNG VON MAGERMILCHPULVER NACH DEM LIBANON UND AN DIE
          UNRWA IM RAHMEN DER GEMEINSCHAFTSHILFE

I-TITOLO  REGOLAMENTO (CEE) N. 553/73 DELLA COMMISSIONE, DEL 21 FEBBRAIO 1973,
          RELATIVO ALLA FORNITURA DI LATTE SCREMATO IN POLVERE AL LIBANO E
          ALL'UNRWA A TITOLO DI AIUTO COMUNITARIO

N-TITEL   VERORDENING (EEG) N. 553/73 VAN DE COMMISSIE VAN 21 FEBRUARI 1973 MET
          BETREKKING TOT DE LEVERING VAN MAGERE-MELKPOEDER ALS GEMEENSCHAPSHULP
          AAN LIBANON EN AAN DE U.N.R.W.A.

DATDOC    73/02/21

REFPUB    JC054-L0023

DATPUB    73/02/27

DATEFF    73/02/28 =ART2 (JC+1)

DATIN     73/02/21 =DATDOC

DATERM    73/03/31 =ART2

DATMAJ    73/08/22

CATEX     372R2721 0  0 DP15/3/73

CITEX     368R0804-A07P5 BV
```

Bibliographie succincte

Michel Gaudet: "Computerized retrieval of European Community Legal material" in Law & Computer Technology, Sept. 1970, p. 203–206

Centre de Documentation Sciences Humaines, „Informatique et Sciences juridiques", Collection Documentation (CNRS), Paris 1971, p. 17

Hélène Bauer-Bernet/Jochen Streil: „Das Dokumentationssystem für das Recht der Europäischen Gemeinschaften" in Kybernetik – Datenverarbeitung – Recht Nr. 3, Materialien zur Rechtsinformatik, Folge 2, 1972, p. 9–29

Hélène Bauer-Bernet: „Rechtsdokumentation – Elektronische Verarbeitung juristischer Texte im nationalen und internationalen Bereich", Nr. 2 der Reihe Kybernetik – Datenverarbeitung – Recht, Veröffentlichungen der Forschungsstelle für Juristische Dokumentation Frankfurt, Alfred Metzner Verlag 1973

Commission des Communautés européennes: Documents JUR/2813/72 Rév. 73 et rapp.

Klaus Fietzek

Juristische Dokumentation mit EDV-Anlagen am Beispiel des Programmsystems „STAIRS"*

Gliederung

1 Einführung

Die Bedeutung einer maschinellen Dokumentation, oder präziser, des „Information Retrieval", ist durch diese Tagung und die vorangegangenen Ausführungen ausreichend hervorgehoben worden. Gestatten Sie mir trotzdem einige Vorbemerkungen.

Während die vatikanische Bibliothek, die größte des Mittelalters, zu Beginn der Neuzeit über etwa 1500 Bände verfügte, gibt es heute in der Leninbibliothek in Moskau etwa 20 Millionen Bände. Ende des 16. Jahrhunderts waren etwa 35 000 verschiedene Titel bekannt, die heute vorhandenen Buchtitel werden auf 30—50 Millionen geschätzt.

Diese ständig wachsenden Informationen wären ein Grund zur Resignation, wenn es der menschlichen Erfindungskraft nicht gleichzeitig gelingen würde, Hilfsmittel zu entwickeln, um diese Informationsflut so zu speichern, daß jeder Fachmann die ihn interessierenden Informationen selektiert wieder auffinden kann.

Diese Wiedergewinnung von Informationen setzt ein Dreifaches voraus:

1. Speichermedien in ausreichender Größe, von denen diese Informationen jederzeit abgerufen werden können.

---

* Es handelt sich um die überarbeitete Fassung eines Vortrages, den der Verfasser am 29. Oktober 1972 auf der Tagung „Datenverarbeitung und Europarecht" in Luxemburg gehalten hat.

2. Datenverarbeitungsanlagen, die ausreichend schnell sind, um die für eine Wiedergewinnung erforderlichen Vergleiche durchführen zu können und
3. Programmsysteme, die dem Benutzer alle relevanten Informationen zur Verfügung stellen, ohne ihn mit Ballastinformationen zu belasten.

Zu 1.

Wenn hier von Speichermedien die Rede ist, meinen wir nicht Magnetbänder. Auf Magnetbändern gespeicherte Informationen können nur sequentiell, d. h. Satz für Satz verarbeitet werden. Sie kommen daher für Anwendungen wie für Dokumentationssysteme mit sofortiger Antwort, nicht in Frage. Hier müssen Speicher mit direktem Zugriff, Plattenspeicher mit auswechselbarem Plattenstapel, eingesetzt werden. Gerade diese Speichermedien sind in den letzten Jahren erstaunlich weiterentwickelt worden. Während man noch vor 7 Jahren nur Plattenstapel kannte, die eine Kapazität von 7 Millionen Zeichen hatten, verfügen wir heute über Plattenstapel mit einer Kapazität von 100 oder sogar 200 Millionen Zeichen[1], so daß ein mittelgroßes EDV-System heute über eine Kapazität an externen Speichern mit direktem Zugriff von 3,2 Milliarden Zeichen verfügt.

Versuchen wir, uns ein Bild von den Größenverhältnissen zu machen: Geht man davon aus, daß die in Deutschland veröffentlichten Entscheidungsbände der obersten Gerichte etwa 330 Seiten mit je 3000 Zeichen, insgesamt also 1 Million Zeichen umfassen, so reicht ein Plattenstapel von 200 Millionen Zeichen aus, um 200 Bände der Entscheidungssammlung im Volltext zu speichern. Diese Speichermöglichkeiten werden von den heute bereits bestehenden (Versuchs-) Systemen nur zu einem sehr geringen Teil ausgenutzt, und für die Zukunft ist gerade auf diesem Gebiet durch den Einsatz neuer Technologien mit ganz erheblichen Verbesserungen zu rechnen.

Zu 2.

Die Zentraleinheiten haben heute Rechengeschwindigkeiten erreicht, die im Bereich der Nanosekunden liegen. Eine Nanosekunde ist die Zeit, in der das Licht und – unter optimalen Bedingungen – die Elektrizität 30 cm zurücklegen. Auch insoweit wartet die Technologie schon heute[2] mit Leistungen auf, die auf dem Gebiet der maschinellen Dokumentation frühestens in 5 Jahren benötigt werden, falls z. B. in der Bundesrepublik Deutschland die Planungen für die großen Dokumentationssysteme termingerecht realisiert werden.

Zu 3.

Die heute zur Verfügung stehenden Dokumentationssysteme sind das Ergebnis einer langen Entwicklung, die bereits vor 8 Jahren eingesetzt hat; sie haben in-

---

[1] Plattenspeicherkapazitäten: BASF 6230 und IBM 3330 Modell 1 mit 100 Mio. Zeichen je Laufwerk, IBM 3330 Modell 11 mit 200 Mio. Zeichen je Laufwerk. – Auch bei anderen Herstellern stehen entsprechende Speicher zur Verfügung oder sind zur alsbaldigen Auslieferung angekündigt.

[2] In der VDI-Zeitung vom 14. 3. 1973 wird über Laborversuche berichtet, bei denen Schaltzeiten von weniger als 10 Picosekunden (1000 Picosekunden = 1 Nanosekunde) erreicht wurden.

zwischen einen hohen Stand erreicht. Sie sind einer konventionellen Dokumentation, an der allein man sie messen sollte, weit überlegen, was Geschwindigkeit der Antwort und Aktualität sowie Vollständigkeit der nachgewiesenen Dokumente betrifft. Dabei soll gar nicht bestriten werden, daß ein maschinelles Dokumentationssystem auf prinzipielle Grenzen stößt, die auch die Linguisten beim Versuch einer maschinellen Sprachübersetzung erfahren haben[3].

2 Grundfunktionen eines Dokumentationssystems

2.1 Numerische und nichtnumerische Informationssysteme

Die Dokumentationssysteme werden auch zu den „nichtnumerischen Informationssystemen" gezählt, deren Eigenheiten besonders deutlich werden, wenn man sie mit den „numerischen Informationssystemen" vergleicht. Die Abbildung 1 zeigt zwei Datensätze eines numerischen Informationssystems einer Einwohnermeldedatei. Die einzelnen Informationen sind in Felder gespeichert, von denen jedes seine fest umrissene Bedeutung hat. Die einzelnen Informationen sind „formatiert". Bei derartigen Informationssystemen ist es nicht nur möglich, unter dem Ordnungsbegriff oder „Schlüssel" auf den Inhalt jedes Datensatzes zuzugreifen; die Maschine ist auch in der Lage, Auswertungen dahin z. B. zu treffen, welche Personen in Bonn geboren und von Beruf Maler sind.

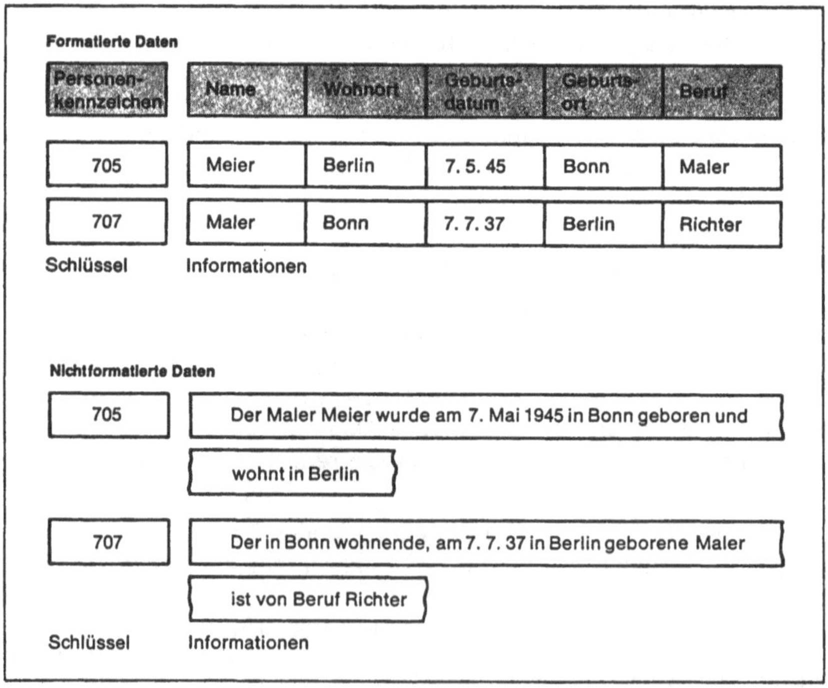

Abb. 1: Formatierte und nichtformatierte Daten

[3] *Rodingen* und *Seibert*, NJW 1973 S. 1681.

Im 2. Teil der Abbildung findet man – dem Inhalt nach – die gleiche Information. Nur ist diese Information nicht mehr formatiert; jede Datenverarbeitungsanlage ist überfordert, wenn sie entscheiden soll, ob die Zeichenfolge „Maler" im zweiten Satz Name oder Berufsbezeichnung ist. Aufgabe eines Dokumentationssystems, das es ja mit Gesetzen, Entscheidungen, Verordnungen, kurz mit nicht formatierten Texten zu tun hat, kann es daher – jedenfalls nach heutigem Erkenntnisstand – nur sein, dem Anfragenden Dokumente zur Verfügung zu stellen, die, auf die Anfrage bezogen, einschlägig sein können. Dokumentationssysteme dienen damit zur Vorbereitung von Entscheidungen.

Damit ist nicht gesagt, daß die Datenverarbeitung auf dem Gebiet des Rechtswesens nur auf Dokumentation beschränkt bleiben müßte. Es ist sehr gut denkbar, mit Hilfe der EDV Entscheidungen zu treffen, Rechtsnormen anzuwenden, wie es in der Bundesrepublik z. B. auf dem Gebiet der Sozialversicherung oder der Steuerverwaltung geschieht. Nur handelt es sich hier, gemessen an gerichtlichen Entscheidungen, um relativ einfache Sachverhalte, bei denen Normen angewandt werden, die für die Entscheidung keinen Ermessens-Spielraum zulassen.

2.2 Die Verknüpfung von Suchbegriffen

Das Prinzip eines Dokumentationssystems ist relativ einfach und seit langem in der konventionellen Dokumentation bekannt. Es soll am Beispiel der in Abbildung 1 gezeigten Texte erläutert werden: Es geht um die Frage, welche in Berlin geborene Person Maler heißt und von Beruf Richter ist (Dokument Nummer 707). Der Anfragende stellt dem System die Begriffe „Berlin, Maler und Richter" zur Verfügung. Diese Suchbegriffe sind in einer Datei, die man Wörterbuch oder Thesaurus nennt, gespeichert (Abbildung 2).

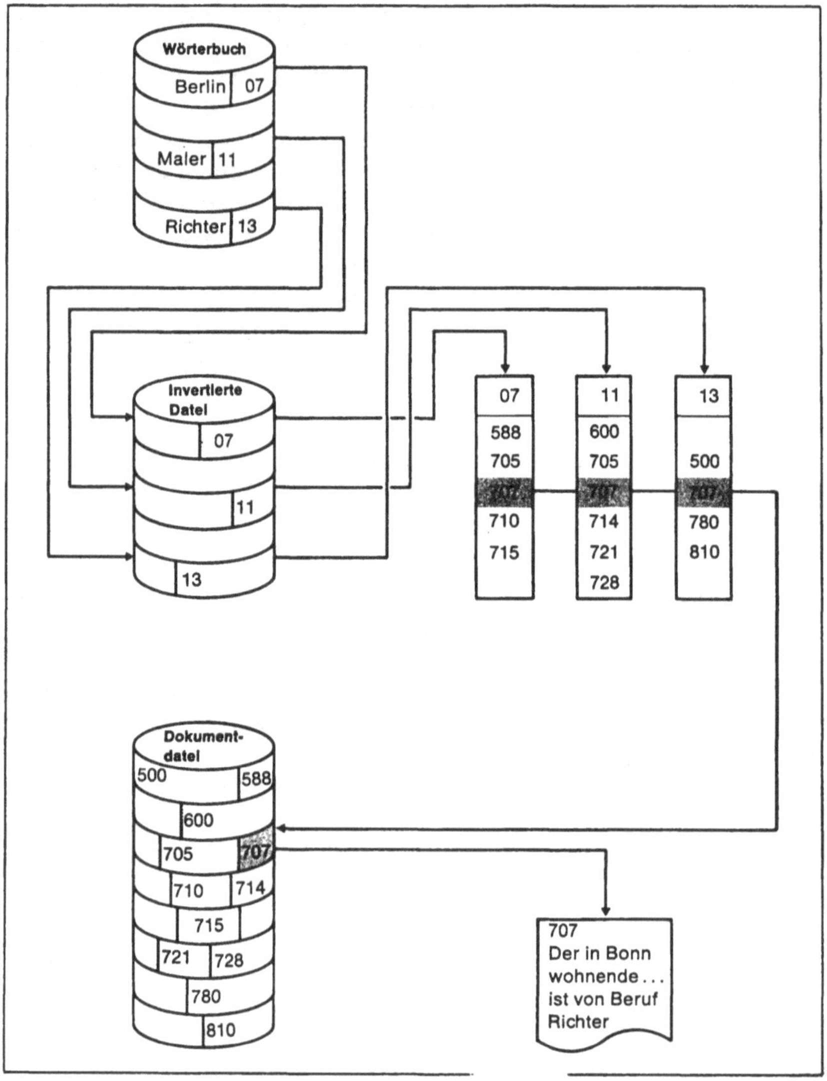

Abbildung 2: UND-AND-VERKNÜPFUNG: BERLIN und MALER und RICHTER
Das Wörterbuch verweist mit einem Adreßzeiger (Pointer, z. B. 07 bei dem Suchbegriff „Berlin") auf die Invertierte Datei, wo unter der Adresse 07 sämtliche Fundstellen, d. h. Dokumentennummern gespeichert sind, in denen der Suchbegriff „Berlin" vorkommt.

Fundstellen, wo diese Suchbegriffe vorkommen, werden aus Gründen der EDV-Technik in einer weiteren Datei, der Invertierten Datei, gespeichert. Invertiert, umgekehrt heißt diese Datei deswegen, weil die Suchbegriffe bzw. deren Fundstellen hier nicht in der Reihenfolge dargestellt sind, wie sie in den Dokumenten vorkommen, sondern in sich geordnet. In einer 3. Datei schließlich stehen die Zielinformationen, die Texte oder, wenn man auf einer Speicherung der vollen Texte verzichtet, die Kurzfassung oder nur die Fundstellen.

In unserem Beispiel greift das System auf das Wörterbuch zu, findet dort die Begriffe „Berlin“, „Maler“ und „Richter“ und zieht über die im Wörterbuch gespeicherte Adresse aus der invertierten Datei die Fundstellen bei, wo diese Begriffe vorkommen. Da sich hier nur die Dokumente qualifizieren sollen, in denen alle 3 Begriffe gleichzeitig vorkommen, werden die Fundstellen untereinander auf Übereinstimmung verglichen. Im Ergebnis qualifiziert sich allein das Dokument 707, das anschließend aus der Text-Datei abgerufen werden kann.

Diese Verknüpfung der Suchbegriffe, hier die „UND“-Verknüpfung, ist eine praktische Anwendung der BOOLE'schen Algebra und der Mengenlehre. Die Abbildungen 3 und 4 zeigen weitere Verknüpfungsmöglichkeiten (ODER – OR, UND NICHT – NOT, ENTWEDER ODER – XOR).

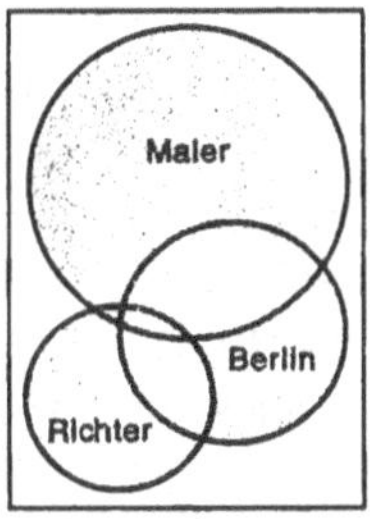

Stichwörter	Dokumentnummernschlangen											
Maler			600	705	707		714		721	728		
Richter	500				707						780	810
Berlin		588		705	707	710		715				
Ergebnis (ODER)	500	588	600	705	707	710	714	715	721	728	780	810

Abbildung 3: ODER-OR-Verknüpfung

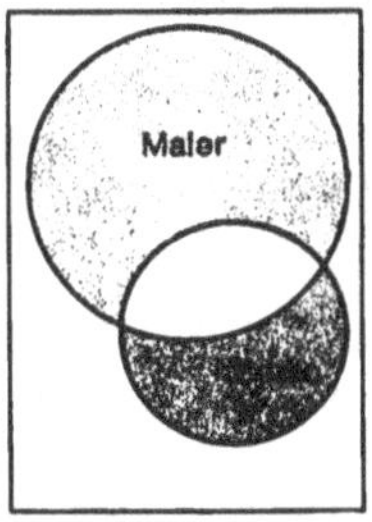

Stichwörter	Dokumentnummernschlangen								
Maler		600	705	707		714		721	728
Berlin	588		705	707	710		715		
Maler UND NICHT Berlin		600				714		721	728
Berlin UND NICHT Maler	588				710		715		
ENTWEDER Maler ODER Berlin	588	600			710	714	715	721	728

Abbildung 4: UND NICHT – NOT, ENTWEDER ODER – XOR (Exclusives oder) Verknüpfungen

2.3 Der Aufbau des Wörterbuches

Bei den bisherigen Ausführungen wurde von der Existenz eines Wörterbuches ausgegangen, ohne zu erläutern, wie es erstellt wird. Tatsächlich ist das Wörterbuch und seine Erstellung der schwierigste Komplex im Rahmen eines Dokumentationssystems.

Hier gibt es zwei verschiedene Möglichkeiten:

Deskriptorsysteme

Den einzelnen Texten werden intellektuell, d. h. durch fachkundige Sachbearbeiter, Begriffe zugeordnet, die den Inhalt des Dokuments repräsentieren. Man spricht hier von Deskriptoren, die entweder vom Bearbeiter frei gewählt werden oder einer vorgegebenen „Deskriptorenliste" zu entnehmen sind. Dieses Verfahren stammt im wesentlichen aus der konventionellen Dokumentation.

Maschinelle Textanalyse

Die zweite Möglichkeit, das Wörterbuch aufzubauen, ist die einer Textinvertierung. Sie ist nur im Rahmen einer maschinellen Dokumentation möglich. Hier werden die Texte durch die Maschine analysiert, die dann auch das Wörterbuch maschinell aufbaut. Dabei wird für jede Zeichenfolge, wie sie im Text vorkommt, die Fundstelle in der „Invertierten Datei" festgehalten. Die nicht signifikanten Begriffe wie Artikel oder Hilfszeitwörter können dabei übergangen werden. Diese sogenannten „Stopworte" werden durch den Benutzer definiert.

Darüberhinaus besteht im Rahmen einer maschinellen Textanalyse die Möglichkeit, die im Text vorkommenden Begriffe maschinell auf grammatische Grundformen zurückzuführen (Wortfragment-Methode)[4]. Das gilt nicht nur für die Rückführung von Flexionsformen auf Nominative bzw. Infinitive, sondern auch für die Trennung der gerade im Deutschen sehr häufigen Wortzusammensetzungen. Der Benutzer muß dem System einen Katalog der Wortfragmente zur Verfügung stellen. Kommt nun im Text die Zeichenfolge „Einkommensteuerveranlagung" vor, so wird dieses Substantiv maschinell in die Begriffe „Einkommen", „Steuer" und „Veranlagung" aufgelöst, falls diese drei Begriffe im Katalog der Wortfragmente enthalten sind.

Bei dieser Wortfragmentmethode werden also beim Datenbankaufbau die im Text enthaltenen Stichworte und bei der Abfrage die eingegebenen Suchbegriffe maschinell auf die Wortfragmente zurückgeführt. Die Wortfragmente können zusätzlich zu oder an Stelle der unbearbeiteten Stichworte in Wörterbuch und invertierte Datei eingespeichert werden. Bei der Abfrage kann diese „Wortnormalisierung" benutzt oder unterdrückt werden.

Versucht man, Deskriptorverfahren und maschinelle Textanalyse einander gegenüberzustellen, so spielen besonders die Aspekte „Wörterbucherstellung" und „Informationserschließung" eine Rolle.

Wörterbucherstellung

Die intellektuelle Ermittlung von Stichworten ist mit einem hohen manuellen Aufwand verbunden, der proportional zu der Menge der einzuspeichernden Daten ist und daher in Zukunft ständig steigen wird. Auch bei einer maschinellen Textanalyse und einem maschinellen Aufbau des Wörterbuches ist ein gewisser Aufwand zu erbringen, um z. B. einen Wortfragmentkatalog zu erstellen, um Suchbegriffe des Wörterbuchs als Synonyme zu verknüpfen, oder um Suchbegriffe des Wörterbuchs mit Ober- oder Unterbegriffen zu verbinden. Dieser Aufwand, der bei einem Deskriptorsystem ebenso erforderlich ist,

---

[4] Zur Wortfragment- oder Wortstamm-Methode siehe *Böhme*, Das Volltext-Suchverfahren für die Patentdokumentation bei der IBM Deutschland, IBM-Nachrichten, Heft 205 (1971) S. 615.

ist aber einmalig und unabhängig von späteren Erweiterungen der Datenbank.

Die Informationserschließung

Verschiedene Untersuchungen, z. B. von *Prestel*[5], haben gezeigt, daß bei einer manuellen Stichwortauswahl weniger einschlägige Texte nachgewiesen werden konnten als bei einer maschinellen Analyse. Allerdings war bei der maschinellen Analyse auch die Anzahl der Ballastinformation etwas höher. Grundsätzlich besteht bei einer manuellen Analyse die Gefahr, daß Gesichtspunkte übersehen werden, die z. Z. noch nicht aktuell sind, und daß deswegen Suchfragen nur in Kategorien möglich sind, die bei der Deskriptorenauswahl seinerzeit berücksichtigt worden sind. Hingegen kann bei der maschinellen Analyse jederzeit mit den dem Text entnommenen Begriffen – objektiv – recherchiert werden.

Insgesamt dürfte sich die noch vor einigen Jahren mit viel Einsatz geführte Diskussion, welcher der beiden Methoden der Vorzug zu geben ist, erledigt haben. Die immer leistungsfähigeren EDV-Anlagen, der Dialogverkehr des die Recherche steuernden Benutzers sowie die Möglichkeit, einen maschinell erstellten Thesaurus einmalig durch Synonymverknüpfung, Wortnormalisierung[6] oder Zuordnung von Über-, Unter- und Nebenbegriffen zu präzisieren oder aussagekräftiger zu machen, sprechen eindeutig für Dokumentationssysteme mit maschineller Textanalyse[7]. Sicher setzt eine maschinelle Analyse voraus, daß der zu analysierende Text maschinenlesbar zur Verfügung steht. Das ist aber für alle neuen Dokumente, für die „Vorwärtsdokumentation" kein Problem, wenn die einzuspeichernden Dokumente wie z. B. Urteile mit modernen Bürohilfsmitteln (Magnetbandschreibmaschinen) erstellt werden, wo als Nebenprodukt ein maschinell lesbarer Datenträger anfällt.

3 Dokumentation mit Hilfe des Programmsystems „STAIRS" (Storage And Information Retrieval System)

STAIRS ist ein Lizenzprogramm der IBM, das die Möglichkeiten früherer Programme wie z. B. IRMS, DPS oder TEXTPAC einschließt[8]. Es ist ein Dialogpro-

---

[5] *Prestel*, Datenverarbeitung im Dienste juristischer Dokumentation, J. Schweitzer Verlag Berlin, S. 54 ff.

[6] Siehe hierzu die Aufsätze in Wiener Beiträge zur elektronischen Erschließung der Information im Recht, herausgegeben von *F. Lang* und *S. Bock*, Wien, IBM Österreich, besonders *F. Lang*, Die inhaltliche Erschließung von Dokumenten: Die Dokumentationssprache, und *W. Brun/O. Pfeiffer*, Automatische Generierung von Flexionsformen als linguistisches Hilfsmittel zur Informationssuche in juristischen Texten.

[7] Zum Beispiel Simitis in Datenverarbeitung und Recht, IBM-Beiträge zur Datenverarbeitung, Herausgeber *J. Schrimpf*, IBM Form-Nr. F 12 00002, S. 11, *Prestel* a.a.O.

[8] Weitere Informationen über STAIRS: *W. Hermann*, STAIRS, ein Programmsystem für die maschinelle Dokumentation, in Nachrichten für Dokumentation, Heft 23 (1972), S. 12 ff. – IBM-Literatur (Auswahl): Übersicht über STAIRS, Form Nr. GH 12-1057-0; STAIRS Handbuch, Teil A: Funktionen und Möglichkeiten, Form Nr. E 12 1189-0; Teil B: Von der Datenerfassung zum betriebsbereiten System, Form Nr. E 12 1190-0; Teil C: Datenbankpflege, Form Nr. E 12 1191-0.

gramm[9], das Plattenspeicher voraussetzt. Es läuft unter der Datenfernverarbeitungssteuerung der Programme CICS oder IMS[10], so daß die Anzahl der gleichzeitig bedienbaren Datenstationen sehr hoch ist und letztlich nur von der Größe der Zentraleinheit abhängig ist. STAIRS ist außerdem ein Volltext-System im weitesten Sinne. Volltextsystem bedeutet hier einmal, daß die Texte maschinell analysiert werden, und daß das Wörterbuch automatisch aufgebaut wird. Das erfolgt im Rahmen einer Textinvertierung, die durch die Wortfragmentmethode ergänzt werden kann (s. o. 2.3, Maschinelle Textanalyse)[11]. Volltextsystem bedeutet hier aber auch, daß die wiederzufindenden Texte im vollen Wortlaut (Langtext) gespeichert werden können.

Außerdem beinhaltet das Programm die Möglichkeit, Teile der Dokumente als formatierte Felder zu definieren und – über die Boole'sche Abfragelogik hinaus – mit Hilfe arithmetischer Vergleichsoperationen auszuwerten. Diese formatierten Felder werden in einer besonderen Datei, der Text-Index-Datei gespeichert.

3.1 Der Aufbau der Datenbank

Wer mit STAIRS arbeiten will, muß zunächst die Datenbank aufbauen. Das wiederum setzt voraus, daß die einzuspeichernd und zu analysierenden Texte maschinenlesbar erfaßt werden. Vor der Erfassung sollte man die Texte in ein gewisses Schema bringen, in Segmente aufteilen; diese Aufteilung in Segmente gestattet u. a. bei der Abfrage die Einschränkung, daß sich nur die Dokumente qualifizieren, bei denen der Suchbegriff in einem bestimmten Segment vorkommt.

Jeder zu speichernde Text besteht aus dem bibliographischen Vorspann, formalen Angaben und dem eigentlichen Text. Unter diesen Umständen könnte eine gerichtliche Entscheidung z. B. aus folgenden Segmenten bestehen:

---

[9] Weitere in der BRD eingesetzte Dialogprogramme: GOLEM mit PASSAT (Siemens), TELDOC (AEG/Telefunken), siehe auch Kurzbeschreibung von Information Storage and Retrieval System, Gesellschaft für Mathematik und Datenverarbeitung, Bonn, Juli 1973.

[10] Bei der Steuerung der Datenfernverarbeitung durch CICS (Customer Information and Control System) und IMS (Information Management System) können an einer Datenstation neben STAIRS auch andere Anwendungen durchgeführt werden.

[11] Die Wortfragmentmethode, die im PSS (siehe Anm. 4) seit längerem zur Verfügung steht, kann jetzt auch im Rahmen von STAIRS/VS eingesetzt werden. Mit ATMS (Advanced Text Management System) kann der Benutzer über die Datenstationen, über die die STAIRS-Datenbanken abgefragt werden, Texte im Dialog eingeben, korrigieren, formatisieren und wegspeichern.

1. SEGMENT NUMMER	2.	3. SEGMENT-NAME
010	F	DOKUMENT-NUMMER
020	F	GERICHT
030	F	DOKUMENT-ART
040	F	AKTENZEICHEN
050	F	DATUM
060	F	ARCHIV-NR.
070		FUNDSTELLEN
080		DESKRIPTOREN
090		BETROFFENE GESETZE
100		
110		LEITSATZ
120		TATBESTAND
130		ENTSCHEIDUNGSGRÜNDE

Abbildung 5: Aufgliederung eines Urteils in Segmente für die Einspeicherung in die STAIRS-Datenbank. Die Segmente 010—070 enthalten den bibliographischen Vorspann. Ein „F“ in Spalte 2 bedeutet, daß diese Segmente formatierte Daten enthalten.

Man muß jetzt vor der Einspeicherung entscheiden,

welche Segmente analysiert werden sollen,

welche Segmente gespeichert werden sollen und

welche Segmente in die Datei für formatierte Felder eingestellt werden sollen.

Hier ist STAIRS außerordentlich flexibel. Hierzu 3 Beispiele (Abb. 6—8):

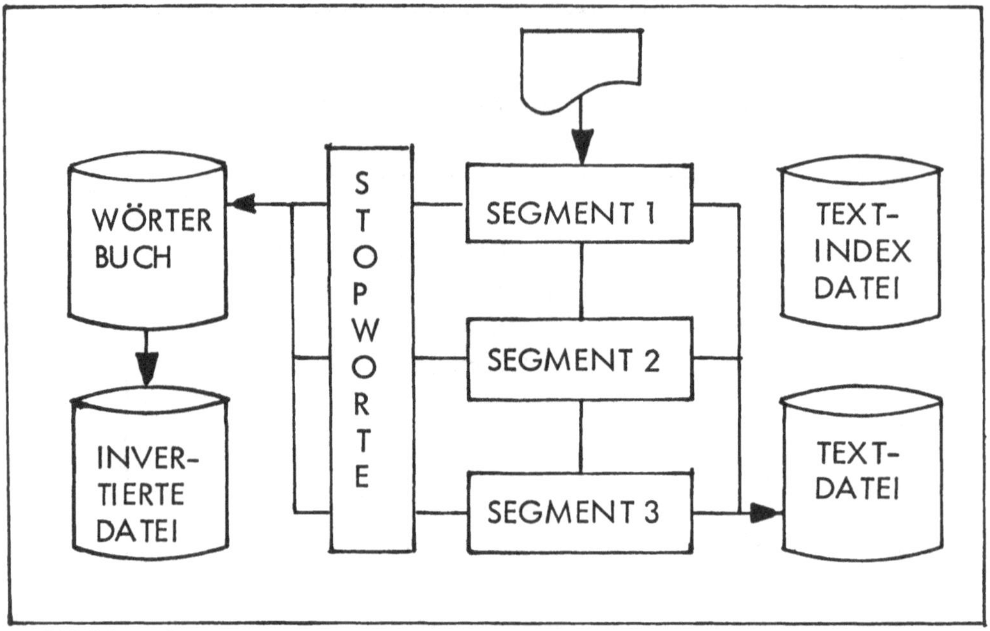

Abbildung 6
In diesem Beispiel werden alle Begriffe, alle Zeichenketten, die mit der Liste der anzusteuernden Füllwörter nicht identisch sind, im Wörterbuch und in der invertierten Datei gespeichert. Alle Segmente kommen im Volltext in die Textdatei.

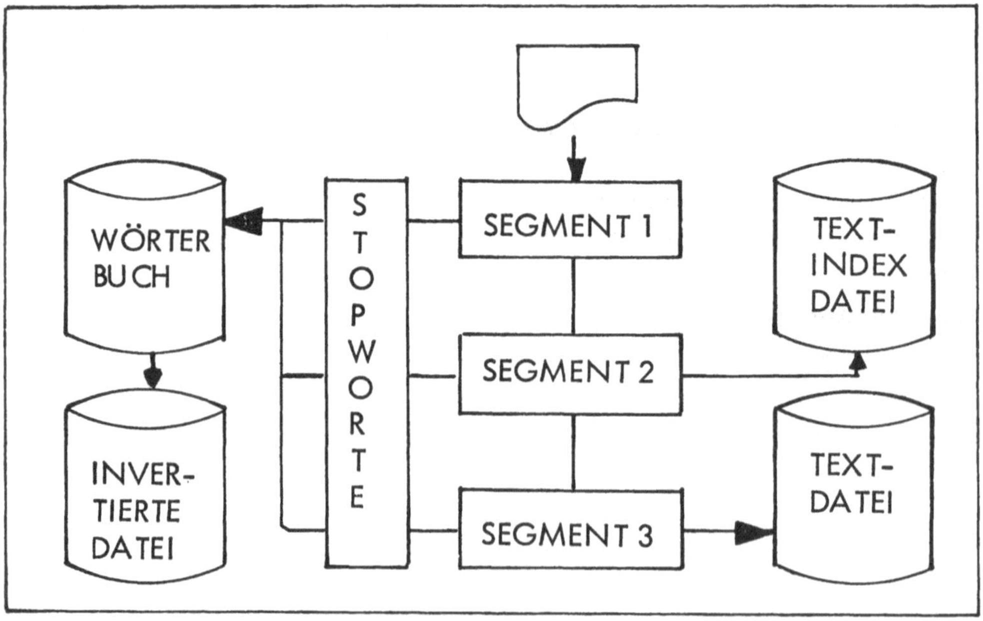

Abbildung 7
In diesem Beispiel werden alle Segmente analysiert; Segment 2, das z. B. das Datum enthält, kommt in die Datei formatierter Felder; an Texten wird nur das Segment 3, z. B. die Fundstelle, gespeichert, da man auf den Text z. B. über Mikrofilm zugreifen kann.

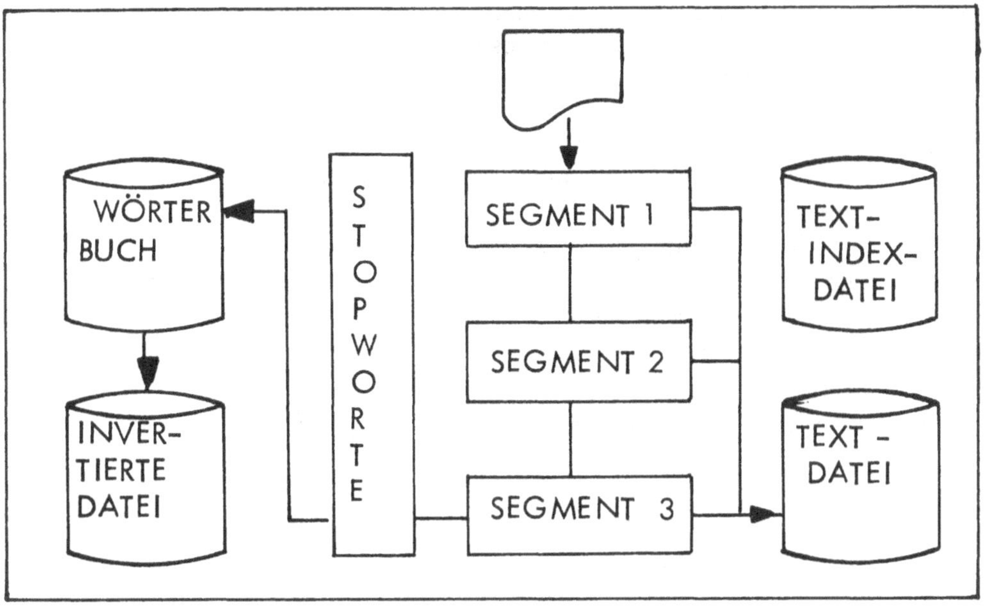

Abbildung 8

Im Beispiel 8 werden alle Segmente gespeichert, aber nur das Segment 3 wird analysiert, d. h. ins Wörterbuch und in die invertierte Datei eingestellt. Man kann sich vorstellen, daß das Segment 3 manuell ermittelte Deskriptoren erhält.

Nach dem Aufbau der STAIRS-Datenbank bestehen also 4 Dateien:

1. Das Wörterbuch

   Es enthält lediglich die aus der Textanalyse stammenden Stichworte.

   Zusätzlich registriert das System während der Analyse die Häufigkeit der Begriffe, und zwar die absolute Anzahl der Begriffe je Datenbank, sowie die Anzahl der Dokumente, in denen sie vorkommen. Diese Häufigkeit ist von großer Bedeutung, weil man mit einer RANK-Funktion (s. u. 3.2.2) auf Grund dieser Häufigkeiten die gefundenen Dokumente nach einem nach Wahrscheinlichkeitsgesichtspunkten errechneten Informationswert sortieren kann.

2. Die invertierte Datei

   In ihr sind sämtliche Fundstellen der im Wörterbuch vorhandenen Stichworte gespeichert, und zwar mit ihrer genauen Adresse. Dokument-Nr., Segment-Nr., Satz-Nr. und Wort-Nr.

   Diese präzise Registrierung gestattet es, die „UND"-Verknüpfung weiter zu verschärfen, derart, daß sich z. B. nur Dokumente qualifizieren, bei denen die Suchbegriffe im gleichen Satz oder unmittelbar nebeneinander vorkommen.

3. Die Textindexkartei enthält die formatierten Daten.

4. Die Textdatei enthält den Text.

3.2 Der Ablauf einer Recherche

Nach dem Aufbau der Datenbank kann die Recherche beginnen. Der Benutzer sitzt an der Datenstation, z. B. an einer Schreibmaschine oder einem Bildschirmgerät mit Tastatur und angeschlossenem Schreibwerk, mit dessen Hilfe die Recherche-Ergebnisse protokolliert werden können.

Zunächst findet eine umfangreiche Prüfung statt,

ob der Benutzer für die Datenstation zugelassen ist und

ob der Benutzer von der Datenstation auf die Datenbank zugreifen darf.

Die Zugriffsbefugnis kann dahin eingeschränkt werden, daß dem Benutzer z. B. nur bestimmte Segmente des Dokumentes zur Verfügung stehen.

Anschließend wird der Benutzer die Datenbank auswählen, in der er recherchieren will und wird Funktionen aufrufen (Abbildung 9), mit denen er Suchfragen an das System richten kann.

FUNKTIONEN		OPERATOREN	ERLÄUTERUNGEN
1.	..SEARCH Recherche nach Suchbe- griffen im Wörter- Buch	A OR B A NOT B A XOR B A AND B A OR B. LEITSATZ A ADJ B A WITH B A SAME B	 BOOLE'sche Verknüpfungen Der Begriff "B" muß im "LEITSATZ" vorkommen. nebeneinander im gleichen Satz im gleichen Segment
	..SELECT Recherche nach dem Inhalt formatierter Felder	DATUM EQ 7o1231 DATUM NE DATUM WL 690601,700331 DATUM OL 690601,700331 GT NG LT NL	gleich ungleich von - bis vor - nach grösser nicht grösser kleiner nicht kleiner
2.	..SORT ..RANK	5,DATUM,D 5	Die unter Zeilennummer 5 gespeicherten Dokumente werden nach Datum absteigend oder nach Informationswert sortiert
3.	..BROWSE	5 EXPLAIN P+3,P-4 D+7,D-4	Anzeige der unter Zeilennummer 5 gespeicherten Dokumente Anzeige des Dokumentaufbaus und Auswahl von Dokumentteilen Blättern im Dokument (3 Seiten vorwärts, 4 zurück) Blättern in der Dokumentenschlange
4.	..SET	DETAIL=ON (OFF) SYN=ON(OFF)	Worthäufigkeiten werden (nicht) angezeigt. Synonyme werden (nicht) verknüpft.
	..DISPLAY ..PURGE	ALL 4,7	Alle Suchfragen werden angezeigt. Die Suchfragen mit den Zeilennummern 4 und 7 werden gelöscht.
	..CHANGE	PRESSE	Wechsel zur Datenbank "PRESSE"
	..PRINT ..MAIL		Ausdruck von Rechercheergebnissen.
	..SAVE ..EXEC	HUGO HUGO	Wegspeichern und Aufrufen der unter dem Namen "HUGO" gespeicherten Suchfragen.
	..HELP		Das System hilft und erklärt dem Benutzer (viersprachig) Funktionen, Operatoren und ihren Einsatz.

Abbildung 9: Überblick über die Funktionen von STAIRS

3.2.1 Suchfunktionen mit Speicherung der qualifizierten Dokumente

Das System ist so konzipiert, daß die Ergebnisse jeder Einzelabfrage mit einer fortlaufenden Nummer abgespeichert werden. Man kann also während des Dialogs durch Angabe dieser Nummer auf bereits vorformulierte Suchbegriffe zurückgreifen, um sie mit neuen Suchbegriffen zu verknüpfen. Bei den Suchbegriffen ist jetzt zu unterscheiden,

ob sie im Wörterbuch gespeichert sind (SEARCH-Funktion), oder

ob es sich um Informationen aus den formatierten Teilen der Dokumente handelt, die in der Text-Index-Datei (und gegebenenfalls zusätzlich im Wörterbuch) gespeichert sind (SELECT-Funktion).

Auf die im Wörterbuch gespeicherten Suchbegriffe wird im Rahmen der SEARCH-Funktion zugegriffen (siehe die Abfragebeispiele in den Abb. 10 und 11). Das System stellt dann die laufende Zeilennummer 00001 zur Verfügung, unter der dann die erste Frage formuliert werden kann.

Die wichtigsten Funktionen und Operatoren von STAIRS im Überblick:

Gruppe 1: Suchfunktionen mit Speicherung qualifizierter Dokumente
Gruppe 2: Funktionen zur Sortierung und Gewichtung qualifizierter Dokumente
Gruppe 3: Funktionen zur Anzeige qualifizierter Dokumente
Gruppe 4: Sonstige Funktionen

Der Benutzer kann nunmehr seine Suchbegriffe mit den Boole'schen Operatoren verknüpfen, wobei die Anzahl der Suchbegriffe nur dadurch beschränkt ist, daß die Zahl der eingegebenen Zeichen je Anfrage (je Zeilennummer) 240 nicht überschreiten darf. Die Anfrage kann auch – ohne Verknüpfungsoperatoren – in der Umgangssprache gestellt werden. Das ist aber nicht immer zweckmäßig, weil das System dann eine „Oder"-Verknüpfung annimmt mit der Folge, daß sich eine zu hohe Zahl von Dokumenten qualifizieren kann (siehe Abb. 3). Im Laufe seiner Recherche, bei der auch die Verwendung von Klammern möglich ist, kann der Benutzer auch auf die in vorangegangenen Fragen gefundenen Dokumente Bezug nehmen. Auf die Eingabe (siehe Beispiel 1 Abb. 10 Zeile 2)

1 AND (Teilwertabschreibung OR (Teilwert AND Wirtschaftsgut))

werden aus den in Zeile 1 qualifizierten Dokumenten diejenigen selektiert, in denen „Teilwertabschreibung" oder „Teilwert" zusammen mit „Wirtschaftsgut" vorkommt.

Begriffe gleicher Bedeutung können im Wörterbuch als Synonyme verknüpft werden. Wenn der Benutzer von dieser Möglichkeit Gebrauch macht (... SET SYN-ON), werden in die Recherche alle verknüpften Begriffe einbezogen.

Weiter besteht die Möglichkeit, die eingegebenen Begriffe zu maskieren. Auf die Eingabe (siehe Beispiel 2 Abb. 11 Zeile 1)

Arbeitsverhältnis$3

werden alle Stichworte des Wörterbuchs berücksichtigt, die mit der Zeichenfolge „Arbeitsverhältnis" beginnen, und bei denen hinter dem letzten eingegebenen Zeichen (s) nicht mehr als drei weitere Zeichen folgen. Auf diese Weise können die meisten Flexionsformen berücksichtigt werden.

Schließlich kann durch die Eingabe

Mietvertrag AND Kündigungsschutz. Leitsatz

die Auswahl auf die Dokumente beschränkt werden, in denen der Begriff „Kündigungsschutz" im Segment „Leitsatz" vorkommt.

Als Ergebnis der maschinellen Textanalyse stehen in der invertierten Datei die genauen Fundstellen der Suchbegriffe, d. h.

Dokumenten-Nummer
Segment-Nummer
Satz-Nummer (im Segment)
Wort-Nummer (im Satz)

zur Verfügung. Das bietet die Möglichkeit, daß man die „UND"-Verknüpfung durch Verwendung sog. Kontextoperatoren verschärfen kann, derart, daß die verknüpften Begriffe

im gleichen Segment (SAME),
im gleichen Satz (WITH) oder
unmittelbar nebeneinander (ADJacent)

vorkommen. Bei der Eingabe von

positiv$ ADJ Vertragsverletzung

werden sich also alle Dokumente qualifizieren, in denen diese beiden Zeichenfolgen im Sinne der juristischen „Schlechterfüllung" vorkommen.

Eine weitere Funktion, mit der die qualifizierten Dokumente für weitere Fragemodifikationen gespeichert bleiben, ist .. SELECT. Diese Funktion bezieht sich jedoch nur auf die Informationen aus den formatierten Feldern.

Auf die Eingabe

2 DATUM GT 70 01 01
(Abb. 10, Zeile 00003)

wählt das System aus den Dokumenten, die sich auf die unter Nr. 2 gespeicherte Frage qualifiziert haben, die aus, bei denen im formatierten Feld DATUM ein späterer Termin (Greater Then) als der 01. 01. 1970 gespeichert ist.

Die anderen im Rahmen der SELECT-Funktion möglichen arithmetischen Operatoren sind in den Abb. 9 zusammengestellt.

3.2.2 Funktionen zur Sortierung und Gewichtung der Dokumente

Mit SORT besteht die Möglichkeit, qualifizierte Dokumente entsprechend dem Inhalt formatierter Felder vor der Ausgabe zu sortieren, z. B. so, daß zunächst die jüngsten Dokumente zur Verfügung gestellt werden.

Hat sich eine zu große Anzahl von Dokumenten qualifiziert, so kann der Benutzer mit RANK einen Rechenlogarithmus aufrufen, der aufgrund der im Wörterbuch gespeicherten Häufigkeiten die Dokumente nach ihrem wahrscheinlichen Informationswert wichtet. Dem liegt folgender Gedanke zugrunde:

Wenn ein Benutzer einen Suchbegriff eingibt, der in der gesamten Datenbank sehr selten, in einem bestimmten Dokument aber sehr häufig vorkommt, so wird dieses Dokument, bezogen auf die Anfrage, einen hohen Informationswert haben.

Die Ausgabe erfolgt dann so, daß die Dokumente mit dem höchsten Informationswert als erste angezeigt werden.

3.2.3 Funktionen zur Anzeige qualifizierter Dokumente

Mit .. BROWSE können die qualifizierten Dokumente an der Datenstation ausgegeben werden[12]. Dabei kann man durch Angabe einer Zeilen-Nr. auf alle im SEARCH oder SELECT-Modus qualifizierten Dokumente zugreifen. Nach Eingabe von EXPLAIN wird die Aufteilung des Dokuments in die einzelnen Segmente aufgezeigt. Man kann dann auch auswählen, welche Segmente, wie z. B. nur Leitsatz und Fundstelle, ausgegeben werden sollen. Das „Blättern" (Paging) in den Dokumenten wird mit

P ± n sowie

D ± n

durchgeführt, wobei „n" die Zahl der Seiten bzw. Dokumente angibt, um die vor- bzw. rückwärts geblättert werden soll.

3.2.4 Sonstige Funktionen

Sie sind bereits in Abb. 9 beschrieben. Hier sei nur noch auf SAVE/EXEC hingewiesen.

Für einen Benutzer, der sich für ein Fachgebiet besonders interessiert, besteht die Möglichkeit, einmal formulierte Fragen mit der Funktion SAVE unter einem symbolischen Namen ständig zu speichern. Arbeitet er nach einiger Zeit wieder an der Datenstation, so kann er mit der Funktion EXEC diese Fragen aufrufen, um sofort festzustellen, ob in der Zwischenzeit Dokumente seines Interessenprofils in die Datenbank eingespeichert worden sind.

4 Zwei Abfragebeispiele

Auf die beiden folgenden Abfragebeispiele wurde bereits bei der Darstellung der Abfragefunktionen Bezug genommen. Sie stammen aus der Steuerrechtsdokumentation der DATEV[13]. Sie wurden neben vielen anderen Beispielen auf dem 27. Deutschen Juristentag, 19.–22. September 1972 in Düsseldorf, vorgeführt. Heute sind in dieser Datenbank etwa 6500 höchstrichterliche Steuerentscheidungen (im Volltext, ca. 100 Millionen Zeichen) gespeichert. Ende 1974 werden alle höchstrichterlichen Entscheidungen (ca. 10 000) gespeichert sein, die seit Bestehen der Bundesrepublik ergangen sind. Diese Datenbank wird den interessierten Kreisen zur Verfügung gestellt. Das erste externe Datensichtgerät wird Ende Februar 1974 bei Finanzbehörden in Nürnberg installiert.

4.1 Bei dem DIALOGBEISPIEL 1 (Abb. 10) sucht der Benutzer die neueste Rechtsprechung zur Teilwertabschreibung auf den Geschäftswert oder auf Wirtschaftsgüter, die zum Geschäftswert gehören können.

Der Benutzer hat sich bereits angemeldet, die SEARCH-Funktion ist bereits aufgerufen.

---

[12] Im STAIRS/VS wird dem Benutzer vor der Ausgabe der Dokumente eine Matrix angezeigt, die erkennen läßt, welche Suchbegriffe in den Dokumenten wie oft enthalten sind. Er kann sich somit einen schnelleren Überblick über wahrscheinlich einschlägige Dokumente verschaffen.

[13] Weitere Informationen zur Steuerrechtsdokumentation der DATEV in der Zeitschrift „Datenverarbeitung in Steuer, Wirtschaft und Recht", Heft 23 (August 1973), S. 225.

1. Das System stellt dem Benutzer die laufende Nummer 00001 zur Verfügung. Zunächst werden die Suchbegriffe „Geschäftswert“ bzw. „Firmenwert“, durch „oder“ verknüpft, eingegeben.
2. Als Ergebnis haben sich 71 Dokumente qualifiziert.
3. Der Benutzer setzt die Recherche durch Eingabe weiterer Begriffe fort. Von den in Zeile 1 qualifizierten 71 Dokumenten sollen die ausgewählt werden, in denen der Begriff „Teilwertabschreibung“ oder die Begriffe „Teilwert“ und „Wirtschaftsgut“ vorkommen.
4. Beim zweiten Abfrageschritt reduziert sich die Zahl der relevanten Dokumente auf 33.
5. Diese Dokumente sollen durch Eingabe eines Entscheidungsdatums weiter eingeschränkt werden. Um auf das entsprechende formatierte Feld zugreifen zu können, geht der Benutzer in den SELECT-Modus über.
6. Die Abfrage bezieht sich nun auf die Dokumente mit einem Datum nach dem 01. 01. 1970 (GT = größer als).
7. In die nunmehr qualifizierten drei Dokumente möchte der Benutzer durch „... BROWSE“ Einsicht nehmen.
8. Zunächst erhält der Benutzer Informationen über den Aufbau der Dokumente. Der Benutzer entscheidet sich für die Segmente 1, 2, 3, 4 und 12.
9. Durch Drücken einer Funktionstaste werden die ausgewählten Segmente aller qualifizierten Dokumente angezeigt.

```
    AQUARIUS - SEARCH MODE - BEGIN YOUR QUERY AFTER THE STATEMENT NUMBER
(1) 00001 GESCHAEFTSWERT OR FIRMENWERT
    GESCHAEFTSWERT                       378 OCCURRENCES        61 DOCUMENTS
    FIRMENWERT                            74 OCCURRENCES        32 DOCUMENTS

(2) RESULT                               452 OCCURRENCES        71 DOCUMENTS

    AQUARIUS - SEARCH MODE - BEGIN YOUR QUERY AFTER THE STATEMENT NUMBER
(3) 00002  1 AND (TEILWERTABSCHREIBUNG OR (TEILWERT AND WIRTSCHAFTSGUT))
    1    GESCHAEFTSWERT OR FIRMEN        452 OCCURRENCES        71 DOCUMENTS
    TEILWERTABSCHREIBUNG                 260 OCCURRENCES        85 DOCUMENTS
    TEILWERT                             771 OCCURRENCES       210 DOCUMENTS
    WIRTSCHAFTSGUT                       868 OCCURRENCES       278 DOCUMENTS

(4) RESULT                                33 OCCURRENCES        33 DOCUMENTS

    AQUARIUS - SEARCH MODE - BEGIN YOUR QUERY AFTER THE STATEMENT NUMBER
(5) 00003  ..SELECT

    AQUARIUS - SELECT MODE - ENTER EXTENT AND CRITERIA AFTER THE STATEMENT
     NUMBER OR ENTER EXPLAIN
(6) 00003  2 DATUM GT 70.01.01
(7) 12516  NUMBER OF SELECTED DOCUMENTS = 000003  ..BROWSE

     1. GERICHT          2. DOKART          3. AKTENZ          4. DATUM
     5. FUNDST           6. ANMERK          7. REDAKT          8. ARCHIV
     9. FREI            10. SCHLAGW        11. GESETZ         12. LEITSATZ
    13. TATBESTAND      14. GRUENDE        15. NR
(8)   ENTER PARAGRAPH NAMES OR NUMBERS (SEPARATED BY COMMAS)  1,2,3,4,12

(9) STRDB0001141  DOCUMENT =    1  OF     3    PAGE =     1  OF     2
    GERICHT     BUNDESFINAZNHOF
    DOKART      URTEIL
    AKTENZ      I-R-102/68
    DATUM       70.03.24
    LEITSATZ          WURDE EIN APOTHEKENBETRIEBSRECHT (KONZESSION) VOR BEGRUENDUNG
                DER NIEDERLASSUNGSFREIHEIT GEGEN ENTGELT ERWORBEN, SO IST SEINE
                AUSBUCHUNG IN VOLLEM UMFANG NUR MOEGLICH, WENN NACHWEISLICH IM
                ZEITPUNKT SEINES ERWERBS EIN GESCHAEFTSWERT NICHT VORHANDEN WAR. EIN
                ENTSPRECHENDES VORBRINGEN IST ZUM ZEITLICH NAECHSTGELEGENEN
                BILANZSTICHTAG GELTEND ZU MACHEN.
                      ESTG   6 ABS. 1 NR. 2.
                  END  OF  DOCUMENT

    STRDB0001164  DOCUMENT =    2  OF     3    PAGE =     1 OF      2
    GERICHT     BUNDESFINANZHOF
    DOKART      URTEIL
    AKTENZ      I-R-180/66
    DATUM       70.08.05
    LEITSATZ          1. ERWIRBT EIN STEUERPFLICHTIGER EIN UNTERNEHMEN, SO IST
                OBJEKTIV FESTZUSTELLEN, WELCHE EINZELNEN MATERIELLEN UND
                IMMATERIELLEN WIRTSCHAFTSGUETER AUF DEN ERWERBER UEBERGEGANGEN SIND
                UND WELCHER TEILWERT IHNEN IM ZEITPUNKT DER UEBERNAHME BEIZULEGEN
                IST. ERST DER UNTERSCHIED ZWISCHEN DER SUMME DER TEILWERTE DIESER
                WIRTSCHAFTSGUETER UND DEM KAUFPREIS KOMMT ALS GESCHAEFTSWERT IN
                BETRACHT.
                      2. DER VERLAGSWERT IST IM ALLGEMEINEN EIN
                GESCHAEFTSWERTAEHNLICHES WIRTSCHAFTSGUT UND DARF DAHER NICHT NACH    7
                ESTG ABGESCHRIEBEN WERDEN.
                      ESTG   6 ABS. 1 NR. 2,
                  END  OF  DOCUMENT

    STRDB0001220  DOCUMENT =    3  OF     3    PAGE =     1  OF     2
    GERICHT     BUNDESFINANZHOF
    DOKART      URTEIL
    AKTENZ      I-R-196/67
    DATUM       70.09.16
    LEITSATZ          1. BEZAHLT EIN STEUERPFLICHTIGER EINEM SEIN GESCHAEFT
                AUFGEBENDEN KAUFMANN LEDIGLICH DAFUER, DASS DIESER IHN IN SEINE
                BISHERIGEN PERSÖNLICHEN GESCHAEFTSBEZIEHUNGEN EINFUEHRT, EINE
                GELDSUMME, SO IST DER BETRAG NICHT ALS GESCHAEFTSWERT, SONDERN
                ALS BESONDERES  IMMATERIELLES  WIRTSCHAFTSGUT ZU BILANZIEREN.
                      2.  DAS IMMATERIELLE WIRTSCHAFTSGUT  GESCHAEFTSBEZIEHUNGEN
                ODER  KUNDSCHAFT  USW. (NR. 1) IST GESCHAEFTSWERTAEHNLICH, WENN SICH
                DER VORTEIL FUER DAS UNTERNEHMEN NICHT INNERHALB EINER WENIGSTENS
                SCHAETZBAREN LAENGEREN DAUER ERSCHOEPFT.  ANDERNFALLS SIND
                ABSETZUNGEN FUER ABNUTZUNG VORZUNEHMEN.
                      ESTG   6 ABS. 1 NR. 1 UND 2,    7.

                R0601 END OF DOCUMENTS IN LIST - ENTER RETURN OR ANOTHER COMMAND
```

Abbildung 10: Der Benutzer sucht die neueste Rechtsprechung zur Teilwertabschreibung auf den Geschäftswert oder auf Wirtschaftsgüter, die zum Geschäftswert gehören können. Die Zahlen ○ verweisen auf die Erläuterungen in Abschnitt 41; die vom Benutzer eingegebenen Daten sind *kursiv* gedruckt.

4.2 Im DIALOGBEISPIEL 2 sucht der Benutzer Urteile zu der Frage, ob ein steuerlich anzuerkennendes Arbeitsverhältnis auch dann vorliegt, wenn der Ehegatte – Arbeitnehmer – sein Gehalt dem Betrieb als Darlehen zuführt. Dieses Beispiel wurde ausgewählt, um die Wirkungsweise der Funktion „RANK“ deutlich zu machen.

1. Der Benutzer formuliert seine Frage so, daß sich alle Dokumente qualifizieren, in denen mindestens einer der Begriffe „Ehegatte“, „Arbeitsverhältnis“ oder „Darlehen“ vorkommt. (Das System nimmt wegen fehlender Operatoren eine „ODER“-Verknüpfung an.) Das Dollarzeichen bewirkt, daß nicht nur das Auftreten der angegebenen Buchstabenfolge „EHEGATTE“ geprüft wird, sondern auch Buchstabenfolgen, die zusätzlich beliebige weitere Buchstaben enthalten. Somit wird sichergestellt, daß sich auch Dokumente mit dem Begriff „EHEGATTEN“ qualifizieren. Die Anzahl der zulässigen weiteren Buchstaben ergibt sich aus der Zahl, die dem Dollarzeichen folgt.
   Ergebnis ist, daß 35mal der Begriff „EHEGATTE“ und 211mal „EHEGATTEN“ vorkommt. Die Summe ist in der ersten Ausgabezeile angedruckt. Entsprechendes gilt für „ARBEITSVERHÄLTNIS“.
2. Es ergeben sich 1142 Fundstellen in 198 Dokumenten. Jetzt verwendet der Benutzer die RANK-Funktion, um die Dokumente nach ihrem Informationswert zu sortieren.
3. Die RANK-Funktion verlangt die Eingabe von Suchbegriffen. Hier bezieht sich der Benutzer durch die Eingabe von „1“ auf die in Zeile 1 formulierten Suchbegriffe.
4. Das System bietet fünf Algorithmen zur Bestimmung der Rangreihen an. Falls keine Auswahl getroffen wird, nimmt das System automatisch („DEFAULT“) den Algorithmus A an. Die einzelnen Algorithmen unterscheiden sich durch verschiedene Gewichtung der gewöhnlichen, gebräuchlichen, seltenen und exotischen Begriffe.
   Hier entscheidet sich der Benutzer für den Algorithmus „B“ und nimmt anschließend Einsicht in das Dokument, das sich nach dem Sortiergang als „höchstrangig“ qualifiziert hat.
5. Das erste Dokument ist einschlägig. Die Suchbegriffe, nach denen die Rangreihe erstellt ist, treten allein im ersten Leitsatz achtmal auf.
6. Nunmehr wird das nächstrangige Dokument ausgegeben. Die Prozedur wird so lange fortgeführt, bis entweder das Ende der Dokumentliste (im Beispiel 198 Dokumente) erreicht ist oder der Benutzer die Ausgabe unterbricht.

AQUARIUS - SEARCH MODE - BEGIN YOUR QUERY AFTER THE STATEMENT NUMBER
(1) 00001 *EHEGATTE$1 ARBEITSVERHAELTNIS$3 DARLEHEN.*

PAGE = 1 OF 1

EHEGATTE$1	246 OCCURRENCES	
EHEGATTE	35 OCCURRENCES	13 DOCUMENTS
EHEGATTEN	211 OCCURRENCES	49 DOCUMENTS
ARBEITSVERHAELTNIS$3	177 OCCURRENCES	
ARBEITSVERHAELTNIS	97 OCCURRENCES	35 DOCUMENTS
ARBEITSVERHAELTNISSE	19 OCCURRENCES	12 DOCUMENTS
ARBEITSVERHAELTNISSEN	9 OCCURRENCES	7 DOCUMENTS
ARBEITSVERHAELTNISSES	52 OCCURRENCES	27 DOCUMENTS
DARLEHEN	719 OCCURRENCES	128 DOCUMENTS

00001 EHEGATTE$1 ARBEITSVERHAELTNIS$3 DARLEHEN
RESULT 1142 OCCURRENCES 198 DOCUMENTS
(2) *..RANK*

AQUARIUS - RANK FUNCTION - ENTER QUERY FOR RANKING.
(3) *1*

(EHEGATTE$1 ARBEITSVERHAELTNIS$3 DARLEHEN)
R3005 SELECT RANKING ALGORITHM A, B, C, D OR E. DEFAULT = A.
(4) B
RESULT 1142 OCCURRENCES 198 DOCUMENTS
..BROWSE

(5) STRDB0001262 DOCUMENT = 1 OF 198 PAGE = 1 OF 2
GERICHT BUNDESFINANZHOF
DOKART URTEIL
AKTENZ VIII-R-24/66
DATUM 71.07.29
FUNDST BSTBL-1971-11-0732
GESETZ ESTG:4/4
LEITSATZ DER STEUERRECHTLICHEN ANERKENNUNG EINES SONST ORDNUNGSGEMAESS VEREINBARTEN UND TATSAECHLICH DURCHGEFUEHRTEN ARBEITSVERHAELTNISSES ZWISCHEN EHEGATTEN STEHT IM ALLGEMEINEN DER RUECKFLUSS VON TEILEN DES ARBEITSLOHNES ALS DARLEHEN IN DEN BETRIEB DES EHEGATTEN NICHT ENTGEGEN, WENN DIE DARLEHEN BEIM ARBEITGEBENDEN EHEGATTEN ORDNUNGSGEMAESS VERBUCHT UND BILANZIERT UND VON DEN EHEGATTEN KLARE UND EINDEUTIGE VEREINBARUNGEN, ZUMINDEST UEBER ANGEMESSENE VERZINSUNG UND RUECKZAHLUNG DES DARLEHENS, GETROFFEN SIND.
ESTG 4 ABS. 4.

END OF DOCUMENT

(6) STRDB0000403 DOCUMENT = 2 OF 198 PAGE = 1 OF 2
GERICHT BUNDESFINANZHOF
DOKART URTEIL
AKTENZ I-228/58-U
DATUM 59.07.14
FUNDST BSTBL-1959-III-0331 BB 1959,839; BFH 69,181+ DB 1959, 905; FR 1960,47; STRK ESTG 15 R.157;
GESETZ GG:6/1 ESTG:4/4 ESTG:12/1 ESTG:15/2 ESTG:26A
LEITSATZ ARBEITET EIN EHEGATTE AUF GRUND EINES VERTRAGES IN EINER ZWISCHEN FREMDEN PERSONEN BESTEHENDEN PERSONENGESELLSCHAFT MIT, IN DER DER ANDERE EHEGATTE PERSOENLICH HAFTENDER GESELLSCHAFTER UND GESCHAEFTSFUEHRER IST, SO IST EIN ARBEITSVERHAELTNIS ZWISCHEN DEM EHEGATTEN UND DER GESELLSCHAFT IN DER REGEL STEUERLICH NICHT ZU BERUECKSICHTIGEN, WENN DER EHEGATTE-GESELLSCHAFTER MINDESTENS ZU 25 V.H. AM GEWINN UND VERMOEGEN DER PERSONENGESELLSCHAFT BETEILIGT IST.
GG ART. 6 ABS. 1; ESTG 1957 4 ABS. 4, 12 ZIFF.1, 15 ZIFF. 2, 26A.

END OF DOCUMENT

Abbildung 11: Der Benutzer will nunmehr wissen, ob ein steuerlich anzuerkennendes Arbeitsverhältnis vorliegt, wenn der Ehegatte-Arbeitnehmer sein Gehalt dem Betrieb als Darlehen zuführt.
Die Zahlen verweisen auf die Erläuterungen in Abschnitt 42. Die vom Benutzer eingegebenen Daten sind *kursiv* gedruckt.

5 STAIRS und die Dokumentation des Europarechts

Gerade bei mehrsprachigen Datenbanken – wie im Europarecht – treten gewisse Probleme auf. Abschließend sei daher noch auf folgende Möglichkeiten von STAIRS hingewiesen.

Unter STAIRS kann auf maximal 16 verschiedene physische Datenbanken (jeweils mit Wörterbuch, invertierter Datei, Teit-Index-Datei und Textdatei) zugegriffen werden. Man kann also für jedes Rechtsgebiet, z. B. Atom-Recht, Kartell-Recht, Montan-Recht, eine eigene Datenbank errichten. Der Benutzer, der in der einen Datenbank nicht alle gewünschten Informationen gefunden hat, kann dann mit der Funktion CHANGE auf die nächste Datenbank zugreifen. Innerhalb jeder dieser physischen Datenbanken können die Begriffe, die in den einzelnen EWG-Sprachen die gleiche Bedeutung haben, als Synonyme verknüpft zelnen EG-Sprachen die gleiche Bedeutung haben, als Synonyme verknüpft werden.

Man kann außerdem mehrere physische Datenbanken zu einer logischen Datenbank verbinden (Abb. 12). Durch Aufruf der logischen Datenbank „ATOM-EWG“ wird auf alle Dateien, insbesondere auf die Wörterbücher der zugehörigen physischen (nationalen) Datenbanken zugegriffen. Allerdings sind Synonymverknüpfungen nur innerhalb der physischen Datenbanken möglich, so daß der Benutzer der logischen Datenbank ATOM-EWG seine Synonymverknüpfungen selber herstellen muß.

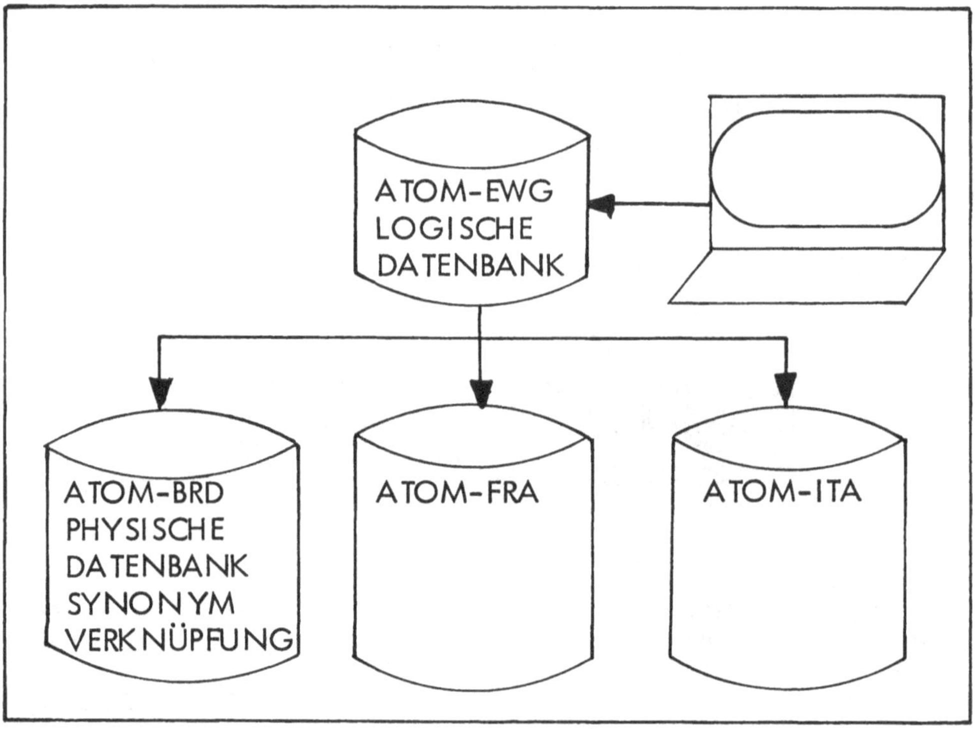

Abbildung 12
Der Benutzer kann entweder auf jede einzelne physische Datenbank oder über die logische Datenbank ATOM-EWG auf alle angeschlossen physischen Datenbanken zugreifen.

6 Schlußbemerkungen

Ziel dieses Vortrags konnte es nur sein, dem interessierten Laien auf dem Gebiete der EDV einen Überblick über die heutigen technischen Möglichkeiten auf dem Gebiet des „INFORMATION RETRIEVAL" zu geben. Dabei konnten wichtige Gebiete nicht erörtert werden. Ein Gebiet ist die Datenfernverarbeitung, die gleichzeitige Bedienung vieler Benutzer über Datenstationen, die bereits heute technisch gelöst ist, wenn man z. B. an die viel komplexeren Anwendungen bei Platzbuchungssystemen (Abfrage, Änderung und Betriebsausfallsicherung) der Fluggesellschaften denkt. Ein weiterer Punkt ist die Datenerfassung, die jedenfalls für die Rückwärtsdokumentation mit einem sehr hohen manuellen Aufwand verbunden ist. Schließlich spielen gerade bei juristischen Informationssystemen die organisatorisch-politischen Fragen, wie z. B. die Koordination aller beteiligten Stellen eine entscheidende Rolle, die gelöst werden müssen, bevor mit der eigentlichen Arbeit begonnen werden kann. An Wirtschaftlichkeitsüberlegungen sollten Dokumentationssysteme heute nicht mehr scheitern, da es in Zukunft eine Alternative zur maschinellen Dokumentation im Hinblick auf die „Informationslawine" nicht geben wird.

Zusammenfassung

Der Verfasser gibt einen Überblick über die Funktionsweise von maschinellen Dokumentionssystemen. Er beschreibt das Programmsystem STAIRS (Storage And Information Retrieval System) der IBM und erläutert dessen Möglichkeiten mit Dialogbeispielen aus der Steuerrechtsdokumentation der DATEV eGmbH, Nürnberg.

Summary

The author gives an overview on the functions of automatic information retrieval systems. He describes the IBM Storage And Information Retrieval System STAIRS and explains its possibilities using examples taken from the DATEV (Nürnberg, Germany) data base (Taxation court decisions).

Franciszek Studnicki

Die semantischen Probleme der automatischen Suche in gesetzlichen Texten

Übersicht

1. Allgemeines

1.1 Als Suchoperation werden wir die Operation bezeichnen, welche die Aussonderung solcher Teile der gesetzlichen Texte bezweckt, die für die Entscheidung einer gegebenen Rechtsfrage relevant sind. Unter Teilen der genannten Texte verstehen wir hier nur solche Teile, die durch Anwendung bestimmter formaler Kriterien identifiziert werden können, zum Beispiel Kapitel, Artikel oder Paragraphen jener Texte. Teile dieser Art werden wir als Dokumente bezeichnen[1].

Die Sammlung aller Dokumte, auf die sich die Suchoperation erstreckt, werden wir die Gesamtmenge der Dokumente nennen und mit dem Symbol GM bezeichnen. Eine GM ist natürlich immer eine endliche Sammlung.

1.2 Die Suchoperation behandeln wir als eine Operation, die eine gewisse von dem Suchenden definierte Funktion verwirklicht, die wir die Suchfunktion nennen werden. Von dieser Funktion müssen wir eine andere unterscheiden, die hier als Teilungsfunktion bezeichnet wird. Unter dieser Bezeichnung verstehen wir die Funktion, die die GM in eine beliebige zweielementige Sammlung derart überführt, daß alle für die Entscheidung einer gegebenen Rechtsfrage relevanten Dokumente dem einen und alle nicht relevanten Dokumente dem anderen Element dieser Sammlung zugeordnet werden.

Der Erfolg einer Suchoperation ist davon abhängig, inwieweit die von der Suchfunktion vorgenommenen Zuordnungen denen entsprechen, die von der Teilungsfunktion vorgenommen werden.

Die Suchfunktion muß natürlich für jede einzelne Suchoperation definiert werden. Es sind also die Voraussetzungen anzugeben, die die gesuchten Dokumente erfüllen müssen.

---

[1] In manchen Systemen besteht die Suchoperation nicht nur in der Ausgabe der Untermengen der elevanten Dokumente, sondern auch in ihrer Ordnung nach dem Grade der Relevanz. Unsere Definition paßt aber auch für solche Lösungen, weil die Operation des Ordnens immer an einer vorher ausgesonderten Untermenge der relevanten Dokumente ausgeführt wird. So können die genannten Fälle als eine Unterart der von uns definierten Operation betrachtet werden.

1.3 Für die Entscheidung einer gegebenen Rechtsfrage sind solche Dokumente relevant, aus denen man mit Hilfe einer bestimmten Auslegungsmethode Rechtssätze ableiten kann, die sich als Prämissen dieser Entscheidung eignen[2]. Alle Rechtssätze, die auf diesem Wege aus einem Dokument oder aus mehreren bestimmten Dokumenten abgeleitet werden können, werden wir als Auslegungsderivate der entsprechenden Dokumente bezeichnen. Wir setzen voraus, daß ein einzelner Rechtssatz ein Auslegungsderivat mehrerer Dokumente sein kann. Die Dokumente, deren Auslegungsderivat ein bestimmter Rechtssatz ist, werden wir die Auslegungsbasis dieses Rechtssatzes nennen. Die Auslegungsbasis kann natürlich aus einem einzigen Dokument bestehen.

1.4 Keine der bestehenden Auslegungsmethoden stattet die Auslegungsoperation mit dem Charakter einer formalen Operation aus. Bei ihrer Ausführung nimmt man neben den formalen immer auch die inhaltlichen (semantischen) Eigenschaften der betreffenden Dokumente in Betracht.

Der Bereich der Klasse der Auslegungsderivate eines bestimmten Dokumentes oder einer bestimmten Sammlung der Dokumente hängt natürlich von der Auslegungsmethode ab, die in dem gegebenen Falle zur Anwendung kommt. Deshalb kann z. B. ein bestimmtes Dokument in bezug auf eine bestimmte Auslegungsmethode AM (die z. B. die Anwendung der Rechtsanalogie oder des Argumentes a maiori ad minus zuläßt) für die Entscheidung einer gegebenen Rechtsfrage relevant in bezug auf eine andere Auslegungsmethode AM' (die z. B. mehr restriktiv ist) aber irrelevant sein. Wir müssen daher annehmen, daß jede Suchoperation die Anwendung einer bestimmten Auslegungsmethode voraussetzt.

2. Rechtssprache

2.1 Die Sprache der gesetzlichen Texte werden wir als Rechtssprache bezeichnen. Sie gehört zu den Sprachen, in welchen die Anwendung der Ausdrücke zum Teil von den auf dem natürlichen Wege entwickelten Gebräuchen und zum Teil von bestimmten sprachlichen Konventionen geregelt wird.

Trotz gewisser Unterschiede weist die Rechtssprache mehrere Eigenschaften der allgemeinen Umgangssprache auf[3]. Hierzu gehören: der Reichtum des Vokabulars, die Mannigfaltigkeit der syntaktischen Formen und vor allem die Unentschlossenheit der Semantik. Die semantische Schwankungsbreite beider Sprachen beruht u. a. darauf, daß sie zu den sogenannten okasionellen

---

[2] In der Literatur unterscheidet man manchmal zwischen der Relevanz im formalen Sinne und der Pertinenz eines gegebenen Dokumentes. Mit der Relevanz im formalen Sinne hat man insbesondere zu tun, wenn das betreffende Dokument die von dem Suchenden festgestellten formalen Voraussetzungen erfüllt. Von der Pertinenz dagegen spricht man, wenn das betreffende Dokument die von dem Suchenden verlangten inhaltlichen Eigenschaften aufweist. Es wird oftmals behauptet, daß die Kriterien der Pertinenz nicht formalisierbar sind. Vgl. *O. Ungurian,* Wyszukiwanie informacji (Aussuchung der Information), Warszawa, 1970, S. 43.

[3] Über das Verhältnis zwischen der Rechtssprache und der allgemeinen Umgangssprache siehe *K. Opalek* und *J. Wróblewski,* Zagadnienia teorii prawa (Die Probleme der Rechtstheorie), Warszawa, 1969, Państwowe Wydawnictwo Naukowe, S. 41 f.

Sprachen, d. h. zu den Sprachen gehören, in welchen die Bedeutung der Ausdrücke stark von ihrem Kontext beeinflußt ist[4].

2.2 Die Unterschiede zwischen der Rechtssprache und der allgemeinen Umgangssprache treten besonders in der lexikalen und in der semantischen Ebene auf.

Die lexikalen Unterschiede bestehen darin, daß die Rechtssprache ihr eigenes, von dem der allgemeinen Umgangssprache teilweise abweichendes Vokabular entwickelt. Die syntaktischen Unterschiede sind im allgemeinen gering und können vielmehr als stilistische Besonderheiten der Rechtssprache gelten.

Die semantischen Besonderheiten bestehen indes nicht nur darin, daß die in den gesetzlichen Texten erscheinenden Wörter spezifische Bedeutung annehmen, sondern vor allem darin, daß die in diesen Texten auftretenden Sätze spezifische semantische Rollen ausüben.

Die semantische Rolle der Sätze deskriptiver Texte besteht vor allem darin, daß sie von den Zuständen wahr oder falsch berichten, die den Gegenstand der deskriptiven Analyse bilden. Im Gegensatz hierzu sind die semantischen Rollen normativer Aussagen davon abhängig, ob solche Aussagen in der schwachen oder in der starken Art angewandt werden[5].

Die semantische Rolle einer in der schwachen Art angewandten normativen Aussage ist der semantischen Rolle einer deskriptiven Aussage ähnlich. Sie besteht insbesondere darin, daß die Aussage dieser Art von einem bestimmten Zustand berichtet. Hier kommen aber nur spezifische Zustände in Betracht, die darin bestehen, daß eine bestimmte Klasse des Verhaltens in bezug auf ein bestimmtes normatives System befohlen, verboten oder erlaubt ist. Solche Zustände werden wir als normative Zustände bezeichnen.

Eine normative Aussage der schwachen Art liegt zum Beispiel vor, wenn jemand erklärt: „Es ist verboten, in diesem Zimmer zu rauchen", um einen anderen über ein Verbot zu unterrichten, das ein Dritter früher erlassen hat.

Die in der starken Art angewandten normativen Aussagen haben dagegen zwei parallel ausgeübte semantische Rollen. Die erste, die wir als kreativ bezeichnen, erzeugt die oben erwähnten normativen Zustände. Die zweite semantische Rolle solcher Aussagen ist der semantischen Rolle der in der schwachen Weise angewandten normativen Aussagen ähnlich. Sie besteht insbesondere darin, daß auch solche Aussagen von gewissen normativen Zuständen berichten — und zwar von solchen, die sie selbst erzeugten. Diese semantische Rolle der normativen Aussagen werden wir als ihre berichtende Rolle bezeichnen.

Die Besonderheit der kreativen Rolle der normativen Aussagen, mit der wir nur bei ihrer starken Anwendung zu tun haben, widerspiegelt ihren arbiträren Charakter. Er manifestiert sich insbesondere darin, daß die stark angewandten normativen Aussagen den von ihnen arbiträr definierten Klassen des Verhaltens

---

[4] Über den okasionellen Charakter der Rechtssprache vgl. *F. Studnicki*, O dogmatyce prawa (Von der Rechtsdogmatik), Państwo i Prawo, 1957, Heft 7/8, S. 114 f.

[5] Über die starke und die schwache Anwendung der normativen Aussagen, vgl. *F. Studnicki*, Traffic Signs, Semiotica, Vol. 2, 1970, Heft 2, S. 151 f.

bestimmte normative Eigenschaften (und zwar die Eigenschaft des Befohlenseins, des Verbotenseins oder des Erlaubtseins) zuordnen.

Eine in der starken Art angewandte normative Aussage liegt z. B. vor, wenn eine Behörde das folgende Verbot erläßt: „Es ist verboten, in diesem Zimmer zu rauchen."

2.3 Unter den normativen Aussagen müssen wir die elementaren normativen Aussagen und die normativen Aussagen im weiteren Sinne unterscheiden. Als elementare werden wir solche Aussagen bezeichnen, die unmittelbar von bestimmten normativen Zuständen berichten, dagegen als normative Aussagen im weiteren Sinne nur solche, aus welchen die elementaren mit Hilfe einer gegebenen Auslegungsmethode abgeleitet werden können. So bilden die ersten das Endprodukt der Auslegungsoperationen, während die zweiten als Produkte der früheren Etappen solcher Operationen zu betrachten sind.

Bei der Auslegung der gesetzlichen Texte begnügt man sich gewöhnlich damit, aus einer bestimmten Auslegungsbasis eine Anzahl von solchen Aussagen abzuleiten, die wir oben als normative Aussagen im weiteren Sinne bezeichnet haben. So wird meistens die Auslegungsoperation unterbrochen, noch bevor ihr Endprodukt erzielt wurde, soweit nur die schon bisher erlangten normativen Aussagen (im weiteren Sinne) für die Entscheidung der gegebenen Rechtsfrage ausreichen[6].

Wir setzen voraus, daß der von dem Gesetzgeber mit der Anwendung einer geeigneten Prozedur erzeugte Text mit der Klasse aller normativen Aussagen, die in bezug auf eine gegebene Auslegungnsmethode als seine Auslegungsderivate gelten, semantisch äquivalent ist. Hieraus folgt unter anderem, daß ein solcher Text alle normativen Zustände erzeugt, von welchen seine Auslegungsderivate berichten.

2.4 Die semantischen Erwägungen untersuchen die Zusammenhänge zwischen den Ausdrücken einer gegebenen Sprache und der außersprachlichen Realität. Bei normativen Sprachen besteht die Realität, auf die sich ihre Aussagen beziehen, aus der Gesamtheit der von den betreffenden normativen Systemen erzeugten normativen Zustände.

Von der Erfüllung einer elementaren normativen Aussage werden wir nur dann sprechen, wenn diese Aussage von einem bestimmten normativen Zustand korrekt berichtet. So kann zum Beispiel die Aussage: „Es ist verboten, in diesem

---

[6] Die in diesem Aufsatz vorgestellte Auffassung der Auslegungsoperation, und zwar die Auffassung, bei welcher die Auslegung darin besteht, daß man aus dem Material der originellen Texte die elementaren normativen Ausagen rekonstruiert, wurde von den Anschauungen inspiriert, die *M. Zielinski* in seiner Monographie über die Interpretationsprobleme darstellte. Nach *M. Zielinski* besteht die Auslegung in der Dekodierung der originellen Texte, d. h. in der Zurückgewinnung der Rechtsnormen, die in solchen Texten von dem Gesetzgeber einkodiert wurden. Auf diesem Wege erlangt man insbesondere die Aussagen, die unmittelbar bestimmte Befehle ausdrücken. Die Verbote sind auf die Form der Befehle reduzierbar. Vgl. *M. Zielinski*, Interpretacja jako proces dekodowania tekstuprawnego (Die Interpretation als ein Dekodierungsprozeß des rechtlichen Textes), Poznań, 1962, Wydaw nictwo Naukowe Universytetu im. Adama Mickiewicza, passim.

Zimmer zu rauchen", nur dann als erfüllt gelten, wenn wirklich das Rauchen in diesem Zimmer verboten ist. Dagegen werden wir von der Erfüllung einer normativen Aussage im weiteren Sinne oder einer Sammlung solcher Aussagen nur dann sprechen, wenn alle aus ihnen – in bezug auf eine bestimmte Auslegungsmethode – ableitbaren elementaren normativen Aussagen erfüllt sind[7].

Bei der Analyse der nichtwidersprüchlichen normativen Systeme entsteht das Problem der Erfüllung nur für solche normativen Aussagen, die in der schwachen Art angewandt sind. Was dagegen die in der starken Art angewandten normativen Aussagen betrifft, so sind sie in solchen Systemen immer erfüllt, da eine jede von ihnen von einem von ihr selbst erzeugten normativen Zustand berichtet.

Die Gesamtheit der normativen Zustände, in welchen eine bestimmte normative Aussage oder eine bestimmte Sammlung solcher Aussagen erfüllt ist, werden wir als die Klasse der semantischen Modelle dieser Aussage bzw. dieser Sammlung von Aussagen bezeichnen[8].

Die normativen Sprachen sind in semantischer Hinsicht viel ärmer als die Sprachen, die man bei der deskriptiven Analyse verwendet. So ist insbesondere die Verschiedenheit der Inhalte, die mittels ihrer Aussagen ausgedrückt werden können, stark beschränkt. Alle derartigen Aussagen handeln nämlich nur von den Objekten einer einzigen Art, und zwar von bestimmten Klassen des Verhaltens. Auch das, was sie von solchen Objekten besagen können, erschöpft sich lediglich darin, daß bestimmte Klassen des Verhaltens in bezug auf bestimmte normative Systeme befohlen, verboten oder erlaubt sind.

2.5 Was die syntaktische Struktur der elementaren normativen Aussagen betrifft, so muß darauf hingewiesen werden, daß solche Aussagen künstliche Gebilde sind, die man aus dem Material der normativen Texte durch Anwendung bestimmter Auslegungsmethoden rekonstruiert. Die Sprachgebilde, die man auf diesem Wege erlangt, können in einer Anzahl von Varianten auftreten. Zu den einfachsten Varianten gehört die Formel, in der man zwei syntaktische Bestandteile, und zwar den normerzeugenden Funktor und das Argument von diesem Funktor, unterscheiden kann. Der normerzeugende Funktor kann drei alternativ erscheinende Formen annehmen. Und zwar lautet er: entweder „Es ist befohlen" oder „Es ist verboten" oder „Es ist erlaubt". Seine semantische Rolle besteht darin, daß er eine bestimmte Klasse des Verhaltens (und zwar diejenige, die von dem genannten Argument denotiert ist) als befohlen, verboten oder erlaubt qualifiziert. Die semantische Rolle des Arguments besteht dagegen darin, daß es den Bereich der genannten Klasse feststellt. Das kommt dadurch zustande, daß in dem Argument alle konstituierenden Merkmale dieser Klasse aufgezählt sind.

Aufzählungen dieser Art können unter anderen auch solche Merkmale umfas-

---

[7] Diese Auffassung weicht von der Auffassung der Erfüllung der Rechtsnorm ab, die in der Rechtstheorie üblich ist. Sie knüpft an die Auffassungen, die man in der logischen Semantik verwendet. Vgl. *F. Studnicki*, Traffic Signs, S. 165.

[8] Über die semantischen Modelle der normativen Aussagen siehe *F. Studnicki*, Traffic Signs, loc. cit.

sen, die sich auf die Eigenschaften der potentiellen Agenten und der begleitenden Umstände beziehen, soweit das nur für die Bildung einer adäquaten Charakteristik der entsprechenden Klasse notwendig ist. Die Anzahl der Merkmale, deren Gesamtheit eine solche Charakteristik bildet und die man meistens aus dem Material mehrerer Dokumente rekonstruiert, kann sehr groß sein. So bildet manchmal das Argument (und mit ihm auch die betreffende elementare normative Aussage) ein Sprachgebilde von beträchtlicher Länge[9].

Die Einfachheit der syntaktischen Struktur der in dieser Weise rekonstruierten elementaren normativen Aussagen wird dadurch verursacht, daß sie – wie schon erwähnt wurde – künstliche Sprachgebilde sind, die man durch Anwendung bestimmter Auslegungsmethoden aus dem originellen Material der normativen Texte erlangt. Was dagegen die syntaktische Struktur solcher Texte anbelangt, so teilt sie die Eigenschaften der syntaktischen Struktur aller in der natürlichen Sprache gebildeten Texte. Die Problematik der Syntax der originellen Texte wird genauer unter 4 erörtert.

3. Die Suchkriterien im allgemeinen

3.1 Wenn die Suchoperation von Menschen auszuführen ist, so können die semantischen Eigenschaften der originellen Texte als Suchkriterien benützt werden. Man kann nämlich die Aussonderung solcher Dokumente verlangen, die gewisse inhaltliche Eigenschaften aufweisen, d. h., die sich inhaltlich auf gewisse Materien beziehen. Anders stellt sich die Lage dar, wenn automatisierte Suchoperationen in Betracht kommen, obgleich der Zweck der Suche derselbe bleibt: es handelt sich immer um die Aussonderung der inhaltlich relevanten Dokumente, doch wird hier dem Prozeß der Suche eine wesentliche Einschränkung auferlegt. Sie besteht darin, daß die Suchfunktion wegen der beschränkten Unterscheidungsfähigkeit der Automaten in einer anderen Weise, nämlich ausschließlich in bezug auf die formalen Eigenschaften der betreffenden Dokumente definiert werden muß. Das Vertrauen, daß trotz dieser Einschränkung der Zweck der Suchoperationen erreicht werden kann, stützt sich an der Voraussetzung, daß zwischen den formalen und den semantischen Eigenschaften der Dokumente eine genügende Korrespondenz besteht und zwar eine Korrespondenz, bei welcher die formalen Eigenschaften als Träger bestimmter Inhalte funktionieren.

3.2 Zu den formalen Eigenschaften der originalen Texte zählt man gewöhnlich ihre lexikalen und ihre syntaktischen Eigenschaften. Die lexikalen Eigenschaf-

---

[9] Eine andere Rekonstruktionsvariante besteht darin, daß man die normativen Aussagen und insbesondere die Rechtsnormen als „Bedingungsnormsätze" oder „hypothetische Normsätze" rekonstruiert. Solche Gebilde bestehen aus zwei Teilen und zwar aus dem Teil, der den betreffenden Tatbestand charakterisiert, und aus dem Teil, der einem solchen Tatbestand bestimmte Rechtsfolgen zuordnet. Die genannten Teile sind mit der normativen Copula verbunden. Vgl. *L. Reisinger*, Automatisierte Normanalyse und Normanwendung, Berlin 1972, J. Schweitzer Verlag, S. 4. Diese Variante ist besonders für die Zwecke der Automatisierung der Entscheidugsprozesse geeignet. Sie stößt aber auf gewisse Schwierigkeiten, wenn die sogenannten Finalnormen in Betracht kommen. Für die Zwecke der Suchanalyse ist die von uns präsentierte Rekonstruktionsvariante besser geeignet.

ten bestehen darin, daß in solchen Texten bestimmte Wörter auftreten, deren Sammlung ihr Vokabular bildet. Bei der lexikalen Analyse kann man neben dem bloßen Auftreten oder Fehlen bestimmter Wörter auch die Häufigkeitsverteilung ihres Auftretens (oder ihres Auftretens mit anderen Wörtern) in Betracht nehmen.

Was dagegen die syntaktischen Eigenschaften der genannten Texte anbelangt, so verstehen wir darunter die formalen Eigenschaften der sprachlichen Gebilde eines höheren Grades und zwar solcher, die aus mehreren Wörtern zusammengestellt sind. Hier kommen insbesondere die formalen Eigenschaften der Sätze in Betracht, obgleich man auch von der Syntax der Sprachgebilde, die aus mehreren Sätzen zusammmengestellt sind, sprechen kann[10].

3.3 Die Tatsache, daß man in normativen Texten bestimmte Sätze durch andere Sätze, d. h. durch Sätze mit anderen formalen Eigenschaftenen ersetzen kann, ohne irgendwelche Änderungen in der Klasse der semantischen Modelle dieser Texte zu veranlassen, ist ein Beweis dafür, daß die zwischen den formalen und den semantischen Eigenschaften solcher Texte bestehenden Zuordnungen keine eindeutige Zuordnungen sind.

4. Das Problem der syntaktischen Suchkriterien

Es wurde oben erwähnt, daß man gewöhnlich die syntaktischen Eigenschaften der Texte zu ihren formalen Eigenschaften zählt. Eine solche Auffassung muß aber als eine beträchtliche Vereinfachung gelten, daß eine rein formale Rekonstruktion der Syntax der natürlichen Sprachen wahrscheinlich nicht erreichbar ist[11]. Auf jeden Fall verfügen wir zur Zeit über keine Methode, die es uns ermöglicht, die syntaktischen Rollen bestimmter Wörter und Wortkombinationen in bestimmten Sätzen ohne jede Anwendung semantischer Kriterien unfehlbar zu erkennen.

Gewisse Mechanismen der Identifizierung solcher Rollen funktionieren in jeder natürlichen Sprache, da eine solche Identifizierung für die Verständlichkeit der Sätze unentbehrlich ist. Hierher gehören insbesondere der Mechanismus der Flexion und der der Position. Ihre Wirkung ist aber fehlbar. So haben wir es oftmals mit solchen Wortketten zu tun, die ohne Zweifel Sätze sind, denen aber im Rahmen derselben Theorie der Syntax mehr als eine einzige syntaktische Struktur zugeordnet werden kann. Ein solcher Zustand wirkt sich natürlich auch in der semantischen Ebene aus, da die Unentschiedenheit der syntaktischen Struktur auch die Mehrdeutigkeit nach sich zieht[12].

---

[10] Siehe *K. Brockhaus,* Automatische Übersetzung, Braunschweig 1971, F. Vieweg und Sohn Verlag, S. 8.

[11] Vgl. *N. Chomsky*, Aspects of the Theory of Syntax, Cambridge, Mass., 1965, S. 159: „A decision as to the boundary separating syntax and semantics (if there is one) is not a prerequisite for theoretical and descriptive study of syntactic and semantic rules." Vgl. auch *F. Balk-Smit* Duyzentkunst, Semantik Notions in Grammar, Lingua, 1968, Band 21, S. 23, und *S. C. Dick*, Referential Identity, Lingua, 1968, Band 21, S. 70 f.

[12] Man spricht in solchen Fällen von der strukturellen Homonymie oder von der strukturellen Mehrdeutigkeit.

4.2 Das Problem der Beziehungen zwischen den syntaktischen und den semantischen Eigenschaften der Sätze gehört zu den Hauptproblemen der gegenwärtigen Sprachtheorie. Das Bestehen solcher Beziehungen unterliegt natürlich keinem Zweifel, aber ihre Rekonstruktion und ihre systematische Darstellung stoßen auf Hindernisse, deren Überwindung sehr schwierig, wenn überhaupt möglich, ist. Die Forschungen, deren Gegenstand die syntaktische Struktur der Sätze ist, haben beträchtlich lange Traditionen. Was aber die semantischen Eigenschaften der Sätze anbelangt, so haben die betreffenden Versuche kaum das Anfangsstadium überschritten[13].

4.3 Die direktivale Theorie der Sprache versucht, das semantische Funktionieren aller Sprachen aufzuklären, indem sie die Geltung der sogenannten semantischen Direktiven, d. h. der Regeln, die angeblich allen korrekt erzeugten Sprachgebilden bestimmte Bedeutungen zuordnen, postuliert[14]. Für die natürlichen Sprachen ist die Rekonstruktion solcher Regeln indes unvergleichlich schwieriger als die Rekonstruktion syntaktischer Regeln. Man vermutet, daß die Syntax einer natürlichen Sprache im Prinzip in der Form einer endlichen Sammlung von Regeln rekonstruierbar ist, deren Gesamtheit in einer mehr oder weniger vollständigen Weise die syntaktische Kompetenz eines idealen Sprachbenutzers repräsentiert, d. h. seine Fähigkeit, die Sätze zu bilden[15]. Als Versuche einer solchen Rekonstruktion können wir die von *Noam Chomsky* und von seinen Nachfolgern konstruierten generativen und transformationellen Grammatiken betrachten. Bei der Bildung derartiger Grammatiken bezweckt man insbesondere die Kodifizierung solcher Systeme syntaktischer Regeln, mit deren Anwendung alle syntaktisch zulässigen Sätze durch Verkettung der Elemente eines endlichen Vokabulars erzeugt werden können[16]. Von manchen solcher Grammatiken verlangt man außerdem, daß sie als sogenannte Entscheidungsgrammatiken funktionieren. Hierunter versteht man Grammatiken, mit deren Hilfe für eine beliebige Wortkette entschieden werden kann, ob sie einen Satz der gegebenen Sprache bildet[17].

4.4 Unter der semantischen Kompetenz eines idealen Sprachbenützers verste-

---

[13] Über die Rückständigkeit der Semantik im Verhältnis zu den anderen sprachwissenschaftlichen Disziplinen, vgl. *G. Leech*, Towards a Semantic Description of English, London 1969, Longman's, S. 3 f. Insbesondere ist der Zustand der Forschungen über die Bedeutung der Sätze ungenügend. Die Forschugen, deren Gegenstand die lexikale Bedeutung ist, sind besser entwickelt. *A. J. Greimas* nennt die Semantik „die arme Verwandte der Linguistik". Vgl. Strukturale Semantik. Methodologische Untersuchungen (Übersetzung aus dem Französischen von *J. Ihwe*), Braunschweig 1971, F. Vieweg und Sohn Verlag, S. 2.

[14] Die direktivale Theorie der Sprache wurde besonders von den Logikern entwickelt. Der Begriff der semantischen Direktive (oder der semantischen Regel) gehört aber auch zu der Begriffsapparatur der Theorie der natürlichen Sprachen.

[15] Der Ausdruck „the linguistic competence of a native speaker" stammt von *N. Chomsky*. In diesem Aufsatz unterscheiden wir zwischen der syntaktischen und der semantischen Kompetenz.

[16] Die Anzahl solcher Sätze ist unendlich, weil manche von den genannten Regeln rekursiv sind, d. h. bei derselben Operation mehrere Male angewandt werden können.

[17] Über das Verhältnis zwischen den sogenannten Aufzählungsgrammatiken und den sogenannten Entscheidungsgrammatiken siehe *K. Brockhaus*, op. cit. S. 13.

hen wir seine Fähigkeit, allen vom syntaktischen Standpunkt zulässigen Sätzen der gegebenen Sprache bestimmte Bedeutungen zuzuordnen. Diese Kompetenz erhellt nicht nur die Analyse bereits erzeugter Sätze, sondern auch die Bildung neuer Sätze, die der Sprachbenützer bisher weder erzeugt noch gehört oder gelesen hat. Es ist zweifelhaft, ob die genannte Kompetenz überhaupt in der Form einer endlichen Sammlung von Regeln rekonstruierbar ist. Die Schwierigkeiten entstehen schon bei den Rekonstruktionen der einfachsten semantischen Regeln, also der Regeln, die den elementarsten Ausdrücken natürlicher Sprachen bestimmte Bedeutungen zuordnen[18]. Solche Regeln werden wir als die semantischen Regeln für Wörter bezeichnen. Die Quelle der genannten Schwierigkeiten ist vor allem in der beträchtlichen semantischen Unentschlossenheit solcher Sprachen zu suchen. Die Rekonstruktion dieser Regeln besteht gewöhnlich in der Bildung der sogenannten semantischen Definitionen oder in der Herstellung gewisser weniger formaler Bezeichnungen, mit deren Hilfe bestimmten Wörtern bestimmte Bedeutungen zugeordnet werden können. Eine gewisse Erleichterung, die beim Rekonstruieren der semantischen Regeln für andere Sprachgebilde (insbesondere für die Sätze) nicht auftritt, besteht hier darin, daß Regeln dieser Art sich nur auf bereits erzeugte Ausdrücke, also auf die schon in das Vokabular der betreffenden Sprache eingegliederten Wörter beziehen. Da das Vokabular jeder natürlichen Sprache endlich ist, führt eine solche Rekonstruktion zu einer endlichen Sammlung der Regeln, die über die Bedeutung einer endlichen Anzahl der Sprachgebilde entscheiden.

Anders stellt sich die Lage bei semantischen Regeln für die Sprachgebilde eines höheren Grades, und zwar für die Sätze dar. Obgleich das Vokabular einer natürlichen Sprache und die Sammlung ihrer semantischen Regeln immer endlich sind, ist doch die Menge der in einer solchen Sprache erzeugbaren Sätze unendlich, weil manche der genannten Regeln rekursiv sind, d. h. bei der Bildung derselben Sätze mehrere Male angewandt werden können.

Wenn daher überhaupt von semantischen Regeln für Sätze gesprochen werden kann, so müßte man die Geltung solcher Regeln postulieren, die einer unendlichen Anzahl der Sätze bestimmte Bedeutungen zuordnen könnten. Da hier natürlich nur endliche Sammlungen von Regeln in Betracht kommen, so müssen wenigstens manche von diesen Regeln rekursiv sein.

Die Bedeutung eines bestimmten Satzes der natürlichen Sprache kann nicht nur durch die Verkettung der Bedeutungen der in diesem Satz enthaltenen Wörter rekonstruiert werden, da sie nicht nur von den Bedeutungen dieser Wörter, sondern auch von der Art abhängig ist, in welcher die Wörter zusammengestellt sind. So besteht der semantische Effekt, den man durch eine nach den syntaktischen Regeln der betreffenden Sprache ausgeführte Verkettung der diesen Wörtenr zustehenden (lexikalen) Bedeutungen, sondern in der Erzeugung einer Bedeutung besonderer Art, die dem Sprachgebilde eines höheren Grades zu-

---

[18] Von solchen Definitionen vgl. *E. Grôdziński,* Znaczenie slowa w jezyku potocznym (Die Bedeutung des Wortes in der Umgangssprache), Warszawa 1964, Państwowe Wydawnictwo Naukowe, S. 155.

steht und durch die Mitwirkung seiner lexikalen und seiner syntaktischen Eigenschaften gestaltet wird[19].

4.5 Die Ursachen der Schwierigkeiten bei der Erforschung der Zusammenhänge zwischen den formalen und den semantischen Eigenschaften der Texte versuchen manche Sprachtheoretiker dadurch aufzuklären, daß sie das Bestehen der sogenannten tiefen Struktur der Sätze postulieren, die ihrer Oberflächenstruktur gegenübergestellt wird, d. h. der Struktur, die unmittelbar in ihren formalen Eigenschaften zum Ausbruch kommt[20]. Sie behaupten insbesondere, eine eindeutige Korrespondenz zwischen den syntaktischen und den semantischen Eigenschaften der Sätze bestehe im Prinzip nur auf dem Niveau ihrer tiefen Struktur dort werde auch ihre Bedeutung gestaltet. Auf dem Niveau der Oberflächenstruktur hat man dagegen mit einer solchen Korrespondenz nur selten zu tun, und zwar nur in den Sätzen, die eine äußerst einfache syntaktische Form aufweisen[21]. Was die anderen Sätze anbelangt, so könne in ihnen dieselbe tiefe Struktur mit mehreren Varianten der Oberflächenstruktur alternativ korrespondieren.

4.6 Wegen der Ungreifbarkeit der semantischen Auswirkungen der Syntax sind die Möglichkeiten der Benutzung der syntaktischen Eigenschaften der originellen Texte in der Rolle der Suchkriterien sehr begrenzt. Deshalb verzichten mehrere Suchmethoden gänzlich auf die Verwendung der syntaktischen Kriterien. Eine Kompromißlösung stattet die originellen Texte gewissen syntaktischen Eigenschaften künstlicher Natur solcher Art aus, die die Automaten unterscheiden können. Diese Kompromißlösung fügt dem originellen Material der Texte bestimmte künstliche syntaktische Struktur hinzu. Sie ermöglicht den Automaten die Unterscheidung semantischer Zusammenhänge zwischen bestimmten Wörtern oder Wortkombinationen der Texte, die ohne sie für die Automaten unerkennbar wären. Die technische Ausführung dieser Maßnahme besteht darin, daß man in den originellen Texten alle in solchen Zusammenhängen zueinander stehender Wörter mit identischen numerischen Ildices bezeichnet. Da diese Operation auf semantische Kriterien gestützt ist, muß sie dem Menschen anvertraut werden[22].

5. Die lexikalen Suchkriterien

5.1 Unter der lexikalen Struktur eines Textes verstehen wir die Gesamtheit seiner lexikalen Eigenschaften (siehe 3.2). Die lexikale Struktur eines gegebenen Tex-

---

[19] Vgl. *F. Danes*, Some Thoughts on the Semantic Structure of the Sentence, Lingua, 1968, Band 21, S. 55 f.

[20] Der Begriff der tiefen Struktur und ihre Gegenüberstellung der Oberflächenstruktur sind für alle generativen und transformationellen Auffassungen der Syntax charakteristisch.

[21] Vgl. darüber *S. Karolak*, Zagadnienja skladni ogolnej (Die Probleme der allgemeinen Syntax), Warszawa 1972, Państwowe Wydawnictwo Naukowe, S. 4.

[22] Über die Anwendung der künstlichen Syntax vgl. *A. I. Michajlow, A. I. Czerny, R. S. Gilarewski*, Podstawy Informacij naukowej (Die Grundlagen der wissenschaftlichen Information), Übersetzung aus dem Russischen von *A. Wysocki*, Warszawa 1968, Państwowe Wydawnictwo Naukowe, S. 287 f.

tes kann viel leichter erkannt werden als seine syntaktische Struktur. Das gilt insbesondere für die Identifizierung der in einem bestimmten Text erscheinenden Wörter[23] und für die Feststellung der Häufigkeitsverteilung ihres Erscheinens oder ihres Miterscheinens mit anderen Wörtern, die viel leichter ist als das Erkennen der von ihnen in den betreffenden Sätzen ausgeübten syntaktischen Rollen (siehe 4.1). Operationen dieser Art sind ziemlich leicht formalisierbar. So überschreitet ihre Ausführung im Prinzip nicht die Fähigkeiten der Automaten.

Die Suchkriterien, deren Anwendung in der Berücksichtigung der lexikalen Struktur der Texte besteht, werden wir als lexikale Suchkriterien bezeichnen.

5.2 Die Verteilungsfähigkeit solcher Kriterien wird durch die semantische Unentschlossenheit der Rechtssprache vermindert. Diese ergibt sich nicht nur aus der Unklarheit und Unbestimmtheit der in den gesetzlichen Texten erscheinenden Termine, sondern aus der Tatsache, daß in der genannten Sprache die Phänomene der Synonymie und der Homonymie auftreten.

Das Auftreten beider Phänomene beeinträchtigt die Korrespondenz zwischen den formalen und den semantischen Eigenschaften der gesetzlichen Texte. Hätten wir es hier mit der eindeutigen Korrespondenz zu tun, so könnten wir folgendes voraussetzen: Wenn es in einer bestimmten Gesamtmenge von Dokumenten solche Dokumente gibt, die gewisse von dem Suchenden festgestellte semantische Erfordernisse erfüllt, so sind sie auch notwendig durch eigenartige formale Eigenschaften gekennzeichnet. Wäre das der Fall, so könnte man lediglich durch die Angabe solcher Eigenschaften eine unfehlbare Aussonderung gerade dieser Dokumente erreichen.

Das Auftreten der Synonymie und der Homonymie modifiziert die erwähnte Voraussetzung und schwächt die mit ihr verbundenen Erwartungen. Insbesondere wegen der immer drohenden Synonymie[24] muß die Erwartung, daß in den gesuchten Dokumenten bestimmte und von dem Suchenden vorhersehbare Wörter zu finden sind, einer anderen, viel schwächeren Erwartung Platz machen, nämlich der Erwartung, daß diese Dokumente solche Wörter oder ihre Synonyme erhalten.

Der alternative Charakter dieser Erwartung findet seinen Ausdruck in der Weise, in welcher man oftmals die Suchfunktion definiert. Man verlangt insbesondere von dem Automaten die Aussonderung solcher Dokumente, die durch das Auftreten bestimmter Wörter oder ihrer Synonyme (deren Liste in seinem Gedächtnis gespeichert ist oder die man in der betreffenden Definition aufzählt) gekennzeichnet sind.

Die Wirksamkeit einer solchen Lösung wird dadurch geschwächt, daß in den natürlichen Sprachen die Relation der Synonymie kontextuellen Charakter

---

[23] Die verschiedenen Flexionsformen des Wortes können als selbständige Wörter betrachtet werden.

[24] Über die Auswirkungen der Synonymie in den Suchoperationen vgl. *I. Kayton*, Retrieving Case Law by Computer, George Washington Law Review, 1966, Band 35, Heft 1, S. 1 f. Vgl. auch *E. Mackaay*, La creation d'un thesaurus bilingue pur Datum, Themis 1971, Heft 1, S. 51 f.

trägt[25]. Es kommt vor, daß bestimmte Wörter, zwischen denen in einem bestimmten Text diese Relation besteht, in anderen Texten oder sogar auch in anderen Teilen desselben Textes nicht als Synonyme funktionieren. Außerdem ist die genannte Relation in solchen Sprachen symmetrisch, aber nicht transitiv[26].

5.3 Wenn wir behaupten, zwischen bestimmten Wörtern bestehe die Relation der Synonymie, so impliziert das unter anderem, daß diese Wörter in einer identischen oder wenigstens analogen Relation zu der außersprachlichen Realität stehen. Wenn es sich um Wörter handelt, die als Namen oder als Prädikate funktionieren, so bedeutet das jedenfalls, daß sie identische oder wenigstens analoge Denotationen haben, d. h. daß sie sich auf identische oder wenigstens analoge Klassen der Gegenstände beziehen. In der Rechtssprache können wir die gegebenen Wörter W und W', die an bestimmten Stellen eines Textes auftreten, nur dann als Wörter ansehen, die miteinander synonym sind, wenn die Ersetzung des Wortes W durch das Wort W' sowie auch die Ersetzung des Wortes W' durch das Wort W keine Änderung in der Klasse der semantischen Modelle dieses Textes herbeiführen würde, d. h. wenn alles, was vor einer solchen Ersetzung befohlen, verboten oder erlaubt war, auch nach ihrer Auswechslung befohlen, verboten oder erlaubt wäre. Auf andere Erfordernisse insbesondere auf die Erfordernisse der Identität der Konotationen der betreffenden Wörter, können wir dagegen verzichten, da in der Rechtssprache die Rolle der Wörter vor allem in der Abgrenzung der Bereiche der verschiedenen Klassen des Verhaltens besteht.

5.4 Die Synonymie wirkt sich in den Suchoperationen derart aus, daß sie in einer unerwünschten Weise das Verhältnis zwischen der Suchfunktion und der Teilungsfunktion gestaltet (siehe 1.2). Wenn keine Gegenmaßnahmen getroffen werden, bleibt ein gewisser Teil der von der Teilungsfunktion festgestellten Zuordnung außerhalb des Bereichs der Zuordnung, die die Suchfunktion feststellt. So bleiben manche relevanten Dokumente unbeachtet.

5.5 Die Homonymie wirkt dagegen in der umgekehrten Richtung. Sie erweitert insbesondere in einer unerwünschten Weise den Bereich der von der Suchfunktion ausgesonderten Dokumente, so daß neben den relevanten auch manche nicht relevanten Dokumente in Betracht kommen[27].

Für die Neutralisierung der Auswirkungen der Homonymie können gewisse Selbstregulationsmechanismen der natürlichen Sprache benützt werden. Ihre Wirkung besteht insbesondere darin, daß in solchen Sprachen die Bedeutung aller Sprachgebilde von ihrem aktuellen Kontext bedingt wird. Deswegen sind auch alle Wörter solcher Sprachen in einem gewissen Grade homonym, da sie je nach den Umständen verschiedene Bedeutungsnuancen annehmen können

---

[25] Siehe *L. Reisinger*, op. cit., S. 41.

[26] Vgl. *E. Mackaay*, op. cit .,S. 63. Es wird oft behauptet, daß die Relation der Synonymie reflexiv ist. Das ist aber nicht richtig, da diese Relation nur zwischen den sich voneinander formell ändernden Wörtern bestehen kann.

[27] Über die Auswirkungen der Homonymie siehe *J. Schwab*, La realisation du thesaurus -s et du thesaurus -g, Themis 1971, Heft 1, S. 69 f.

(siehe 2.1). Von Homonymen im engeren Sinne spricht man aber nur dann, wenn ein bestimmtes Wort nicht nur verschiedene Bedeutungsnuancen, sondern sogar verschiedene Bedeutungsvarianten annimmt. Welche solcher Varianten in einem gegebenen Falle in Betracht kommt, ergibt sich gewöhnlich aus der Struktur des aktuellen Kontextes und insbesondere daraus, daß in diesem Kontext Wörter auftreten, die gerade dieser Variante in dem semantischen System der betreffenden Sprache zugeordnet sind. Solche Wörter werden wir als Kontextwörter der betreffenden Bedeutungsvariante bezeichnen.

Die Ausnutzung der bedeutungsgestaltenden Rolle der Kontextwörter bei der automatisierten Suche besteht darin, daß man ihnen die Rolle der zusätzlichen lexikalen Kriterien zuweist. Man schaltet insbesondere solche Wörter neben dem Homonym in die Definition der Suchfunktion. Das Homonym und alle Kontextwörter verknüpft man in solchen Fällen miteinander durch Konjunktionsoperatoren. In dieser Weise erreicht man eine Suchfunktion, die nur solche Dokumente (z. B. nur solche Vorschriften) aussondert, in welchen das betreffende Homonym von den entsprechenden Kontextwörtern begleitet ist und demgemäß die von dem Suchenden erwünschte Bedeutungsvariante annimmt.

5.6 Die Verteilungsfähigkeit der lexikalen Suchkriterien ist natürlich nicht für alle derartigen Kriterien die gleiche. Sie hängt von mehreren Faktoren ab, deren Wirkung bisher nicht im einzelnen geklärt ist. Hierher gehört unter anderem die Häufigkeitsverteilung des Erscheinens der betreffenden Wörter in den Dokumenten die eine bestimmte GM bilden[28]. Je mehr sich diese Verteilung der Normalverteilung nähert, desto kleiner ist die Verteilungsfähigkeit des entsprechenden Kriteriums. Diese Korrelation wird unter anderem bei der Bildung der Listen der sogenannten nichtinformierenden Wörter ausgenutzt. Unter dieser Bezeichnung versteht man die Wörter, die sich für die Rolle der lexikalen Suchkriterien nicht eignen[29].

Manche Wörter sind für die genannte Rolle nicht wegen ihrer Verteilung in den Texten, sondern wegen ihrer semantischen Eigenschaften untauglich. Hier gehören unter anderem die Wörter, die sehr umfangreiche Denotationen haben[30] sowie auch die Wörter, deren Funktion nur in der Erzeugung bestimmter syntaktischer Strukturen besteht. Zu solchen zählt man insbesondere die Bindewörter.

6. Die extensionsorientierten und die textorientierten Suchmethoden

6.1 Die traditionellen präinformatorischen und frühinformatorischen Suchmethoden können wir als extensionsorientierte Methoden bezeichnen. Sie beruhen insbesondere auf der Annahme, daß der Weg zur Lösung der wichtigsten Suchprobleme durch das Erkennen der Denotationsbereiche bestimmter Termine und

---

[28] Siehe *W. B .Eldridge* und *Sally F. Denis*, The Computer as a Tool for Legal Research (in) Jurimetrics, New York 1964, herausgegeben von *H. W. Baade*, Basic Books, S. 78 f. (S. 96).

[29] Siehe ibidem. Auch *M. Thibault-Iezzoni*, La strategie de recherche, Themis 1971, Heft 1, S. 84 f. (S. 103).

[30] Vgl. *M. Thibault-Iezzoni*, op. cit., S. 104.

durch die Rekonstruktion der zwischen diesen Bereichen bestehenden Relationen führt. Das größte Gewicht wurde dabei auf die Inklusionsrelation gelegt. Diese Relation besteht darin, daß der Denotationsbereich eines bestimmten Terms T in dem Denotationsbereich eines anderen Terms T' enthalten ist. Den anderen Bereichsrelationen schenkte man weniger Beachtung.

Das auf der erwähnten Annahme gestützte Verfahren bestand gewöhnlich darin, daß man der betreffenden Gesamtmenge der Dokumente (GM) eine eigenartige, hierarchisch aufgebaute Begriffsapparatur zuordnete, die als die Hauptquelle der Suchkriterien funktionierte.

6.2 Die neueren Suchmethoden verzichten zwar nicht auf die Benutzung der hierarchischen Zusammenhänge, doch reichen sie weiter, indem sie neben der Inklusionsrelation auch die anderen Bereichsrelationen in Betracht nehmen. Außerdem bedienen sie sich der semantischen Zusammenhänge einer anderen Art und zwar solcher, die man als Assoziationszusammenhänge bezeichnet. Es handelt sich insbesondere um Zusammenhänge, die darin bestehen, daß bestimmte Wörter die Tendenz aufweisen, in denselben Dokumenten nebeneinander oder wenigstens in kleinen Abständen voneinander aufzutreten. Derartige Zusammenhänge verbinden manchmal auch Wörter, deren Denotationen voneinander getrennt sind[31].

Die modernen Suchmethoden bemühen sich vor allem, die formalen Eigenschaften der Texte zum Erkennen ihrer semantischen Struktur zu nützen. Deshalb kann man solche Methoden als textorientierte Suchmethoden bezeichnen. Ihr Fortschritt besteht hauptsächlich darin, daß man neben den traditionellen auch neue Suchkriterien entwickelt. Manche tragen den Charakter von Kriterien eines höheren Grades. Es handelt sich insbesondere um solche Kriterien, derer man sich bei der Auswahl der Suchkriterien in den konkreten Suchsituationen bedient.

7. Schlußfolgerungen

Der Unterschied zwischen den in bezug auf eine bestimmte Rechtsfrage relevanten und den in dieser Hinsicht nichtrelevanten Dokumenten beruht auf semantischen Kriterien. Deshalb kann die Teilungsfunktion, d. h. die Funktion, die in einem bestimmten Falle aus der betreffenden Gesamtmenge der Dokumente (GM) die relevanten und nur die relevanten Dokumente aussondert, nicht ohne Anwendung solcher Kriterien definiert werden.

Man kann aber voraussetzen, daß es für jede Teilungsfunktion eine mit ausschließlicher Anwendung der formalen Kriterien definierbare Funktion gibt, die sich der entsprechenden Teilungsfunktion am meisten nähert. Es handelt sich nämlich um die Funktion, die solche Zuordnungen feststellt, die sich am häufigsten mit denen übereinstimmen, die von der entsprechenden Teilungsfunktion festgestellt sind. Die Funktionen, die in bezug auf bestimmte Teilungsfunktio-

---

[31] Auf der Nutzung dieser Zusammenhänge stützen sich insbesondere statistische Suchmethoden. Über solche Methoden siehe u. a. *Lee Loevinger*, Jurimetrics: The Methodology of Legal Inquiry, (in) Jurimetrics, wie oben, S. 4 f. (S. 17).

nen diese Forderung erfüllen, werden wir als formale Teilungsfunktionen bezeichnen.

Als eine treffende Definition einer Suchfunktion können wir eine solche Definition betrachten, bei der die von dieser Funktion festgestellten Zuordnungen mit denen übereinstimmen, die von der entsprechenden formalen Teilungsfunktion festgestellt sind. Eine gegebene Suchfunktion kann mehrere treffende Definitionen haben.

Eine Suchfunktion kann in mehreren Etappen definiert werden und mehrere Versionen annehmen. Die rationelle Wahl zwischen solchen Varianten ist von mehreren Faktoren abhängig, deren Gesamtheit eine konkrete Wahlsituation bildet.

In den automatisierten Suchoperationen ist der Suchende von den Automaten gestützt, der ihm eine richtige Wahl erleichtert oder ihn sogar in mancher Hinsicht vertritt.

Ulrich Dammann

Strukturwandel der Information und Datenschutz*

Übersicht

1. Technische und Kostenentwicklung der EDV

Das Datenschutzproblem ist sicherlich nur oberflächlich zu erfassen, wenn man es wie es oft geschieht, ausschließlich als Folge einer technologischen Innovation und einer daran anschließenden praktischen Verwertung betrachtet. Wesentliche gesellschaftliche Faktoren, Entwicklungsgesetzlichkeiten wie Interessenkonflikte, bleiben dabei außerhalb des Blickfeldes. Andererseits ist die Problematik des Datenschutzes quantitativ gewiß nur unter Einbeziehung der technologischen Entwicklungsdynamik einigermaßen zutreffend einzuschätzen. Da die technisch-ökonomischen Fakten gleichsam am leichtesten zu greifen sind, soll die Präsentation einiger Zahlen aus diesem Bereich, die als Indikatoren für den erreichten Stand der Datenverarbeitung gelten können, den Überblick eröffnen.

Informationsbestände mit über 1 Milliarde Zeichen, das entspricht dem 250-fachen Umfang der Bibel, lassen sich schon heute in einem Computersystem speichern und verwalten. Trotzdem dauert der Zugriff auf ein beliebiges Zeichen des Bestandes nicht länger als 30 Millisekunden. Bei den Hauptspeichern, in denen jeweils ein Teil der Daten zur Verarbeitung bereitgestellt werden, ist eine Aufnahmefähigkeit von 1 Million Zeichen bereits alltäglich. Noch erstaunlicher sind die heute erreichten Verarbeitungsgeschwindigkeiten. Die schnellsten Sy-

* Der Beitrag geht auf ein am 14. 6. 1973 bei der Hochschul-Informations-System GmbH Hannover gehaltenes Referat zurück, das zusammen anderen Seminarunterlagen von *Hammer*, *Jacobs*, *Lenk*, *Schneider* und vom Verf. als HIS Brief erscheint.

steme bewältigen rund 10 Millionen Operationen pro Sekunde. Weitere Beschleunigungen sind nur noch durch fortgesetzte Verkleinerung der Bauelemente und damit der Leitungswege möglich. Schon heute ist aber ein Transistor, der in seiner Funktion einer Radioröhre entspricht, nur noch ein dünnes Plättchen von einem Quadratmillimeter Größe. Magnetbänder speichern etwa 1000 Zeichen auf 1 cm Bandlänge. Optische Speicher sollen eine weitere Verdichtung und damit schnellere Speicherzugriffe ermöglichen; auf einer Platte von 9 x 9 cm hofft man über 10 Millionen Zeichen unterzubringen. Mit Hilfe von Datenübertragungsnetzen können fast beliebig viele Datenstationen mit einer EDV-Anlage verbunden werden. Computer-power und gespeicherte Informationen lassen sich dadurch regional verteilen.

Plastischer als absolute Zahlen, welche ohnehin jenseits praktischen Vorstellungsvermögens liegen, sind Angaben über die Entwicklungsdynamik. Als Maßstab wird die Anzahl von Jahren gewählt, innerhalb deren sich eine zu betrachtende Größe verzehnfacht. Für die Übertragungskapazität einer datenübertragenden Leitung beträgt diese Zeitspanne zur Zeit 12—15 Jahre. Dies ist durchaus die Größenordnung auch anderer technischer Entwicklungen, was damit zusammenhängt, daß die überkommene Nachrichtentechnik schon seit etwa einem Jahrhundert an der Ausweitung von Leitungskapazitäten arbeitet (durch neue Übertragungsmedien, z. B. Laser, kann die Entwicklungskurve einen Knick nach oben erhalten). Sehr viel dynamischer verläuft die Entwicklung der speziellen Computer-Hardware-Komponenten. So wird die Verarbeitungsgeschwindigkeit, gemessen als Anzahl der pro Sekunde durchgeführten Instruktionen, alle acht Jahre verzehnfacht. Die Miniaturisierung, ausgedrückt in der Anzahl von Schaltkreisen, welche in einem Kubikzentimeter Platz finden, weist eine Verzehnfachungsspanne von fünf Jahren auf; die Speicherkapazität für im Direktzugriff gehaltene Bits wird gegenwärtig alle drei Jahre um den Faktor zehn vergrößert.

In keinem anderen technisch-wissenschaftlichen Bereich gibt es vergleichbar schnelle Entwicklungen. Zwar ist zu vermuten, daß auch die Kurve der EDV-Technologie nach einem heftigen Boom wieder abflachen wird; für die nächsten zehn bis fünfzehn Jahre ist jedoch im wesentlichen mit einer Extrapolation der gegenwärtigen Trends zu rechnen.

Für die künftige Anwendungspraxis kommt es neben den technischen Möglichkeiten in erster Linie auf die Kostenentwicklung an. Der Progression technischer Höchstleistungen entspricht eine nicht minder rapide Degression des Preis/Leistungsverhältnisses. Die Anzahl der pro Geldeinheit durchführbaren Instruktionen verzehnfacht sich etwa alle fünf Jahre; alle drei bis vier Jahre können für dasselbe Geld zehnmal soviel Bits im On-line-Verfahren gespeichert werden. Aus diesen Veränderungen ergibt sich für Großanlagen, daß sie bei konstanter Größe und konstantem Preis ihre Geschwindigkeit und Speicherkapazität etwa

---

[1] Vgl. zu den technologischen Trends *Goldscheider, Peter, Heinz Zemanek* u. a.: Computer, Werkzeug der Information. Berlin/Heidelberg/New York 1971. S. 57 ff., 157 ff.; *Martin, James* und *Adrian R. D. Norman*: Halbgott Computer. München/Berlin/Wien 1972. S. 18 ff.

alle 20 Jahre vertausendfachen bzw. – auf einen kürzeren Zeitraum bezogen – ihre Leistungen etwa alle zwei Jahre verdoppeln[1].

2. Schwerpunkte der EDV-Anwendung und der Datenschutzproblematik. Ansätze einer sozioökonomischen Erklärung

Schon heute hat die EDV in einer Reihe wichtiger Lebensbereiche ihren festen Platz; in wenigen Jahren werden in fast allen gesellschaftlichen Teilbereichen die Formen und Verfahren der Informationshandhabung und der Problemlösung und, damit zusammenhängend, Arbeitsmethoden und Organisation wesentlich durch die Datenverarbeitung determiniert sein. Innerhalb des Gesamtspektrums der EDV-Anwendung lassen sich aber Schwerpunkte erkennen, auf welche sich, soweit personenbezogene Daten verarbeitet werden, auch die Datenschutzproblematik zentriert.

Für diese Schwerpunktbildung sind zunächst technisch-organisatorische Faktoren bestimmend: Die durch die Datenverarbeitung nachzuvollziehenden Informationsstrukturen und Kommunikationsabläufe müssen durch Daten und formale Operationen mit diesen repräsentierbar sein, ohne daß dabei unerträgliche Abstriche in der Funktion eintreten. Gegenüber dem manuellen Verfahren muß die Datenverarbeitung nach den Bewertungsmaßstäben des Anwenders wirtschaftliche oder strategische Vorteile besitzen, etwa durch schnellere, exaktere oder fehlerärmere Aufgabenabwicklung, die Bewältigung größerer Datenkomplexität oder die Gewinnung qualitativ besserer Entscheidungsgrundlagen.

Eine plausible Erklärung der empirisch vorfindlichen Verteilung von EDV-Aktivitäten auf das Gesamtspektrum informationeller Aktivität ergibt sich aber erst bei Einbeziehung auch der ökonomischen Dimension.

2.1 Privatwirtschaftlicher Sektor

Für den privatwirtschaftlichen Bereich sind hier folgende Faktoren hervorzuheben:

a) Zwang zur Ausschöpfung aller Rationalisierungsmöglichkeiten auch im administrativen Unternehmenssektor sowie

b) zu besserer und längerfristiger Planung der Unternehmensentwicklung aufgrund des anhaltenden und teilweise, z. B. international, sich verschärfenden Konkurrenzdruckes;

c) Verschiebung der Schwerpunkte der Unternehmensstrategie von der Produktion zum Absatz, weil sich nur hier noch Wettbewerbsvorteile erzielen lassen;

d) quantitative und qualitative Zunahme des Dienstleistungssektors.

Diesen Umorientierungen lassen sich bestimmte Automationsschwerpunkte zuordnen:

zu a) Massen- und Routinefunktionen in den Unternehmensbereichen Personal (Vergütungen, Einsatz), Einkauf, Lagerhaltung und Vertrieb, Finanzen,

zu b) Erfassung, Aufbereitung und Bereitstellung aller für Stand und Entwicklungstendenzen aussagekräftigen internen und externen Daten, z. B. in den Bereichen Marktanalyse (Marktdaten, Konkurrenten, Kundenstruktur), Produktionskapazitäten, Personalplanung (Rekrutierung, Ausbildung, Motivation), zu c) Entwicklung und Ausbau neuer informationsintensiver Markt- und Absatzstrategien, z. B. neuer Kreditformen (Konsumentenkleinkredit, Kreditkartensysteme), Versandhandel, Direktwerbung,

zu d) Modernisierung der Informationssysteme, z. B. in den Bereichen Verkehr, Touristik, Freizeit, Bildung, Massenmedien, Versicherungen, Banken.

Fast alle genannten Funktionsbereiche sind mit intensiver Speicherung und Verarbeitung personenbezogener Daten verbunden:

- in Personaldatenbanken werden neben vergütungs-, steuer- und versicherungsrelevanten Daten zunehmend Tätigkeits-, Qualifikations- und sonstige persönliche Merkmale aufgenommen;
- Marktanalysen erfordern Umfragen, die das Verhalten der Endverbraucher immer umfassender registrieren;
- mit der Expansion des Kreditwesens werden über immer mehr Privatpersonen genaue Angaben zur Einschätzung ihrer Kreditwürdigkeit benötigt und — in Form von Kreditverlaufsdaten — zugleich produziert;
- Kreditauskunfteien liefern Dossiers zur Ergänzung und Kontrolle der vom Kreditnehmer gemachten Angaben;
- im Rahmen von Kreditkartensystemen, im Versandhandel und in den anderen genannten Dienstleistungsbranchen wird ein zunehmender Anteil des privaten Konsumverhaltens aufgezeichnet;
- Adressenverlage vermarkten Informationen aus allen erreichbaren Quellen und für beliebige Zwecke;
- die anhaltende Unternehmenskonzentration tut ein übriges, um die Datenmengen so anschwellen zu lassen, daß die Automation des Routine-Vollzugs und der Aufbau computergesteuerter Datenbanken für die gezielte Informationsbereitstellung unumgänglich wird.

2.2 Öffentliche Verwaltung

Entsprechend lassen sich im Bereich der öffentlichen Verwaltung die verschiedenen Schwerpunktbereiche der Automation mit bestimmten makropolitischen Veränderungstendenzen und Problemverschiebungen in Zusammenhang bringen.

a) Die permanente Knappheit an Mitteln und vor allem an Personal zwingt zu rationalisierter Verfahrensgestaltung.

b) Die staatlichen Funktionen im Bereich der Daseinsvorsorge verlieren ihren Charakter als punktuelle und isolierte Einzelmaßnahmen und erhalten stattdessen zunehmend Systemcharakter: Zur Aufgabe, die Teilprogramme durchzuführen, tritt das Problem, die Teilelemente unter Beachtung aller Interdependenzen so abzustimmen, daß Lücken, Brüche oder Widersprüche im System staatlicher Leistungen vermieden werden.

c) Der zunehmenden Komplexität und Dynamik des gesellschaftlichen Entwicklungsprozesses entspricht ein wachsender Anpassungszwang auf Seiten der staatlichen Administration. Bei dem Versuch, vom Prinzip kurzfristiger Krisenbewältigung zum Grundsatz langfristiger Krisenvermeidung überzugehen, entsteht ein quantitativ und qualitativ neuartiger Informationsbedarf: Umfassende

und langfristige Planungen bedingen erstmals eine präzise Modellierung sozioökonomischer Abläufe.
d) Schließlich wird offenbar angenommen, daß Kriminalität und politische Radikalität vom staatlichen Sicherheits- und Überwachungssystem ohne grundlegende Modernisierung der Informationsorganisation und -technik nicht länger unter Kontrolle gehalten werden könne.

An entsprechenden EDV-Aktivitäten lassen sich beispielhaft nennen:

zu a) automatischer Aufgabenvollzug in den Gebieten Personalvergütung, Haushalts- und Kassenwesen, Steuerberechnung und -einziehung, Meldewesen, Kfz.-Zulassung, Verkehrsordnungswidrigkeiten, Bildungswesen (Schul- und Hochschulverwaltung, Ausbildungsförderung, Bibliotheksbetrieb), Gesundheitswesen (Patientendokumentation, Krankenhausverwaltung), Sozialwesen (Sozialhilfe, Wohngeld, Sozialversicherung);
zu b) Sozialdatenbank, Grundstücksdatenbank, Einwohnerinformationssystem;
zu c) Aufbau (oder Vorbereitung) von Planungsinformationssystemen auf allen politischen Ebenen und für fast alle Sektoren staatlicher Aktivität (kommunale Entwicklungsplanung, Regionalplanung, Bildungsplanung, soziale Sicherung, Finanzplanung usw.);
zu d) Aufbau und Ausbau von Polizei-Informations-Systemen mit Integration auf Bundesebene, bundesweites integriertes Informationssystem der Geheimdienste (Verfassungsschutz, BND, MAD), Automation des Ausländerzentralregisters, des Bundeszentralregisters (Vorstrafen, Erziehungsmaßregeln, bestimmte Maßnahmen der Ordnungsverwaltung), der Register des Kraftfahrtbundesamtes.

3. Dimensionen informationeller Gefährdung

Aus den geschilderten technisch-ökonomischen Veränderungen läßt sich auf eine Verschärfung der mit der Informationsverarbeitung verbundenen Gefahren schließen. Diese sollen zunächst in ihrem informationellen Erscheinungsbild näher analysiert werden, ehe in einem weiteren Abschnitt die Folgewirkungen für individuelle Entfaltungschancen und soziale Handlungszusammenhänge zur Sprache kommen[2].

Drei Dimensionen gefahrenträchtiger informationeller Veränderung lassen sich unterscheiden:

1. Extensivere und intensivere „Verdatung“: über mehr Sachverhalte werden detailliertere Daten erfaßt, gespeichert und verarbeitet.

2. Höhere „Datenliquidität“: durch Datenträgeraustausch, Datennetze und integrierte Datenverarbeitung mit Fernzugriff kommt es zu einer schnelleren und intensiveren Zirkulation der Daten.

3. Größere Angriffsflächen für Datenmißbrauch und Datenmanipulation: vermehrte Informationsbestände und -prozesse geben neue Anreize und eröffnen neue technische Möglichkeiten manipulativer Eingriffe auf der Datenebene.

---

[2] Die Vermischung der Ebenen Computertechik/Anwendungstechnologie/soziale Folgen/Bewertung degeneriert nicht selten zum Austausch „inkompatibler“ Bekenntnisse. Die Vermengung von Empirie und Bewertung ist nicht stets Folge mangelnden Methodenbewußtseins, sondern mitunter geradezu Methode der politischen Argumentation.

Diese Veränderungen können noch näher erklärt und aufgeschlüsselt werden:

3.1 Verdatung

Die günstige Kostenentwicklung für datenmäßige Speicherung und Verwertung von Informationen führt auf zwei Wegen zur Verdatung des Individuums:

a) Die ungünstige Kostenentwicklung für die arbeitsintensive Neubeschaffung von Daten bei gleichzeitig fallender Kosten/Nutzen-Größe für die Datengewinnung aus vorhandenen Speichern führt in immer mehr Bereichen zu neuen Formen der Informationsbereitstellung: an die Stelle der je Bedarfsfall neuen Erhebung tritt die planmäßige Datensammlung, -speicherung und -rückgewinnung, also eine systematische Vorratswirtschaft[3].

b) Der günstige Verlauf der Kostenentwicklung in der Datenverarbeitung führt außerdem zu einer zunehmenden Sammlung und Verwertung von Daten in Bereichen, welche bislang durch intuitive oder auf allgemeine Lebens- und Berufserfahrung gestützte Entscheidungen gekennzeichnet waren. Verdatung ist hier Nebeneffekt der Rationalisierung von Entscheidungsprozessen.

3.2 Datenliquidität

Datenliquidität bedeutet Zugänglichkeit von Daten für Dritte. Verschiedene Formen und Grade der Zugänglichkeit sind zu unterscheiden. An die elementare Form der pro Bedarfsfall neu abgewickelten Informationsanforderung und -abgabe und an die heute in bürokratischen Zusammenhängen geübte organisierte und routinisierte Abgabe von speziell hierfür aufbereiteten und strukturierten konventionellen Datenträgern schließt die elektronische Datenverarbeitung zwei weitere Stufen an:

a) den (von der konventionell-bürokratischen Datenabgabe meist nur durch das Trägermedium zu unterscheidenden) Austausch maschinenlesbarer Datenträger sowie

b) die gemeinschaftliche Nutzung integrierter Datenbasen.

Deren Organisationsprinzip besteht darin, daß mehrere Informationsnutzer ihre bis dahin je getrennt geführten Informationsbestände zu einem wohlgeordneten und abgestimmten Gesamtbestand zusammenführen und dessen Aufbau, Fortschreibung, Nutzung und Pflege gemeinschaftlich nach einem arbeitsteiligen Prinzip durchführen. Datenaustausch wird also nicht mehr länger technisch perfektioniert, sondern durch ein neues Organisationsprinzip überflüssig gemacht. Trotz der bereits vorhandenen technischen Voraussetzungen bestehen erst rela-

---

[3] Die Erwartung, daß außerdem zusätzliche neue Informationskategorien gespeichert und verarbeitet werden, ist durch ausländische empirische Untersuchungen – die Bundesrepublik hat zwar die (nach Schweden) am weitesten fortgeschrittene Gesetzgebung, aber auch den krassesten empirischen Defizit – nicht bestätigt worden, vgl. *Alan F. Westin* und *Michael A. Baker*: Data Banks in a Free Society. Computers, Record-Keeping and Privacy. New York 1972. S. 242 ff. (249); Department of Communication/ Department of Justice (Canada): Privacy and Computers. Ottawa 1972. S. 29 ff. Dies dürfte in erster Linie daran liegen, daß die Innovatioskraft regelmäßig durch die reinen Umstellungsprobleme bereits erschöpft wird. Zu neuen oder veränderten Informationsinhalten, die dann auch Modifikationen der materiellen Aufgaben implizieren, dürfte es jedoch in einer zweiten Automationsphase kommen.

tiv begrenzte praktische Erfahrungen mit integrierter Datenverarbeitung in diesem Sinne. Dies beruht teilweise auf der integrationsfeindlichen Haltung vieler Datenbesitzer, welche die Vorteile der Integration nicht mit der Abhängigkeit von organisatorisch und technisch sensiblen Groß-Systemen, mit der „Sozialisierung" ihrer Datenbestände und mit der damit verbundenen Einbuße strategisch wertvoller Informationsvorsprünge bezahlen möchten.

Stärker noch dürften dem Integrationskonzept immanente theoretische Limitationen ins Gewicht fallen. Informationelle Integration setzt nämlich nicht nur Informationsinteressen der Beteiligten in demselben oder in sich überschneidenden Gegenstandsbereichen voraus. Entscheidend ist vielmehr, daß die Informationsinteressen sich soweit decken, daß sie — zumindest teilweise — durch die gleichen Muster datenförmiger Umweltbeschreibung befriedigt werden können. Dazu gehören neben einheitlich definierten Begriffsumfängen auch gleiche Genauigkeit, Validität und Aktualität. Für „natürlich" gewachsene Informationssysteme ist diese Bedingung kaum je gegeben.

Aber auch die integrationsorientierte Neukonstruktion von Informationssystemen stößt auf Grenzen, welche jedenfalls enger zu sein scheinen, als noch vor kurzer Zeit angenommen. Nur zu oft stellt sich heraus, daß Unterschiede in den Datenstrukturen nicht historischen Zufälligkeiten entspringen, sondern eng mit den unterschiedlichen Organisationszielen, Arbeitsmethoden und Organisationsstrukturen zusammenhängen. Informationsintegration impliziert dann ein erhebliches — und bei differenten Organisationszielen mitunter nicht zu leistendes — Stück verfahrens- und organisationsmäßiger Assimilierung.

Wenn deshalb auch die zeitlichen und in gewissem Umfang die sachlichen Erwartungen hinsichtlich der Ausbreitung der integrierten Datenverarbeitung zurückgeschraubt werden mußten[4], so ist diese doch verbindliches Entwicklungsleitbild[5] geblieben. Mittel- bis langfristig wird sie die Liquidität personenbezogener Daten empfindlich erhöhen.

---

[4] Ohne daß dies nennenswerten Niederschlag in der Datenschutzliteratur gefunden hätte, vgl. z. B. *U. Seidel*, Datenbanken und Persönlichkeitsrecht, Köln 1972, S. 43 f., *Steinmüller, Wilhelm/B. Lutterbeck/C. Mallmann/U. Harbort/G. Kolb/J. Schneider*, Grundfragen des Datenschutzes. Gutachten im Autrag des Bundesministeriums des Innern, in: Bundestags-Drucks. VI/3826 S. 5 ff (111 ff.), *Podlech*, Prinzipien des Datenschutzes in der öffentlichen Verwaltung, in: *Kilian, Wolfgang/Klaus Lenk* und *Wilhelm Steinmüller* (Hrsg.), Datenschutz, Juristische Grundsatzfragen beim Einsatz elektronischer Datenverarbeitungsanlagen in Wirtschaft und Verwaltung, Frankfurt 1973 (im folgenden zitiert als: Datenschutz), S. 3 ff. (7, 9); zutreffende Sachdarstellung, wenn auch ohne Erörterung von Restriktionen. *K. Lenk*, Datenschutz in der öffentlichen Verwaltung, in: Datenschutz S. 15 ff. (20 ff), *ders.*, Automated information management in public administration, OECD Informatics Studies No. 4, Paris 1973, S. 34 ff.; *Steinmüller*, Objektbereich „Verwaltungsautomation" und Prinzipien des Datenschutzes, in: Datenschutz S. 51 ff. (62) dürfte an andere Limitationen denken, wenn er aus den Vereinigten Staaten berichtet, oberhalb einer gewissen Größenordnung würden die Systeme wegen Benutzerfremdheit abgestoßen.

[5] *Lenk*, a.a.O. S. 22, kennzeichnet sie als die Datenbankphilosophie der öffentlichen Verwaltung.

3.3 Datenmißbrauch

Eine neue Einschätzung der Gefahren des Datenmißbrauchs und der Datenmanipulation ist aus drei Gründen notwendig:

a) wegen des zunehmenden Datenvolumens,

b) wegen des erhöhten Gewichts datenförmiger Entscheidungsgrundlagen und

c) aufgrund der veränderten Informationstechnik, welche zwar bestimmte bestehende Unsicherheiten reduziert, gleichzeitig jedoch andere Risikien erhöht oder erst neu schafft. Schnelligkeit, Datenkonzentration, Spurenlosigkeit von Eingriffen und Manipulierbarkeit von Programmen sind die wesentlichen Faktoren, die zu einer Zunahme und Neukonstellation der Risiken führen.

4. Gefahren für Individuum und Gesellschaft

Datenschutz kann sich weder darauf beschränken, die bestehende Informationsordnung zu konservieren und gegenüber den geschilderten Veränderungstendenzen zu immunisieren, noch darauf, durch flankierende Sicherheitsmaßnahmen einzelne offensichtliche Fehlleistungen oder Unglücksfälle auszuschließen. Datenschutz bedeutet vielmehr die Forderung nach einer humanen Steuerung des sich vollziehenden Veränderungsprozesses im Bereich der Information. Dementsprechend darf die Analyse nicht auf der technisch-informationellen Oberflächenebene haltmachen. Die entscheidenden Kriterien für die Einschätzung der Entwicklungen wie auch für die Gewinnung von (Datenschutz-)Strategien liegen vielmehr in deren Auswirkungen auf Psyche und Lebenschancen des Individuums, wobei Wirkungen auf der individuellen und der gesellschaftlichen Ebene zu unterscheiden sind.

Abgesicherte Ergebnisse können hierzu allerdings nicht referiert werden. Die Entwicklung der Datenverarbeitung ist in der Bundesrepublik bislang empirisch nur aus einem engen technischen und ökonomischen Blickwinkel erforscht, z. B. bezüglich der installierten Maschinenkapazität, der Anwender (nach Branche und Größe) und beschränkt nach Anwendungstypen (also im Umfang einer herstellerorientierten Marktanalyse). In den USA, Großbritannien und Kanada wurden immerhin einige Untersuchungen mit dem Ziel durchgeführt, den Einfluß der Datenverarbeitung auf den Umgang mit personenbezogenen Informationen festzustellen, sowie einige Meinungsumfragen bei DV-Anwendern und Betroffenen über deren Einstellung zum Datenschutz. Die eigentliche Wirkungsanalyse, die durch Meinungsumfragen schwerlich zu ersetzen ist, ist dagegen noch nirgends in Angriff genommen. Was also möglich ist, ist die Entwicklung einiger Hypothesen, die als empirisch-prognostische Aussagen eine gewisse Plausibilität für sich in Anspruch nehmen können, deren Funktion aber zugleich in der Problembegrenzung und -dimensionierung liegt.

4.1 Gefahren für das Individuum

Eine kritische Veränderung, welche die Rolle des Individuums im Informationsprozeß erfährt, soll mit dem Begriff der Entfremdung erfaßt werden. Weitere Gefahren, die aus den Rückwirkungen einer veränderten Informations- und

Kommunikationsstruktur erwachsen, lassen sich unter dem Begriff der Festschreibung zusammenfassen[6].

4.1.1 Entfremdung

Stärkere Verdatung und erhöhte Datenliquidität machen die datenverbrauchenden Institutionen in zunehmendem Umfang unabhängig vom Datenbetroffenen. Nur zur Vervollständigung oder Aktualisierung seines Profils braucht er noch selbst gefragt und gehört zu werden. Aus Kommunikations- und Interaktionsprozessen werden tendenziell innerorganisatorische Abläufe, die dem Betroffenen bestenfalls noch punktuell zur Kenntnis gelangen. Mit der Verdünnung des informationellen Kontakts sinken die Chancen des Individuums, konkrete Entscheidungsabläufe zu erkennen und durch ein bestimmtes Informationsverhalten zu beeinflussen.

Die Distanz zwischen dem Individuum und den mit „seinen" Daten ablaufenden Entscheidungsprozessen vergrößert sich noch, wenn – wie es in der Konsequenz einer sich organisatorisch verselbständigenden Informationsfunktion liegt und in einigen Planungsvorschlägen in der Tat vorgesehen ist[6a] – die Pflege der (Rest-)Kommunikation für ganze, im Datenverbund stehende Organisationskomplexe spezialisierten Daten-Kontaktstellen übertragen wird. Denn diese verstellen den Zugang zu und die Verständigung mit der datenverwendenden (Fach-)Instanz, ohne daß dafür funktionelle Äquivalente angeboten werden.

Schließlich ist es das im Konzept der integrierten Datenverarbeitung enthaltene Prinzip der von den Verwendungszwecken losgelösten Informationsspeicherung, das den Betroffenen eines weiteren Teils seiner Steuerungskompetenz beraubt. Vielfach läßt sich die Validität (inhaltliche Richtigkeit) von Daten nur auf der Grundlage des jeweiligen Verwendungszusammenhangs bestimmen. Daten können unter einem Aspekt richtig, unter einem anderen falsch sein. Zweckneutrale Datenspeicherung entzieht dann dem Berichtigungsrecht des Betroffenen, das sich nur gegen eine relative Unrichtigkeit wendet, die logische Grundlage. Daneben wird die Möglichkeit, durch Informationsabgabe bestimmte einzelne Abläufe zielgerichtet zu beeinflussen, durch das Konzept zweckneutraler Speicherung und multifunktioneller Verwendung in logischer und praktischer Hinsicht stark reduziert.

Neben den Entzug und die funktionelle Abwertung von Kommunikationsbereichen tritt die strukturelle Umgestaltung der verbleibenden Beziehungen: in dem Maße, wie Erfahrung und Intuition als Entscheidungsgrundlagen durch den formalisierten Kalkül mit Daten ersetzt werden, gerinnt die Informationsbeschaffung zur Datenerhebung; informelles Gespräch und persönlicher Eindruck werden funktionslos und sterben ab. Der Betroffene kann dies als „Entpersönli-

---

[6] Dieser Ansatz versucht, die fruchtlos gebliebene Diskussion der Privatsphäre als Gefährdungs- und Schutzobjekt zugunsten konkreter Kategorien zu überspringen. Zum Diskussionsstand zuletzt vgl. *S. Simitis*, Datenschutz – Notwendigkeit und Voraussetzungen einer gesetzlichen Regelung, in: DVR 1973, 138 ff. (143 ff.), *Paul J. Müller*, in: Datenbanken und Datenschutz (s. Anm. 7) S. 63 ff.

[6a] Vgl. z. B. *Goller, Friedrich/Heinrich Scheuring* und *Alfred Trageser*, Das KI-System, Stuttgart 1971, S. 214 f.

chung“ empfinden; jedenfalls nehmen seine Möglichkeiten der Selbstdarstellung mit dem Vordringen formalisierter Informationsverarbeitung ab.

Der Betroffene, dies ist die Quintessenz, ist in „seinem“ Informationsprozeß kaum noch gefragt. Auch was für ihn geschieht, geschieht doch weithin ohne ihn. Seine Rolle reduziert sich darauf, von Zeit zu Zeit sein Datenprofil zu aktualisieren. Zwangsläufig vermindert sich damit die Möglichkeit des einzelnen, den Sinn sozialer Abläufe, in deren Mittelpunkt er steht, zu erfassen. Diese Entwicklungslinie läßt sich als Prozeß zunehmender Entfremdung kennzeichnen[7].

4.1.2 Festschreibung

Die Lebensäußerungen des einzelnen hinterlassen eine zunehmende Menge datenförmiger Spuren, welche an die verschiedensten Institutionen weitervermittelt und von diesen für unterschiedlichste Zwecke verwendet werden. Immer häufiger muß der Betroffene damit rechnen, mit solchen frei vagabundierenden Daten und einem darauf gründenden Verhalten seiner Gegenüber konfrontiert zu werden. Sein Handlungsspielraum und seine Entwicklungschancen werden dadurch in mehrfacher Hinsicht eingeschränkt.

Die Ungewißheit, wieviel und welche Informationen ein Gegenüber hat, bewirkt Verhaltensunsicherheit. Unbefangenes Auftreten wird unmöglich. Jeder Versuch gezielter Informationspolitik, etwa als Bestandteil einer Verhandlungsstrategie, steht unter dem unerträglichen Risiko, vom Gegenüber an Hand datenförmiger Vor-Informationen der Unaufrichtigkeit überführt zu werden. Das Individuum sieht sich gezwungen, seine Daten von vorneherein offen auf den Tisch zu legen. Weiterhin sieht sich das Individuum genötigt, bei der Produktion von Daten deren im einzelnen gar nicht absehbare spätere Wiederverwendbarkeit in Rechnung zu stellen; es gerät unter einen Zwang zu rigider Selbstkontrolle. Inhaltlich ist diese Kontrolle zum einen auf ein den sozialen Normen angepaßtes Verhalten gerichtet. Zum anderen muß in spezifischer Weise dem Umstand Rechnung getragen werden, daß die zwischen verschiedenen Lebensbereichen bestehenden Kommunikationsschranken durch Datenaustausch zunehmend abgebaut werden. Lebensäußerungen, die in ganz verschiedenen Rollen erfolgen, werden erstmals in größerem Maßstab miteinander verglichen. Als wahrhaftig, offen oder folgerichtig gilt nur noch, wer in allen Rollen wenn nicht übereinstimmende,

---

[6b] Weitere Kritik hierzu bei *Brinkmann, Hans/Klaus Grimmer/Klaus Lenk* und *Dieter Rave*, Verwaltungsautomation Abschnitt 7.3 (erscheint als Bd. 2 der Beiträge zur juristischen Informatik, hrsg. von *H. Brinkmann* und *W. Kilian*).

[7] Derartige Deformationen der Interaktionsbeziehungen dürften sich mit dem Privatsphärekonzept nicht mehr voll erfassen lassen; zur Sache vgl. *Steinmüller*, Stellenwert der EDV in der öffentlichen Verwaltung und Prinzipien des Datenschutzrechts, in: ÖVD 1972, 456, der vergleichbare Ausschlußwirkungen als allgemeine Funktion aus den Eigenschaften von Mensch-Maschine-Systemen ableitet, ähnlich *Steinmüller/Wolter* in: *Dammann/Karhausen/Müller/Steinmüller*, Datenbanken und Datenschutz, Frankfurt 1974, S. 54 ff.

so doch miteinander verträgliche Daten hinterläßt. Ziel der Kontrolle ist also auch homogenes Verhalten[8].

Die psychologische Dimension des Zwanges zur Produktion homogener Daten ist freilich durch Begriffe wie „offen", „wahrhaftig" oder „folgerichtig" weder vollständig noch zutreffend angesprochen. So kann Homogenitätsdruck bewußt unrichtige Selbstdarstellung (nun auch) in Lebenszusammenhängen auslösen, in denen sich der einzelne bisher ohne Angst vor Nachteilen vorbehaltlos offen geben konnte. Zweifelhaft ist aber auch, ob die mit den genannten Begriffen verbundene positive Bewertung homogener Datenproduktion überhaupt trifft. Stellt man die Vielfalt und Widersprüchlichkeit der Rollenanforderungen, denen der einzelne in einer hochdifferenzierten Gesellschaftsformation ausgesetzt ist, in Rechnung, so wird deutlich, daß vollständige Konsistenz zwischen den Verhaltensweisen in verschiedenen Rollen nur um den Preis maximierter und vom einzelnen nicht mehr auflösbarer Konflikte innerhalb der einzelnen Rollen zu haben ist. Differenzierende Informationsabgabe erweisat sich weithin als eine Konfliktvermeidungsstrategie, deren Verfolgung vom Subjekt zu Recht als zwingend empfunden wird und schon deshalb mit dem Prädikat „unehrlich" nicht zutreffend beschrieben ist[9].

Schließlich, und darin dürfte die für das Individuum folgenschwerste Auswirkung liegen, wird seine zu Daten geronnene Lebensgeschichte sozial verfügbar; anhand dieser Daten wird es eingeschätzt, und auf die an sie anknüpfenden Erwartungen muß es eingehen. Sein aktuelles Verhalten wird mit seiner Datenhistorie kontrastiert von dieser Basis aus interpretiert und bewertet. Das Individuum erlebt damit eine verstärkte Rückbindung an seine eigene Lebensgeschichte, freilich nicht an deren individuelle und sinnhafte Ganzheit, sondern an ein bloßes Datenraster, dessen universelle Kommunizier- und Verwendbarkeit gerade auf der vollständigen Abstraktion von Sinnzusammenhängen und den sozialen Bezügen der Datenentstehung beruht. Neue Kommunikationsbeziehungen werden typischerweise nicht mehr mit dem Informationsstand null, sondern – auf zumindest einer Seite – mit einer mehr oder weniger vollständigen Vorinformation eröffnet. Der einzelne kann das Bild, das man sich von ihm macht, nicht mehr bestimmen; er muß froh sein,wenn es ihm gelingt, einige Ergänzungen und marginale Korrekturen anzubringen. Versuche der Interpretation oder Entschuldigung ungünstiger Daten haben wenig Aussicht auf Erfolg. Solche Erklärungen liegen zwischen den „eigentlichen" Daten, auf die die Entscheidungsprozeduren ausgerichtet sind. Sie werden als überflüssiges, wenn nicht störendes „Rauschen" angesehen. Schon ihre Wahrnehmung ist daher fraglich, erst recht aber ihre praktisch folgenreiche Beachtung.

---

[8] Einige psychologische Aspekte der Dossier Society erörtert *Arthur R. Miller,* The Assault on Privacy. Computers, Data Banks, and Dossiers. Ann Arbor 1971, S. 46 ff., dt. Ausgabe, Der Einbruch in die Privatsphäre, Neuwied, Berlin 1973, S. 57 ff., zur Überwachung weiter *W. Schmidt*, Die bedrohte Entscheidungsfreiheit, in: JZ 1974, S. 241 ff. (245 f., 247 f.).

[9] Zu den repressiven Gefahren der Datenintegration auch für rechtstreue Bürger vgl *Lenk*, Datenschutz (s. Anm. 4) S. 26, der auf die Begünstigung sachfremder Koppelung abstellt.

Reduziert wird nicht nur die Chance des kommunikativen Sich-Neu-Darstellens; es schrumpfen auch die Möglichkeiten, durch aktives Handeln neue Tatbestände zu schaffen, die – transformiert zu neuen Daten – die Basis der Fremdeinschätzung verbessern könnten. Dies gilt jedenfalls bei negativ bewertetem Datenprofil: vergrößerte Verantwortung, einen erweiterten Handlungsspielraum, höhere Kreditlinien oder die Gelegenheit zu beruflicher Fortbildung – allgemein: die Gelegenheit, sich zu bewähren – wird bei ungünstiger Prognose in geringerem Umfang eingeräumt als bei unvorbelasteter Eröffnung der Kommunikation. Die datengestützte Risikoprognose mag zwar das Gesamtrisiko der datennutzenden Institution verringern; sie tut dies aber zwangsläufig auf Kosten der Entwicklungschancen derjenigen, denen aufgrund – verdient oder unverdient – schlechter Daten eine unterdurchschnittlich günstige Prognose gestellt wird[10].

In zwei Richtungen also wird das Individuum durch Datenkommunikation festgeschrieben:

- Datenliquidität in der Breitendimension reduziert die mögliche Verhaltensvielfalt.
- Datenkonservierung über die Zeit reduziert die Chancen dynamischer Persönlichkeitsentwicklung.

4.2 Gesellschaftliche Gefahren

4.2.1 Soziale Kontrolle, soziale Mobilität

Auf die gesellschaftliche Ebene übertragen läßt sich die Entwicklung als Verschärfung der sozialen Kontrolle kennzeichnen. Die wachsende Durchgängigkeit der Informationssysteme bewirkt, daß soziale Kontrolle sich zunehmend koordiniert, einheitlich und tendenziell total manifestiert.

Reduzierter Spielraum für die Entwicklung des einzelnen bedeutet auf der gesellschaftlichen Ebene weniger soziale, insbesondere berufliche Mobilität. Bisher hat die Gesellschaft nur für eine besonders benachteiligte Randgruppe, nämlich die Vorbestraften, in Form von Auskunftssperren und Tilgungsregeln für das Strafregister ein künstliches Informationsvakuum geschaffen und damit dem Interesse an sozialer und beruflicher Mobilität einen begrenzten Vorrang vor dem Informationsinteresse eingeräumt. Dieses Problem stellt sich jetzt umfassend: wenn alle Arten von Daten in das Dossier des einzelnen eingehen und das Dossier zum entscheidenden Kriterium für die Zuweisung oder Versagung von Lebenschancen wird, dann können die organisierte und kontrollierte Regulierung und Vernichtung aller Individualinformationen die letzten Mittel zur Wiedergewinnungn von Mobilität sein[11].

Die datenmäßige Erfassung von politischen Einstellungen und Verhaltensweisen durch Informationssysteme kann den politischen Kommunikations- und Lernprozeß empfindlich deformieren. Die mögliche Aufzeichnung und Wiederverwendung in anderem Zusammenhang macht die freie politische Rede zum Risiko

---

[10] Ausführlich zur Datenüberwachung *Miller*, Assault (s. Anm. 8) S. 38 ff., Einbruch S. 47 ff., *R. Kamlah*, Right of Privacy, Köln u. a. 1969, S. 37 ff., *Lenk*, Datenschutz (s. Anm. 4), S. 32.

[11] *Miller*, Assault (s. Anm. 8), S. 250 ff., Einbruch S. 302 f.

vor allem für das berufliche Fortkommen. Der Adressatenkreis einer Äußerung kann nicht mehr übersehen und kontrolliert werden. Beschränkte Öffentlichkeiten in denen alternative politische Modelle diskutiert und gesellschaftliche Lernprozesse vorbereitet werden können, stehen nicht mehr zur Verfügung. Die Diskussion wichtiger Themen kann nur noch vertraulich, sprich: im politischen Untergrund, erfolgen. Die negativen Folgen für die Lernfähigkeit – der Minderheiten ebenso wie der Mehrheit – brauchen im einzelnen nicht exemplifiziert zu werden[12].

4.2.2 Verteilung des Wissens

Eine kritische Veränderung dürfte auch das Verhältnis des gegenseitigen Wissens erfahren, das Organisationen und Individuen wechselseitig übereinander besitzen. Während Organisationen – der Begriff soll hier neben den Institutionen des privaten Sektors auch die Gliederungen der Staatsorganisation umfassen – sowohl wirtschaftlich als auch nach den Mustern ihrer Informationsverarbeitung in der Lage sind, die Informationstechnologie zur Ausweitung und Qualifizierung ihrer Funktionen zu benutzen, wird das Individuum aufgrund seiner mehr auf qualitative und Deutungsaussagen gerichteten Informationsinteressen sowie der geringeren und anders gearteten Verwertungskapazität nur relativ geringen Anteil an der Nutzung elektronischer Medien haben. Organisationen können sich durch technologisch ausgefeilte Informationssysteme die Menge der Individuen für ihre Zwecke zunehmend transparent machen. Demgegenüber bleibt die Leistung derjenigen „Informationssysteme", welche die Organisationen dem Individuum transparent machen, d. h. vor allem des Ausbildungssektors und der Massenmedien, in doppelter Hinsicht zurück: eine vergleichbare technische und methodische Effizienzsteigerung ist nicht absehbar; zudem steigt die Komplexität der Welt der Organisationen schnell und macht diese schwerer durchschaubar. Ob neuartige interaktive Kommunikationssysteme, wie sie in den USA und Kanada auf der Basis von Breitband-Leitungsnetzen experimentell erprobt werden, eine wirksame Gegentendenz auslösen können, erscheint eher zweifelhaft. Die Entwicklung aller gegenläufigen Ansätze muß aber forciert betrieben werden, wenn das ohnehin prekäre Gleichgewicht gegenseitigen Wissens von Individuen und Organisationen nicht informationstechnologisch weiter verschlechtert werden soll.

Die Verteilung handlungsrelevanten Wissens interessiert politisch vor allem unter dem Machtaspekt. Asymmetrisch verteiltes Wissen bedeutet verschiedene Niveaus der (erreichbaren) Handlungsrationalität, ungleiche Durchsetzungschancen und einseitige Beeinflußbarkeit. Der einseitige Anstieg der Informationsverwertungskapazität läßt in diesem Sinne eine Umverteilung gesellschaftlicher Macht zugunsten organisierter Interessen erwarten[13].

In die demokratietheoretische Diskussion läßt sich dieser soziologische Befund

[12] Zu diesem Problemkreis vgl. *W. Schmidt* (s. Anm. 8) S. 247 f.

[13] Vgl. *Paul J. Müller*, Administrative Datenbanken und die zu schützende Privatsphäre, in: ÖVD 1973, S. 61 ff. (64); *Gotlieb*, Computers and Privacy, in: Law and Computer Technology, Jan./Feb. 1972, S. 19; *U. Dammann*, Zum Vorschlag eines „Informationsbankensystems", in: DVR 1972, S. 209 ff. (231 f.).

nur unter Einschränkungen überführen. Verfehlt wäre jedenfalls die schlichte Übertragung des zwischen Organisationen und Individuen Geltenden auf das Verhältnis Staat/Bürger oder das Verhältnis Kapital/Arbeiter. Denn insofern der einzelne seine ökonomischen und politischen Interessen durch Organisationen wahrnimmt, partizipiert er auch an deren Machtzuwachs. Freilich wird damit das Problem „undemokratischer" Auswirkungen der Informationstechnologie nur verschoben: die unterschiedliche Kapazität, mit der Mitgliedschaft und Organisationsführung die moderne Informationstechnik zu nutzen vermögen, führt über wachsende Disproportionen in der Informiertheit zu zunehmenden Schwierigkeiten in der innerorganisatorischen Kommunikation und Willensbildung und begünstigt die Tendenz, innerorganisatorische Demokratie durch bürokratische Verwaltung und manipulative Mitgliederführung zu ersetzen.

5. Zur politischen Funktion des Datenschutzes

Die Notwendigkeit von Datenschutz, d. h. von Eingriffen, die diese Entwicklung steuern sollen, scheint damit evident. Trotzdem gibt es Einwände, die das Konzept des Datenschutzes grundsätzlich in Frage stellen. Auf sie muß hier kurz eingegangen werden, zumal sie geeignet sind, einige Grundprobleme des Zusammenhanges Information-Aktion-Herrschaft zu verdeutlichen.

5.1 Datenschutz als Konfliktverschleierung

Dem Datenschutzkonzept wird vorgeworfen, es erfasse und löse Probleme auf der Ebene der Information und Kommunikation, welche in Wahrheit Probleme des praktischen Handelns seien und deshalb auch auf der Ebene der Aktion anzugehen wären. So werde der einzelne durch die Geheimhaltung der ihn betreffenden medizinischen, politischen oder kriminologischen Information zwar vor Diskriminierungen durch Arbeitgeber, staatliche Institutionen oder Publikum partiell geschützt; die diskriminierenden Mechanismen, die aufzuheben Ziel humaner Politik sein müsse, würden jedoch grundsätzlich bestätigt. Restriktive Informationshandhabung habe letztlich nur die Funktion, gesellschaftliche Konflikte, Vorurteile und nicht legitimierte Herrschaftsverhältnisse zu verdecken und damit zu konservieren. Der Anspruch des Datenschutzes, der Freiheit des einzelnen zu dienen, sei daher ideologisch[14].

5.2 Datenschutz als Herrschaftssicherung

Ein weiterer Einwand verweist auf den Klassencharakter des Datenschutzes. Datenschutzes als Schutz der Privatsphäre nütze einseitig denjenigen, die sich Privatsphäre leisten können, sowie denjenigen, die diese brauchen, um öffentliche Kritik an ihren Privilegien gar nicht aufkommen zu lassen. An der Funktion des Steuergeheimnisses, der fehlenden Transparenz von Einkommens- und Vermögensverhältnissen sowie an der zwielichtigen Rolle von Tarn- und Lobbyorganisationen wird diese Kritik exemplfiziert[15].

---

[14] Diese Argumentation ist bisher, soweit ich sehe, literarisch noch nicht vertreten worden. Anregungen verdanke ich Herrn Achim Aring, Frankfurt.

[15] Zum Konflikt von Informations- und Geheimhaltungsinteresse vgl. *Brinckmann*, Datenschutz und Recht auf Information, in: Datenschutz (s. Anm. 4) S. 77 ff. (84 ff.); *U. Dammann*, Informationsbankensystem (s. Anm. 13) S. 222 f., zur Privatsphäre als Privileg, *Simitis*, Datenschutz (s. Anm. 5), S. 147 f., zur schichtenspezifischen Bewertung der Vertraulichkeit *Karhausen*, in: Datenbanken und Datenschutz (s. Anm. 7) S. 101 f.

5.3 Das Gegenkonzept der offenen Kommunikation

Als Alternative zum Datenschutz propagieren die Verfechter dieser Einwände meist das Prinzip herrschaftsfreier, absolut offener Kommunikation. Man selbst, so lautet üblicherweise die Argumentation, habe nichts zu verbergen; unbegrenzte Offenheit der Kommunikation sei nicht nur Voraussetzung für freie politische Willensbildung, sie entlaste auch von dem moralisch korrumpierenden Zwang zu partieller Unaufrichtigkeit, welche das von anderen als Rollenspiel apostrophierte Muster selektiver und differenzierter Informationsabgabe in Wahrheit darstelle.

5.4 Stellungnahme

Der gemeinsame Bezugspunkt der Kritik ist die herrschaftsunterstützende Funktion des Datenschutzes. Aus der Perspektive dieser Kritik erscheint auch die gegenwärtige Gesetzgebungswelle in einem anderen Licht: nicht um die Begründung neuer Freiheitspositionen des einzelnen durch eine „Magna Charta der Information"[15a] scheint es zu gehen, sondern um eine genau kalkulierte Maßnahme zur Absicherung des politischen Systems gegenüber potentiellen informationstechnologisch ausgelösten Erschütterungen.

Die Einwände zwingen zur Überprüfung der bisher grundsätzlich unbezweifelten und unzureichend explizierten Annahmen über die gesellschaftlich-politischen Funktionen des Datenschutzes.[15b]. Drei Ebenen sind dabei zu unterscheiden:

In der ersten Ebene geht es um die Einschätzung des abstrakten Datenschutzkonzeptes. Gegenstand der Funktionsanalyse kann hier nur der kommunikations- und handlungstheoretische Aspekt des Datenschutzes sein, also seine Eigenart als Informationsregulativ. Hierher gehört die These von der konfliktverschleiernden Funktion des Datenschutzes.

Unbestreitbar dürfte die konflikt*bestätigende* Wirkung des Datenschutzes sein: der Einsatz eines Regulativs im Interesse des Betroffenen setzt logisch das Vorhandensein eines entgegengesetzten Interesses voraus. Insofern dieser Gegensatz nicht beseitigt, sondern an seine Existenz angekünpft wird, kann man von einer Konfliktbestätigung sprechen. Erst die Behauptung einer Verschleierungswirkung bringt die Kritik in einen echten Gegensatz zu der üblichen Einstufung des Datenschutzes als einer rundum nützlichen Freiheitsstrategie. Allerdings dürften die Meinungsverschiedenheiten weniger in der Einschätzung der realen Wirkungen von Datenschutz als in der jeweiligen politischen Theorie und Praxis liegen: herrscht dort die Auffassung, daß Interessengegensätze den Treibstoff des gesellschaftlichen Fortschritts darstellen und daher verschärft, aber nicht abgemildert werden dürfen, so dominieren hier technokratische bis reformistische Vorstellungen von Konfliktmanagement oder Konfliktbewältigung in kleinen Schritten.

[15a] Vgl. die Bemerkungen von (Innen-)Staatssekretär *Baum* bei der ersten Lesung des Bundesdatenschutzgesetzes, Stenogr. Bericht vom 20. Nov. 1973, 7. Wahlp. S. 4019.

[15b] *Steinmüller*, Objektbereich (s. Anm. 4) S. 51 ff. gibt eine (System-)Theorie der Datenverarbeitung, keine Theorie des Datenschutzes in diesem Sinne.

Mit dieser pauschalen Zuteilung ist aber nur wenig gewonnen. Eindeutig ungeeignet ist Datenschutz nur für Hic-et-nunc-Revolutionäre. Jede längerfristige Strategie muß Vor- und Nachteile des Datenschutzes zueinander ins Verhältnis setzen. „Verschleierung" ist dann eine relative Größe. Auch wenn Datenschutz Herrschaftsverhältnisse erträglich macht, so braucht er nicht zu deren Legitimation beizutragen. Im Beispiel: die Abschirmung bestimmter Informationen über (potentielle) Stellenbewerber vor (potentiellen) Arbeitgebern bewirkt in der Tat eine Konfliktentschärfung; der Arbeitnehmer entgeht einer perfektionierten physischen und psychischen Selektion am Arbeitsmarkt und einer ebensolchen Überwachung am Arbeitsplatz und mag deshalb eher geneigt sein, sich mit den Bedingungen kapitalistischer Wirtschaft einzurichten. Ob er dies tut, hängt jedoch von einer Vielzahl weiterer, teilweise viel gewichtigerer Faktoren ab, etwa vom Ausmaß der Befriedigung der ökonomischen Bedürfnisse und deren zeitlicher Entwicklung, von den Arbeitsbedingungen, von der gewerkschaftlichen Organisation und von der Konstellation der politischen Kräfte. Selbst wenn im Verhältnis zu diesen der Datenschutz als Pazifizierungsmittel noch eine mehr als marginale Rolle spielt, müssen dann auch dessen „konfliktpositive" Wirkungen einkalkuliert werden: die Aufrechterhaltung eines abgeschirmten Reflexionsraumes (Privatsphäre), in den sich das Individuum zur Erholung, Besinnung und Planung vorübergehend zurückziehen kann, und die Gewährleistung bestimmter Informationsdefizite der Gegenseite, welche die eigenen Durchsetzungschancen relativ verbessern. Um wiederum im Beispiel zu bleiben: Datenschutz entzieht das Privatleben dem Einfluß des Arbeitgebers; die beschränkte Ausforschbarkeit von politischen Einstellungen und Mitgliedschaften in Organisationen ermöglicht erst die Entfaltung gewerkschaftlicher Betriebsarbeit; die (relative) Geheimhaltung medizinischer Daten gewährt einen gewissen Schutz vor gesundheitsbedingter Benachteiligung im Arbeitsleben.

Datenschutz erweist sich damit als eine Strategie, die kurzfristig gewiß eher auf den befriedigenden modus vivendi *im* Konflikt als auf dessen aggressive Austragung gerichtet ist. Dennoch wäre es verfehlt, in ihm nur eine weitere Waffe im Arsenal konservativer Konfliktsbehandlung zu sehen. Seine Reflexions- und Handlungsräume absichernde Wirkung macht den Datenschutz zu einem wichtigen Instrument gerade progressiver mittelfristiger Strategien.

Das Modell der offenen Kommunikation bildet den zweiten grundsätzlichen Einwand gegen das Datenschutzkonzept. Auch hier ist freilich mehr im Spiel als die unterschiedliche Beurteilung von Kommunikationsmodellen; mit der offenen Kommunikation wird – auch wenn das ihre Protagonisten nicht stets erkennen – immer zugleich die von Konflikten befreite Gesellschaft postuliert. Denn Kommunikation unter Vorbehalten ist nicht nur Folge prinzipiell auflösbarer Tabus und Vorurteile. Auch in der aufgeklärten Kommunikationsgemeinschaft besteht das Interesse des einzelnen am Schutz seiner Daten fort. Entfällt auch die Angst vor unvernünftigen Reaktionen, so bleibt doch die Befürchtung begründet, daß ein Interaktionspartner einen von seinem Standpunkt aus vernünftigen, für den Betroffenen deshalb aber keineswegs notwendig weniger nachteiligen Datengebrauch macht.

Es ist demnach nicht mehr als die Existenz von Interessengegensätzen, die das Bedürfnis des einzelnen an der Kontrolle seiner Daten begründet. Welcher Art die Gegensätze sind, ist hierbei gleichgültig. Dem ökonomischen Konflikt ist insoweit der geistige — etwa künstlerische oder wissenschaftliche — Wettbewerb ebenbürtig. Allgemein läßt sich das Datenschutzinteresse im spieltheoretischen Modell aufweisen: je mehr ein Spieler über Eigenschaften und Verhaltensweisen seiner Mitspieler weiß, um so besser kann er deren Verhalten vorausberechnen und um so höher wird dadurch seine Gewinnchance. Die offene Kommunikation setzt also nicht nur eine aufgeklärtere, freiere, sondern eine von Interessengegensätzen überhaupt befreite Gesellschaft voraus. Dieses Modell hat allerdings nicht soviel Realitätsbezug, daß es die aktuelle Bewertung des Datenschutzkonzepts beeinflussen könnte.

In einer zweiten Ebene sind Einwände abzuhandeln, die nicht Datenschutz im allgemeinen, sondern bestimmte Ausprägungen des Datenschutzes und deren Wechselwirkungen mit ihrem konkreten gesellschaftlichen Bezugsfeld betreffen. Hier sind die Frage nach dem Klassencharakter des Datenschutzes und nach dessen Einfluß auf den politischen Prozeß anzusiedeln.

Auch was die klassenspezifische Wirkung von Datenschutzregelungen betrifft, ist der Kritik ein realistischer Ansatzpunkt nicht abzusprechen. Privatsphäre als ungestörter Fluchtpunkt des im Stress stehenden Individuums ist weitgehend Privileg der Mittel- und Oberklasse, und zwar sowohl räumlich nach der Distanz des privaten Wohnens als auch informationsmäßig nach dem Maß der Fähigkeit, die Informationsabgabe situationsspezifisch zu steuern, z. B. durch vorwiegend schriftliche Kommunikation, Inanspruchnahme professionellen Beistands (z. B. Rechts- und Steuerberatung) und Führung entsprechender Aufzeichnungen.

Dagegen dürfte die handlungsbezogene Schutzwirkung ein sozial zumindest neutrales Wirkungsspektrum haben. Des Schutzes vor Diskriminierung, vor unbegrenzter Verwertung lebensgeschichtlicher Daten und vor unkontrollierter Aufzeichnung von Lebensäußerungen bedürfen auch und gerade die Angehörigen der Unter- und der unteren Mittelschicht, deren Interessenverfolgung weitgehend an kollektiv-kommunikative Handlungsformen, sprich: an die ungehinderte politische und gewerkschaftliche Organisierung gebunden ist. Datenschutz, dies war schon deutlich geworden, ist ein Instrument der Interessendurchsetzung. Indem es bestimmte Informationsbereiche gezielt abdunkelt, begrenzt es die Handlungsoptimierung und damit die Effektivität bestimmter Akteure, was deren Gegenspielern zugute kommt. Ein Interesse an derartiger Unterstützung findet sich naturgemäß stets auf beiden Seiten.

Insgesamt gesehen zeigt sich Datenschutz damit als Instrument, dessen Strukturmerkmale keine signifikante Affinität zu bestimmten gesellschaftspolitischen Zielvorstellungen begründen. Datenschutz läßt sich zur Kaschierung vordemokratischer Herrschaftspositionen ebenso einsetzen wie zur Herstellung und Sicherung von Handlungsfreiräumen. Daraus folgt auch, daß mehr Datenschutz nicht gleichbedeutend ist mit mehr Freiheit; entscheidend ist, wo, wie, für wen und für welchen Zweck Datenschutz eingesetzt wird.

In einer dritten Ebene ist der Frage nach der Eignung des Datenschutzes als einer spezifischen Technik normativer Verhaltenssteuerung nachzugehen. Der Einwand lautet: sind nicht die meisten der Probleme, denen man heute mit Datenschutz beizukommen versucht, besser und wirksamer durch Normierung des erwünschten Handelns zu erledigen?

Informations- und Handlungsregulative scheinen in einem Verhältnis gegenseitiger funktioneller Substituierbarkeit zu stehen: man kann die Kenntnis von Umständen, die nicht entscheidungsrelevant werden sollen, durch Geheimhaltung vom Handlungssubjekt fernhalten; oder man kann ihm stattdessen die Berücksichtigung der Umstände rechtlich verbieten.

Allerdings darf man die unterschiedlichen Wirkungsgrade nicht übersehen. Das erste Modell funktioniert so gut wie die Geheimhaltung, und deren Funktion läßt sich durch Datenschutz gewährleisten. Das zweite Modell funktioniert genau in dem Maße, wie die Beachtung eines Berücksichtigungsverbots in der Praxis gesichert werden kann.

Die bloße Existenz einer entsprechenden Rechtsnorm wird, zumal bei einem am Ergebnis selbst interessierten Entscheider, so gut wie keine Wirkung zeitigen. Erst eine unparteiische Kontrolle kann dem Verbot zur Geltung verhelfen. Bei Entscheidungen, die nicht begründet zu werden brauchen, fehlt für eine solche Kontrolle allerdings jeder Ansatzpunkt. Begründungspflichtige Entscheidungen lassen sich nur hinsichtlich der gegebenen, formellen Begründung kontrollieren, die aber mit den wirklichen Gründen nicht zusammenzufallen braucht; ein erfahrener Entscheider weiß „Begründungsfehler" zu vermeiden. Nur wenn ein vollständiges und eindeutiges Entscheidungsprogramm vorgegeben ist, kann die Entscheidung im einzelnen nachvollzogen und auf die Beachtung oder Nichtbeachtung bestimmter Umstände überprüft werden.

Der Ausschluß jeglichen Entscheidungsspielraums ist freilich nur selten möglich. Gerade für Diskriminierungen besonders anfällige Entscheidungsbereiche, wie etwa die Auswahl von Stellenbewerbern oder Wohnungsuchenden, Beförderungen und Leistungsbeurteilungen, entziehen sich einer erschöpfenden rechtlichen Programmierung. Wenn für eng begrenzte Fallgruppen die Diskriminierungsgefahr durch rechtliche Privilegierung gleichsam übersprungen wird – z. B. durch die Pflicht zur Einstellung von Schwerbeschädigten oder die Unkündbarkeit von Schwangeren –, so bestätigt dies nur die Regel von der geringen Steuerungskapazität von Verwertungsverboten.

Datenschutz erweist sich damit als ein bestimmten Regelungsaufgaben genau angemessenes normatives Instrument.

6. Zur Einschätzung verschiedener Datenschutzstrategien

Datenschutz kann von verschiedenen gesellschaftlichen Orten aus entwickelt und implementiert werden. Für die Prognose der künftigen Entwicklung interessiert, welche Erwartungen gegenüber den verschiedenen Ansätzen gerechtfertigt sind. Die nachstehende Matrix soll Aufschluß geben, von welchen Subjekten welche Art von Datenschutzmaßnahmen ausgehen können und welche

Erfolgsaussichten im Hinblick auf den jeweils gegebenen Handlungsrahmen bestehen dürften. Vgl. Abbildung 1.

Subjekt/Ebene	Handlung/Ziel	Handlungsrahmen/ Chancen	Erwarteter Grad der Zielerreichung O/+/++/+++*)
1. Einzelner als – privates Individuum (als polit. Aktivbürger vgl. 4.)	(Daten-)Verweigerung „Schmutz" in die Datenkanäle	ökonom. und soziale Zwänge Preis: soziale Unwirksamkeit nur geringer Störfaktor	individueller Ausweg + gesellschaftl Auswirkung O
2. Träger von Informationssystemen			
2.1 – Entscheidungszentren	Entscheidung über Ob/Wann/Wie des Aufbaues von IS nach Auswirkungen für Betroffene	Organisationsziele: Gewinn/Umsatz/Macht/ polit. Einfluß Konkurrenz/Kostendruck Effizienzbedürfnisse Good will/öffentl. Meinung	O
2.2 – Experten	Beachtung psycho-sozialer Aspekte/Kosten/Rückwirkungen bei System-Entwurf Überwindung der bloß datentechnologischen Betrachtung Vermittlung an Entscheidungszentren	Output-Erwartungen Leistungsdruck Ausbildung Motivation	+
3. EDV-Hersteller, Software-Firmen, Berater Besonderheiten bei Non-Profit-Organisationen	– (wie 2.2) Entwicklung kostengünstiger Datenschutz-Verfahren (Zugriffsregulierung, Auskunft, Protokoll, Mißbrauchssicherung)	Abhängigkeit von Nachfrage, aber Entwicklungsvorlauf und Nachfragestimulation möglich Organisationsziele flexibler, offener, engere Koppelung an öffentl. Meinung/ soziale Normen	+ O ++
4. Politisch verfaßte Gesellschaft, politische Entscheider, Parteien/ Organisationen, Öffentlichkeit/ Medien/ Wissenschaft	Steuerung der Info-Strukturen – rechtlich (dazu s. nächsten Abschnitt) – ökonomisch – Wirtschafts- – Wissenschafts- – Technologiepolitik durch – Subventionen – steuerl. Hebel – öffentl. Nachfrage – Gestaltung der staatl. Informationssysteme – öffentl. Meinungsdruck	Zielkonflikte: – gestiegene Funktionserwartungen – verstärkte Planungsbedürfnisse – rationelles Management – soziale Werte (DS) Öffentl. Diskussion noch am Beginn: Dauerthema, da Konfliktkonstellation sich laufend verändert	+++

*) keine/geringe/mittlere/hohe Zielerreichung

Als Ergebnis ist festzuhalten:

Während der einzelne zunehmenden Datenzwängen nur um den Preis seiner sozialen Entfaltung entgehen kann und die Träger sowie die professionellen Entwickler von Informationssystemen aufgrund relativ starrer Interessenausrichtung den Datenschutz nur als nachrangige Größe behandeln können, bestehen bei nicht unmittelbar ökonomisch orientierten Trägern bzw. Entwicklern günstigere Aussichten für das Erkennen und Lösen von Datenschutzproblemen. Wirklich ins Gewicht fallende Aktionen sind jedoch nur als Steuerungsmaßnahmen im Rahmen der politischen Entscheidungsstruktur auf der Grundlage einer sich deutlich artikulierenden öffentlichen Meinung zu erwarten[16].

7. Rechtliche Instrumente des Datenschutzes

Nicht umsonst konzentrieren sich in fast allen Ländern die Bemühungen auf gesetzliche Regelungen des Datenschutzes[17]. Denn die rechtlich bindende Inpflichtnahme der Informationsverarbeiter ist der wirksamste Hebel eines effektiven Datenschutzes. Im folgenden werden zunächst die grundsätzlich möglichen Ansätze eines rechtlichen Datenschutzes kurz umrissen. Darauf folgt eine Übersicht über die einzelnen in der Diskussion befindlichen Instrumente, wobei versucht wird, jeweils die wichtigsten Probleme und Interessenkonflikte kurz anzusprechen.

7.1 Ansätze für rechtliche Datenschutzregelungen

Nach der Art und Weise, wie auf den Informationsprozeß Einfluß genommen wird, kann man vier Typen von Datenschutz unterscheiden:

a) Bestimmung von Rechtsgütern

---

[16] Zur Notwendigkeit gesetzgeberischer Aktion insbesondere *Simitis*, Datenschutz (s. Anm. 5 (S. 138 ff., 182 ff., *ders.*, Argumente für ein Datenschutzgesetz, Einleitung zu *Miller*, Einbruch (s. Anm. 8) S. XVI.

[17] Bundesrepublik: Regierungsentwurf eines Bundesdatenschutzgesetzes BT-Drucks. 7/1027, Interfraktionell eingebrachter Entwurf BT-Drucks. VI/2885; Stand in den Ländern: 1. Hessisches Datenschutzgesetz vom 7. Okt. 1970, GVBl. I S. 625; 2. Rheinland-Pfalz: Landesdatenschutzgesetzes vom 24. Jan. 1974, GVBl. S. 31; 3. Nordrhein-Westfalen: CDU-Entwurf eines Landesdatenschutzgesetzes vom 11. Juni 1971, Landtags-Drucks. 7/835; Referentenentwurf 1971 unveröffentlicht; 4. Hamburg: CDU-Entwurf eines Landesdatenschutzgesetzes vom 5. Okt. 1971, Bürgerschafts-Drucks. VII/1460; 5. Schleswig-Holstein: SPD-Entwurf eines Landesdatenschutzgesetzes vom 12. Febr. 1973, Landtags-Drucks. 7/484; 6. Berlin: Senatsentwurf eines Gesetzes über den Datenschutz in der Berliner Verwaltung vom 4. Juni 1973, Abgeordnetenhaus-Drucks. 6/865; 7. Niedersachsen: Referentenentwurf über die Organisation der automatischen Datenverarbeitung, Stand Sept. 1973; 8. Bremen: Senatsentwurf in Vorbereitung; 9. Baden-Württemberg: Landesdatenschutzgesetz erst später geplant.
USA: Fair Credit Reporting Act. U.S.C. 1681–1684 Z, vgl. dazu *O. Mallmann*, Kreditauskunfteien und Datenschutz in den USA, in: AWD 1973, S. 78 ff. – Schweden: Datalagen SFS 1973: 289; dazu *ders.*, Datenschutz in Schweden: Das neue Datengesetz, in: ÖVD 1974. Entwurf eines Kreditinformationsgesetzes – Kanada: Kreditinformationsgesetze in einigen Provinzen. – Großbritannien: Data Surveillance Bill des Abg. *Kenneth Baker*, Hansard, House of Commons, 6 May 1969, Cols 285–288; Control of Personal Information Bill des Abg. *Leslie Huckfield*, Hansard, House of Commons, 27 July 1971, Cols 487–502. Frankreich: Proposition de loi tendant à la création d'un Comité de surveillance et d'un Tribunal de l'Informatique vom 30. 10. 1970. Ass. national, 4ème Législature premier session de 1970–71, No. 1454. Beratung eines weiteren Entwurfs im Conseil d'Etát. – Dänemark: Entwurf eines Gesetzes über private Register, 1972 vom Justizminister vorgelegt. – Österreich: Referentenentwurf eines Datenschutzgesetzes vom 1. 8. 1973 (nur für die Bundesverwaltung, vorgelegt vom Bundeskanzleramt).
Übersichten zum Gesetzgebungsstand geben die Tätigkeitsberichte des hessischen Datenschutzbeauftragten, Hess. Landtags-Drucks. 7/1495 S. 13 ff., 7/1337 S. 10 ff., 7/5146, Abschnitt 2, *Tiedemann, Klaus* und *Christoph Sasse*, Delinquenzprophylaxe, Kreditsicherung und Datenschutz in der Wirtschaft, Köln u. a. 1973, S. 71 ff., *R. Kamlah*, Datenschutz im Spiegel der anglo-amerikanischen Literatur, in: BT-Drucks, VI/3826 S. 195 ff. und *Schimmel/Steinmüller*, Datenbanken und Datenschutz (s. Anm. 7) S. 117 ff.

Ein unmittelbar am Schutz bestimmter Rechtsgüter orientierter Datenschutzansatz besteht darin, daß das zu schützende Rechtsgut näher beschrieben und/oder bestimmte verbotene Eingriffshandlungen definiert werden. Aus der Gesamtmenge aller Informationsvorgänge wird dadurch, wie es typisch für das Deliktsrecht (und das Strafrecht) ist, eine durch Erfolg und/oder Handlungsweise ausgezeichnete Teilmenge herausgegriffen und verboten. Als Rechtsgüter des Datenschutzes werden das Persönlichkeitsrecht und die Privatsphäre genannt. Verletzungshandlungen können in der Informationsbeschaffung, in der Aufzeichnung oder in der Weitergabe liegen. Es versteht sich, daß die praktische Anwendung dieses Typs um so schwieriger (und der Effekt um so problematischer) ist, je allgemeiner die tatbestandliche Formulierung seiner Datenschutznormen ausfällt.

Eine Ausprägung dieses Ansatzes stellt die in Rechtslehre und höchstrichterlicher Rechtsprechung entwickelte sogenannte Sphärentheorie zur Privatsphäre dar. Sie ist – neben speziellen Geheimhaltungsvorschriften – die Grundlage des geltenden Datschutzrechts. Sie läuft darauf hinaus, die Privatsphäre in Zonen abgestufter Empfindlichkeit aufzugliedern. Je empfindlicher der betroffene Bereich, in um so geringerem Umfange sind Eingriffe zulässig. Die innerste Zone soll jedem Zugriff entzogen sein[18].

Gegen die Brauchbarkeit solcher Theorien sind aber verschiedene Einwände erhoben worden. So wird darauf hingewiesen, daß der Bürger dem Staat nicht als Person, sondern in je einer rechtlich definierten Rolle begegne. Die adäquate Schutzform sei deshalb nicht die Gewährleistung bestimmter Persönlichkeitsbereiche, sondern die Einhaltung rechtsstaatlicher Grundsätze, wie der Vorhersehbarkeit des Eingriffes und des Verbots sachfremder Koppelung, das zu einem Informationsentfremdungsverbot fortentwickelt werden könne und müsse[19].

Weiterhin wird die empirische Gültigkeit der auf dem Gedanken der Bereichsausgrenzung beruhenden Privatsphäretheorien bestritten. So fassen neuere Versuche Privatsphäre als Bereiche relativer Unsichtbarkeit auf, die als Folge der vom Individuum bewußt ausgeübten Informationssteuerungskompetenz entstehen. Schutz der Privatsphäre, mithin auch Datenschutz, ist dann nicht die Einhaltung von Bereichsgrenzen, sondern der Versuch, die Funktion der individuellen Steuerungskompetenz zu gewährleisten und sie gegen Durchbrechungen abzusichern[20].

---

[18] Die inhaltliche Bestimmung von Persönlichkeitsrecht und Privatsphäre ist bislang Zentralthema der Datenschutzdiskussion. Zum Diskussionsstand vgl. *Simitis*, Datenschutz (s. Anm. 5) S. 143 ff. und die dort Genannten (insbes. Anm. 16).

[19] Grundsätzlich *Forsthoff*, Der Persönlichkeitsschutz im Verwaltungsrecht, in: Festschrift für den 45. Deutschen Juristentag, Karlsruhe 1964, S. 41 ff.; in die Datenschutzdiskussion eingebracht von *B. Schlink*, Der Bürger als Datenobjekt, in: Datenschutz (s. Anm. 4), S. 155 ff., vgl. auch *Lenk*, Datenschutz (s. Anm. 4) S. 27.

[20] *Steinmüller* u. a., Grundfragen (s. Anm. 4) S. 51, *Steinmüller*, Datenschutz (s. Anm. 4), S. 67, *C. Mallmann*, Das Problem der Privatsphäre innerhalb des Datenschutzes, in: *Schneider*, Datenschutz – Datensicherung (Hrsg. Siemens) S. 19 ff. (22 f.).

Schließlich dürfte die Sphärentheorie, jedenfalls soweit sie schlechthin unverletzliche Intimsphären postuliert, durch allgemein als verfassungsmäßig anerkannte Durchbrechungen falsifiziert sein: empfindlichere Zonen als die durch die Meldepflichten des Bundesseuchengesetzes und des Geschlechtskrankheitengesetzes tangierten sind kaum vorstellbar.

Als Konsequenz dieser Kritik wird man sagen können:

- Die Komplexität der bestehenden und zu schützenden Privatsphäre überfordert die tradierte Dogmatik des allgemeinen Persönlichkeitsrechts.
- Erforderlich sind nach sozialen Bereichen differenzierende Regelungen, wobei neben der Privatsphäre eine Reihe anderer Wertgesichtspunkte beachtet werden müssen[21].
- Von zentraler Bedeutung sind die Aufrechterhaltung und Stärkung der Steuerungskompetenz des Individuums.

b) Rechtliche Regelung der Organisation der Informations- und Kommunikationsträger

Datenschutz kann auch durch die rechtliche Normierung der inneren und äußeren Organisation der nach Größe, Wirkungsgrad und „Gefährlichkeit" wichtigsten Träger von Information und Kommunikation erfolgen. Ein Datenschutzrecht dieses Typs wäre im wesentlichen ein Datenbankrecht. Nach Inhalt und Struktur wäre es am ehesten dem Presse- und sonstigen Medienrecht vergleichbar. Ebenso wie dieses beeinflußt es den Informationsprozeß mittelbar, indem es für einen qualifizierten Teilbereich die organisatorischen Randbedingungen festlegt[22].

c) Regelung der Kommunikation selbst

Ein anderer Ansatz zielt auf die Regulierung der Kommunikation selbst durch Erlauben, Gebieten und Verbieten von Informationshandlungen. Bestimmende Faktoren und Tatbestandsmerkmale solcher Regelungen wären dann Sender, Empfänger und Inhalt sowie ggf. Voraussetzungen, Zweck und Verwendung von Informationen. Zu diesem Typus zählen auch die Kontrollrechte des Betroffenen. Die Regelungsintensität oder -konkretheit kann dabei von Generalklau-

---

[21] Diese sind durch Analyse der jeweiligen Konflikt- und Interessenlagen zu ermitteln. Zur Notwendigkeit der funktionalen Analyse der Datenflüsse in diesem Sinne eingehend *Simitis*, Datenschutz (s. Anm. 8) S. 151 ff.

[22] Vgl. dazu unten i. Am weitesten entwickelt und begründet wurde dieser Typ von *Podlech*, zuletzt in: Datenschutz im Bereich der öffentlichen Verwaltung, Berlin 1973. Beiheft 1 zur DVR, S. 38 f. sowie im 6. Abschnitt seines Gesetzentwurfs; sein Vorschlag der Trennung von Datenbankbenutzern und Unternehmen ähnelt dem in den USA bei der United Planning Organisation erprobten information trust, kritisch dargestellt bei *Arthur R. Miller*, Personal Privacy in the Computer Age: The Challenge of a New Technology in an Information-Oriented Society, in: Michigan Law Review, Vol. 67 No. 6 (Apr. 1969) S. 1089 ff. (1226 ff.) sowie *ders.* Assault (s. Anm. 8) S. 216 ff., Einbruch S. 262 ff.; vgl. ferner *Seidel*, Das aktuelle Thema: Datenschutz Teil II, in: Online 1973, 248, der vorschlägt, Datenschutz auch als Medienschutz aufzufassen.

seln[23] (hier sind Berührungspunkte mit Typ a möglich) bis zu katalogmäßigen Einzelregelungen reichen. Im Gegensatz zum Typ a) können die Schutz- oder Rechtsgüter im Hintergrund des Regelungszweckes bleiben. Dies erlaubt präzise Einzelregelungen schon vor einer Abklärung in der Rechtsgutdiskussion[24].

d) Verstärkungsregelungen

Schließlich gibt es einen (funktional definierten) Typ von Datenschutz, der (nur) der optimalen Durchsetzung anderweit vorgegebener materieller (Datenschutz-) Normen dient, ohne selbst materielle Festlegungen zu treffen. Dazu gehören die Vorschriften über die Datensicherung, über die Durchführung und die Kontrolle sowie die Schadenersatz- und Strafnormen. So wesentlich solche geltungsverstärkenden Regeln für die praktische Wirksamkeit des Datenschutzes sind, so wenig können sie – dies muß man einigen Gesetzentwürfen entgegenhalten – als Ersatz für fehlende oder mangelhafte materielle Schutznormen dienen[25].

7.2 Die rechtlichen Instrumente des Datenschutzes im einzelnen. Ziele, Einwände, Lösungsmöglichkeiten

Die nachfolgende Übersicht vermittelt einen Eindruck vom rechtlichen Instrumentarium des Datenschutzes, wie es sich in der bisherigen literarischen Diskussion und in einer Anzahl von Gesetzen und Gesetzentwürfen entwickelt hat.

a) Pflicht zu Datensicherungsmaßnahmen

Die Pflicht zur Datensicherung wird meist pauschal ausgesprochen, z. B. „zu gewährleisten, daß kein Unbefugter Zugriff zu den Daten hat". Differenziertere Regelungen unterscheiden organisatorische Maßnahmen, etwa der Betriebsablaufsteuerung und -kontrolle zur Verhinderung bzw. Entdeckung unbefugter Eingriffe, technische Maßnahmen zur Abschirmung unbefugten Zugriffs und personelle Vorkehrungen etwa in der Auswahl, Überwachung und Motivation der Mitarbeiter. Entscheidend für die Einschätzung ihrer Reichweite ist der rein instrumentelle Charakter der Datensicherung. Ihr Ziel ist, in tatsächlicher Hinsicht sicherzustellen, daß gesollte Informationsaktivitäten stattfinden können und nicht gewollte (Mißbrauch) verhindert werden. Die vorgegebene Struktur von Information und Kommunikation bleibt unberührt. Datensicherung versteht sich mithin als bloße flankierende Maßnahme zur technologischen Umstellung, nicht als steuernder Eingriff in die inhaltliche Seite der Kommunikation. Juristisch gesagt: das Gebot, unbefugten Zugriff (sprich: Mißbrauch) auszuschlie-

---

[23] Typisch hierfür die Regelungen des Regierungsentwurfs; die ähnlich allgemein gehaltene schedische Klausel lautet: „otillbörligt intrång i personliga integritet" (etwa: unangemessene Beeinträchtigung der persönlichen Integrität, §§ 3, 18 des Datalagen vom 11. Mai 1973), wird aber durch präzisere Ausschlußregeln für besonders empfindliche Daten ergänzt.

[24] Vgl. im einzelnen unten 7.2 b-h.

[25] So z. B. die Kritik des Younger-Report an den Entwürfen von *Huckfield* und *Baker* (s. Anm. 17), Report of the Committe on Privacy, Home Office, Lord Chancellor's Office, Scottish Office, London 1972, S. 186 ff. Näheres zu diesem vgl. *O. Mallmann*, in: DVR 1973, S. 374, *U. Dammann*„ Zum Stand der Datenschutzdiskussion: Großbritannieen, in DSWR Heft 19, April 1973, S. 107 f. Zu den Verstärkungsregelungen im einzelnen vgl. unten 7.2 a, i–l.

ßen, läßt offen bzw. setzt die Regelung dessen voraus, was befugt, also rechtmäßiger Gebrauch ist[26]. Diese Leerstelle wird teils durch allgemeine juristische Grundsätze, teils durch Entscheidungen des kommunikationsbeherrschenden Subjekts, also etwa des Eigentümers des Informationssystems, ausgefüllt.

b) Inhaltliche Regelung des Informationsprozesses

Inhaltliche Informationsregelungen, die sich auch als materielles Informations- oder Datenschutzrecht ansprechen lassen, normieren die Zulässigkeit oder Unzulässigkeit der Ermittlung, Speicherung, Weitergabe, Änderung und Löschung von Individualdaten mit dem Ziel, das Individuum vor nachteiliger Verarbeitung „seiner" Daten zu schützen.

Die Durchführung eines solchen Programmes stößt – jedenfalls bei der Normierung größerer Lebensbereiche – auf quantitative Probleme. Geht man nur von einem Bereich mit 500 Klassen von Sendern, 500 Klassen möglicher Empfänger, 400 Klassen inhaltlicher Information[27] und 10 Klassen verschiedener Informationsquellen aus, so wären für eine vollständige Normierung allein der Weitergabe bereits 10^9 Ja/Nein-Entscheidungen erforderlich. Bei einer weiteren Differenzierung nach zwei Informationsmedien, zwei Verfahrensmodi und 10 unterschiedlichen Klassen von Zwecken bei der Informationsabgabe erhöht sich die Anzahl bereits auf $4 \times 10^{10} = 40$ Mrd. Ja/Nein-Entscheidungen. Freilich muß außerdem noch die zeitliche Variabilität einiger Faktoren beachtet werden:

- Die Muster datenmäßiger Umweltbeschreibung, also die Dateninhalte, variieren mit den sozio-politischen Bedingungen.
- Neue Organisationsformen im privaten und öffentlichen Sektor lassen neue Klassen von Sendern und Empfängern entstehen.
- Verfahren und technische Medien der Information verändern sich mit dem technischen Fortschritt.

Das mitunter erhobene Postulat vollständiger Normierung („Verrechtlichung")[28] begegnet deshalb enormen praktischen Schwierigkeiten. Auch wenn man in Rechnung stellt, daß erhebliche Teile des Entscheidungsraums pauschal ausgefüllt werden können, weil sie rechtlich unzweifelhaft oder ohne praktische

---

[26] Zum Begriff des Unbefugten in § 2 hessisches Datenschutzgesetz vgl. die Bemerkungen des Hess. Datenschutzbeauftragten, 1. Tätigkeitsbericht, Landtags-Drucks. 7 1495 S. 25 f., 2. Tätigkeitsbericht 7/3137 S. 26 f., 3. Tätigkeitsbericht 7/5146 Abschnitt 4.

[27] Der Hessische Datenschutzbeauftragte hat schon 1971 in der öffentlichen Verwaltung in Hessen über 300 verschiedene personenbezogene Einzelangaben gezählt, die automatisch verarbeitet werden, vgl. 1. Tätigkeitsbericht (s. Anm. 17) S. 21. Allein die Datenbanken des Einwohnerinformationssystems werden (in den Ländern unterschiedliche und ausbaufähige) maximale Datensätze in der Größenordnung von 100 bis 200 Elementen haben, vgl. zu deren Datenschutzproblematik *U. Dammann*, Zum Datenschutz im Einwohnerwesen, in: ÖVD 1972, 69 ff.; Personalinformationssysteme erreichen die gleiche Größenordnung, vgl. z. B. *W. Kilian*, Datenschutz in Wirtschaftsunternehmen, in: Datenschutz (s. Anm. 4) S. 299 ff.

[28] Zuerst von *Kamlah*, Datenüberwachung und Bundesverfassungsgericht, DÖV 1970, 361 ff. Der unter seiner Mitwirkung entstandene, im Bundestag interfraktionell eingebrachte Entwurf der Interparlamentarischen Arbeitsgemeinschaft (BT-Drucks. VI/2885) versuchte diesen Rechtsstandpunkt unter Liquidation der bestehenden Amtshilfepraxis zu positivieren, vgl. § 8 des Entwurfs sowie die Begründung.

Bedeutung sind, wäre zur Erarbeitung und Fortschreibung der erforderlichen mehrdimensionalen Zuordnungsmatrizen ein riesiger organisatorischer Apparat notwendig. Das Quantitätsproblem läßt sich zwar durch Ausweichen auf eine höhere Abstraktionsstufe der Regelungen, also durch Bildung allgemeinerer Klassen, abmildern. Dies impliziert jedoch Auslegungs- und Anpassungsschwierigkeiten bei ihrer – zumal automatisierten – Anwendung. Die Effektivität, auf welche die Verrechtlichung gerade abzielt, wäre wieder in Frage gestellt.

Problematisch ist auch die verfassungsrechtliche Seite des Programms. Zwar erfordert einerseits der Schutz des verfassungsrechtlich gesicherten (Art. 2 Abs. I, Art. 1 Abs. I GG) Persönlichkeitsrechts eine Beschränkung der Kommunizierbarkeit der Daten des einzelnen (wenn auch die Geltung des Gesetzesvorbehalts, d. h. der Notwendigkeit spezieller rechtfertigender Gesetze, umstritten ist), jedoch gewährt andererseits die Verfassung mit der Freiheit der Meinungsäußerung (Art. 5 Abs. 1 GG) auch das Recht, Meinungen und Tatsachen über Einzelpersonen mitzuteilen, was auch notwendig ist, wenn die Kommunkation ihre gesellschaftsbildende und demokratische Funktion erfüllen soll.

Ein detailliertes und erschöpfendes materielles Datenschutzrecht könnte diesen Konflikt kaum anders als zugunsten individualistischer Interessen entscheiden. Ein erheblicher Teil bisher (rechtlich) freier gesellschaftlicher Kommunikation würde austrocknen, die datenschutzorientierte Kommunikationsbeschränkung wäre nicht mehr Ausnahme, sondern Regel. Damit drohte dann auch eine weitgehende Privatisierung des regulierten Kommunikationsbereichs zugunsten der Betroffenen: innerhalb des Schutzbereichs könnten sie wie Eigentümer nach Belieben darüber befinden, wer in welchem Umfang „ihre" Daten aufzeichnen und kommunizieren darf, und so sich und ihr gesellschaftliches Wirken via Datenschutz jeglicher Diskussion entziehen.

Die notwendige Verrechtlichung wird deshalb nicht total, sondern ausschnittsweise, in Form begrenzter Teilregelungen stattfinden müssen, wobei als bereichsbestimmende Kriterien insbesondere

- die Qualität der Daten (sensitive und diskriminierungsträchtige Daten, z. B. medizinische, kriminologische und Angaben über politisch-weltanschauliche Einstellungen),
- die „Gefährlichkeit" (i. S. von Mißbrauchsanfälligkeit und Folgenschwere) von Informationssystemen (z. B. Polizeiinformationssysteme, nachrichtendienstliche Informationssysteme),
- technische und organisatorische Charakteristika der Informationsverarbeitung (Größe der Dateien, Höhe des Datenumschlags, Automationsgrad usw.) und/ oder
- die Beziehungen zwischen Informationsverarbeitern und Betroffenen (z. B. Arbeits-, Versicherungsverhältnis, Kreditvertrag)

zu berücksichtigen sein werden.

c) Auskunftsrecht bezüglich gespeicherter Daten

Das Auskunftsrecht gibt dem Bürger einen Anspruch gegen den Inhaber einer Datensammlung auf Mitteilung des Inhalts der über ihn gespeicherten Information. Mittels dieses Rechts soll der Bürger erfahren können, was die Umwelt (aufgrund formalisierter Datensammlungen) von ihm weiß,

– um Umweltverhalten verstehen und antizipieren zu können und
– als Voraussetzung für steuerndes Eingreifen.

Der grundsätzliche Einwand, daß dem Bürger an einem solchen Recht nichts liege, verfängt nicht[29]. Selbst wenn er als empirischer Befund im wesentlichen zuträfe, muß man entgegenhalten,

– daß eine solche Informationsmöglichkeit Bedingung engagierter Teilnahme und damit letzlich demokratische Funktionsanforderung ist und
– daß der Anreizcharakter der rechtlichen Informationsmöglichkeit sowie der steigende Problemdruck (Verdatung, Entfremdung) zu einer neuen sozialen Einschätzung des Auskunftsrechts führen werden.

Zurückzuweisen ist auch die Meinung, daß die bestehenden Auskunftsmöglichkeiten genügten. Daß der Bürger die Daten in aller Regel doch selbst geliefert habe, trifft in dem Maße immer weniger zu, als Datenspeicherung aufgrund von Beobachtungen, Registrierung und Datenerwerb von Dritten ansteigen. Ein Eigeninteresse der Datenbank an richten, da vom Betroffenen kontrollierten, Daten ist zwar streckenweise durchaus vorhanden (z. B. Kreditinformation). Mit einem Rechtsanspruch ist dem Betroffenen jedoch besser gedient als mit einem nur durch Wohlverhalten zu erwerbenden Wohlwollen. Bereits bestehende Auskunftsrechte aufgrund von Spezialgesetzen oder als Ausprägung des verfassungskräftigen Anspruchs auf rechtliches Gehör eignen sich weniger als Argument gegen denn als Anknüpfungspunkt für eine Fortbildung zu einem allgemeinen Prinzip[30].

Das Auskunftsrecht findet Grenzen in den Grundrechten der Meinungsäußerungsfreiheit (Art. 5 I GG) und der freien Entfaltung der Persönlichkeit (Art. 2 I GG). Die Freiheit der Meinungsäußerung ist insofern betroffen, als die der Artikulation vorgelagerte geistige Verarbeitung auf die Verwertung aufgezeichneten Wissens agewiesen ist. Das im Auskunftsrecht des Betroffenen liegende relative Transparenzgebot schränkt die Speicherfreiheit zwar formal nicht ein, gibt dem Betroffenen aber faktisch die Handhabe für rechtliche wie außerrechtliche Interventionen und reduziert damit die Möglichkeit ihres Gebrauchs. Eine verfassungsrechtliche Untersuchung liegt m. W. noch nicht vor. Letztlich wird das Problem auf eine Abwägung zwischen Speicherfreiheit und Auskunftsrecht hinauslaufen, was eine differenzierte gesetzliche Regelung erzwingt. Kriterien könnten dabei u. a. sein: Menge, Gegenstand, Herkunft und Inhalt der aufgezeichneten Information, die verfolgten Zwecke, das Maß der Kommunikativität (intern/austauschorientiert), technisches Verfahren (konventionell-manuell/automatisch).

Ein Anspruch auf Auskunft über frühere Speicherinhalte wird wegen des damit verbundenen Eingriffs in die Informationsorganisation des Verpflichteten

---

[29] Und wird, soweit ich sehe, nirgends mehr erhoben; vgl. aber zu e).

[30] Diese Auffassung scheint sich durchgesetzt zu haben, vgl. etwa Bundesministerium des Innern (Hrsg.): Dokumentation einer Anhörung zum Referentenentwurf eines Bundesdatenschutzgesetzes vom 7. bis 9. Nov. 1972, Bonn 1973, S. 276 ff.

(Zwang zur zugriffsgeeigneten Archivierung) nur in bestimmten Teilbereichen und mit zeitlicher Begrenzung in Frage kommen.

Aufgrund spezifischer Organisations- oder Geschäftszwecke kann sich ein Auskunftsanspruch des Betroffenen ganz oder teilweise verbieten. Dies wird z. B. für die Informationssammlungen der Kriminalpolizei[31], der Nachrichtendienste [31a], der Detekteien und teilweise des Gesundheitswesens geltend gemacht. Die bisher vorgetragenen Gründe vermögen freilich nicht voll zu überzeugen[32]. Soweit tatsächlich unerträgliche Funktionsbeeinträchtigungen zu befürchten sind, muß der Ausfall der Kontrolle seitens der Betroffenen durch geeignete Formen kollektiv oder institutionell ausgeübter Überwachung und Steuerung ausgeglichen werden.

Verfahrensmäßig erscheint es bei dem Auskunftsanspruch gegenüber öffentlichrechtlichen Körperschaften zunächst für den Betroffenen am bequemsten, wenn ihm ein Gesamtanspruch bezüglich aller gespeicherten Daten zusteht. Freilich setzt dieser eine eigens aufzubauende zentralisierte und integrierte Auskunftsdatei voraus, ein Unterfangen, das nicht nur erheblichen Aufwand verursacht, sondern letztlich dem Datenschutz entschieden zuwiderläuft: das umfassende Datenprofil, negatives Leitmotiv der gesamten Datenschutzdiskussion, würde als technisches Nebenprodukt einer Datenschutzmaßnahme anfallen. Verweist man den Betroffenen auf Einzelansprüche gegenüber den jeweiligen unmittelbaren Inhabern von Informationssammlungen, so ist es freilich die logische Konsequenz, daß Wegweiser-Information zur Verfügung gestellt werden muß, aus der jedermann ersehen kann, welche Stellen Informationen über ihn gespeichert haben können[33].

d) Auskunftsrecht bezüglich des Datenverkehrs

Der Anspruch des Bürgers gegen den Inhaber einer Datensammlung kann sich auch auf die Mitteilung richten,

- aus welcher Quelle dieser die über ihn gespeicherten Daten erlangt hat und
- an welche Dritte er über ihn gespeicherte Daten weitergegeben hat.

Dem Betroffenen kann an solcher Informationsmöglichkeit liegen,

- um sonst nicht voraussehbare Informationsflüsse erkennen und in Rechnung stellen zu können und
- um Einfluß auf den weiteren Datenfluß nehmen zu können, z. B. durch Unterlassungs- oder Schadenersatzklagen oder durch faktisches Abschneiden von Informationskanälen.

---

[31] Vgl. dazu die Forderungen des Hess. Datenschutzbeauftragten, 1. Tätigkeitsbericht (s. Anm. 17) S. 22 f., 24, sowie *U. Dammann*, in: Datenbanken und Datenschutz (s. Anm. 7) S. 33 ff.

[31a] Dazu *Dammann* a.a.O. S. 43.

[32] Zumal in den Vereinigten Staaten der Staat Massachusetts mit dem Act Providing for the Establishment and Administration of a Criminal Offender Record Information System vom 19. 7. 1972 (Commonwealth of Mass., Acts and Resolves 1972, Chap. 805) ein Auskunftsrecht begründet hat (Sec. 175). *Podlech* schlägt vor, nur „kriminaltechnische" Daten auszunehmen, Datenschutz (s. Anm. 22) S. 24, § 51 Abs. 6; entscheidend ist aber der kriminaltaktische Aspekt.

[33] Vgl. dazu unten i.

Es ist nicht zu bestreiten, daß die weitgehende Transparentmachung des Datenflusses in bestimmten Bereichen zu einer Drosselung der Kommunikation führen kann. Berührt ist dadurch nicht nur die Meinungsäußerungsfreiheit des Datengebers, sondern auch die Freiheit des Datenempfängers, sich zu informieren. Der positiv-rechtliche Anknüpfungspunkt für letzteren wird eher in den Art. 2 und 1 GG zu suchen sein, als in Art. 5 GG. Denn das verfassungsmäßige Recht, sich zu informieren (Art. 5 Abs. 1 Satz 1 GG), ist nicht berührt, wenn der Lieferant keine „allgemein zugängliche Quelle" ist. Obendrein knüpft die Auskunftspflicht nicht an den Informationsakt als solchen, sondern an den nachfolgenden Speicherungsvorgang an. Bei der Interessenabwägung ist nicht zu übersehen, daß der Auskunftspflichtige empfindlich belastet wird. Insbesondere die Auskunft über Datenweitergaben setzt einen erheblichen Protokollierungsaufwand voraus, da u. U. pro Datum mehrere Empfänger aufgezeichnet werden müssen. Das Auskunftsrecht des Betroffenen über Datenquellen wie über Datenempfänger hebt die Verfügung der Kommunikationspartner über den Vertraulichkeitsgrad ihrer Kommunikationsbeziehung auf. Für beide kann sich das Auskunftsbegehren als Einbruch in eine als vertraulich intendierte Kommunikation darstellen. Andererseits führt an der Transparentmachung von Datenherkunft und Datenweitergabe kein Weg vorbei, wenn die Einhaltung rechtlicher Schranken kontrolliert werden soll. Verfassungsgemäße und praktikable Lösungen dürften sich durch inhaltliches und zeitliches Abschichten gewinnen lassen. Das Auskunftsrecht könnte auf Informationsvorgänge innerhalb des letzten Jahres oder Halbjahres beschränkt werden. Für den Bereich des Routineverkehrs könnte eine zu publizierende generelle Dokumentation der Datenaustauschprogramme den Einzelnachweis in concreto ersetzen. Das schwierigste Problem dürfte in der Ermittlung von Kriterien liegen, nach welchen entweder der Transparenzanspruch oder das Recht der betroffenen Kommunikationspartner auf freie Bestimmung über die Vertraulichkeit den Vorrang verdient[34].

e) Benachrichtigungspflicht

Durch die Verpflichtung der datensammelnden Stellen, den Betroffenen von der erstmaligen Datenspeicherung in Kenntnis zu setzen, soll dieser einen vollständigen Überblick über alle ihn betreffenden „Datenkonten" erhalten und in die Lage versetzt werden, seine Rechte geltend zu machen.

Gegen eine solche Benachrichtigungspflicht werden, wie schon gegen das Auskunftsrecht, Einwände wegen des Aufwandes und der möglichen Beeinträchtigung des Geschäftszweckes (hier insbesondere der Detekteien) erhoben[35]. Noch weniger überzeugend ist der Hinweis auf die angebliche Beunruhigung, welche solche Benachrichtigungen bei der einfachen Bevölkerung auslösen müßten. Denn zum einen wird hierbei die gegenwärtige Erwartungserhaltung schlicht in die Zukunft projiziert. Und zum anderen ist ein bestimmtes Maß an

[34] Der Regierungsentwurf eines Bundesdatenschutzgesetzes kennt keinerlei Auskunftsrecht hinsichtlich des Datenverkehrs. In der Studie des US-Sozialministeriums wird dagegen ein Recht auf Information über alle Verwendungen von Daten gefordert, DHEW (Hrsg.), Records, Computers and the Rights of Citizens. Report of the Secretary's Advisory Committee on Automated Personal Data Systems, July 1973, S. 63.

[35] Vgl. z. B. *Küster*, Dokumentation (s. Anm. 30) S. 300 f.

Beunruhigung gerade notwendig, um die verbreitete Lethargie zu durchbrechen und das Datenschutzbewußtsein zu stimulieren[36].

f) Pflicht zu periodischem Datenauszug

Die Verpflichtung des Datensammlers, allen Betroffenen periodisch Datenauszüge zuzusenden, um diese auch ohne deren Zutun über den Stand ihrer datenmäßigen Erfassung auf dem laufenden zu haltene, stellt die maximale Forderung zur Transparentmachung des Datenwesens dar[37].

Sie wird neuerdings zu Recht überwiegend skeptisch beurteilt. Der erforderliche Aufwand wäre, schon wegen der Postgebühren, auch bei automatischer Abwicklung erheblich[38]. Entscheidend aber spricht der Datenschutz selbst gegen ein solches Verfahren: mit der zusätzlich ausgelösten Zirkulation großer Mengen von persönlichen Daten würde eine kaum kontrollierbare Gefahrenquelle künstlich geschaffen[39].

g) Korrekturrecht

Der Anspruch auf Richtigstellung der ihn betreffenden Daten soll den Bürger vor unzutreffender Beurteilung und deren Folgen schützen.

Um auch die Fälle nicht eindeutig falscher, aber auch nicht voll zutreffender Angaben abzudecken, wird vorgeschlagen, dem Betroffenen ein Recht auf Klarstellung mißverständlicher, auf Vervollständigung lückenhafter und auf Aktualisierung überholter Daten einzuräumen. Für Daten, deren Richtigkeit (in diesem weiteren Sinne) bestritten ist, werden eine entsprechende Kennzeichnung und/oder die Anfügung einer Gegendarstellung oder eine Sperre (Weitergabe-, Verwendungsverbot) gefordert. Sind unzutreffende Daten weitergegeben worden, so soll der Betroffene einen Anspruch auf Widerruf (i. w. S.) gegenüber allen früheren Empfängern haben. Große praktische Bedeutung kommt der Verteilung der Beweislast zu.

Der Kostenfaktor spielt hier keine entscheidende Rolle, weil die Kosten der Korrektur durch die erhöhte Qualität der Datenbestände aufgewogen werden. Verfassungsrechtliche Bedenken rühren daher, daß das Korrekturrecht einen Eingriff nicht in nach außen wirkende Rechtsbeziehungen oder Handlungen, sondern in den internen Organisationsbereich des Datensammlers darstellt[40]. Durch diesen Eingriff können z. B. die Freiheit der Kunst und Wissenschaft (Art. 5 Abs. 3 GG), die Freiheit der Berufsausübung (Art. 12 Abs. 1 Satz 2 GG) und die allgemeine Handlungsfreiheit (Art. 2 Abs. 1 GG) eingeschränkt werden. Während den Staat eine Objektivitätspflicht trifft, wird man dem Bürger und anderen Privatrechtssubjekten grundsätzlich das Recht einräumen müssen, be-

---

[36] Im Regierungsentwurf vorgesehen nur im Bereich der privaten geschäftsmäßigen Datenverarbeitung für Dritte, §§ 26, 23 Nr. 1.

[37] Sie ist z. B. enthalten in § 5 des CDU-Entwurfs Nordrhein-Westfalen (s. Anm. 17).

[38] Zum Aufwand vgl. Younger Report (s. Anm. 25) S. 189 f.

[39] Insoweit berechtigt die ansonsten überwiegend fehlgehende Kritik von *Weichmann*, Gedanken zum Datenschutz, in: Die Verwaltung 1972, S. 1 ff. (8).

[40] Der „konventionelle" Berichtigungsanspruch nach § 1004 BGB oder § 1004 analog setzt eine nach außen in Erscheinung getretene oder drohende derartige Störung voraus.

liebige, auch falsche oder subjektiv gefärbte Informationen zu speichern[41]. Das interne Modell der Außenwelt ist „Eigentum" dessen, der es sich macht, nicht dessen, der abgebildet wird[42]. Dieser hat nur eine Chance, kein Recht, objektiv richtig modelliert zu werden[43]. Einschränkungen dieses Prinzips können aufgrund besonderer Rechtsbeziehungen zu den Betroffenen bestehen – z. B. Arbeits-, Kredit- oder Versicherungsvertrag; im übrigen sind sie ausschließlich als prophylaktische Schutzmaßnahmen gegenüber bevorstehenden Handlungen mit Auswirkungen auf die Betroffenen zu rechtfertigen. Dabei ist in erster Linie an die Möglichkeit der Datenweitergabe an Dritte zu denken. Allein mit der Verwendbarkeit falscher Daten für Entscheidungen läßt sich die Unterwerfung des Datenbesitzers unter eine Richtigkeitskontrolle dagegen nicht begründen. Da dieser dem Betroffenen nicht zu bestimmten (etwa richtig fundierten) Entscheidungen verpflichtet ist, kann er auch nicht aus diesem Gesichtspunkt zur Verwendung – und daher Speicherung – ausschließlich richtiger Daten verpflichtet sein. Die Abwägung zwischen Korrekturrecht und „Speicherfreiheit" wird also in groben Zügen zu folgendem Ergebnis führen: Ein Korrekturrecht hat seinen Platz im Verhältnis zwischen Bürger und öffentlicher Verwaltung, innerhalb privatrechtlicher Sonderbeziehungen sowie gegenüber dem Datenaustausch (inklusive Weitergabe) dienenden privaten Datensammlungen; ansonsten wird im allgemeinen das Interesse an freier Festlegung von Speicherinhalten den Vorrang genießen[44].

---

[41] Dieser Ausgangspunkt wird in der Datenschutzliteratur fast regelmäßig übersehen, erstaunlicherweise auch von Seiten der Datenlobby, vgl. z. B. Dokumentation (s. Anm. 30) S. 247 f.

[42] Zumindest mißverständlich deshalb, *Schneider*, Datenschutz – Datensicherung (s. Anm. 20) S. 7, wenn er feststellt, nach bestehender Rechtsaufffassung habe „der einzelne ein Recht an der Information über ihn" sowie *Steimüller* u. a. (s. Anm. 4) S. 142 „Recht auf die Informationen über den eigenen Individualbereich". Ein durch die Kommunikationsrechte anderer nicht eingeschränktes Verfügungsrecht bezüglich „eigener" Daten kann es hier nicht geben; bedenklich *Steinmüller* u. a. (Anm. 4) S. 142, die zwar den Betrieb von Informationssystemen zunächst als durch die allgemeine Handlungsfreiheit Art. 2 Abs. 1 GG) geschützt erklären, dann jedoch das informationelle Selbstbestimmungsrecht des Betroffenen zu einem exklusiven Verfügungsrecht verabsolutieren, vgl. S. 84 ff., 139 f., auch de lege ferenda S. 142, speziell zum (unbegrenzten) Berichtigungsanspruch, S. 125, 150, 159, wobei allerdings zu berücksichtigen ist, daß die Verf. offensichtlich von einem qualifizierten Modell des privaten Informationssystems ausgehen, wenn sie diesem durchweg den Charakter „sozialer Gewalt" beimessen, vgl. z. B. S. 140. Andererseits wird vorgeschlagen, nur nicht automatisierte Informationssysteme zur privaten Verwendung im privaten Lebenskreis von einer Datenschutzgesetzgebung auszunehmen, S. 143.

[43] *Luhmann*, Grundrechte als Institution, Ein Beitrag zur politischen Soziologie, Berlin 1965, S. 53 ff., *B. Schlink* (s. Am. 19) S. 157.

[44] § 21 Abs. 1 Satz 1 Entwurf Bundesdatenschutzgesetz ist dann nicht verfassungswidrig, wenn man die Schutzbereichsbestimmung des § 2 Abs. 1 beim Wort nimmt, wonach nur zur Weitergabe bestimmte Daten vom Gesetz geschützt werden. Diese Regelung ist allerdings entschieden zu restriktiv, denn sie läßt den gesamten Abschnitt 3 über die private Datenverarbeitung für eigene Zwecke und zu einem erheblichen Teil den 2. Abschnitt über die öffentliche Verwaltung praktisch leerlaufen: nur wenn ausnahmsweise Daten doch weitergegeben werden sollen, gelten nach § 2 Abs. 1 Satz 2 „die einschlägigen Vorschriften", was nur heißen kann: die Weitergaberegelungen. Unanwendbar

h) Recht auf Löschung

Zur Beseitigung ihn betreffender rechtswidriger bzw. rechtswidrig entstandener Datenzustände benötigt der einzelne einen Löschungsanspruch. Die Rechtswidrigkeit eines Datenzustandes wird in der Regel auf der nicht legitimierten Speicherung sensitiver Daten basieren und sich aus speziellen Rechtsnormen oder einer Interessenabwägung ergeben. Beispiele wären etwa die Speicherung von Daten über politische und religiöse Einstellungen in einer Personaldatenbank oder medizinischer Daten in einer Datenbank für Direktwerbung. Die rechtswidrige Entstehung kann sich aus einer rechtswidrigen Ermittlungsmethode ergeben, z. B. verbotener technischer Aufzeichnung, Diebstahl, Täuschung, Erpressung, oder aus der Rechtswidrigkeit der Abgabe seitens des Datenlieferanten, z. B. wegen Verstoßes gegen gesetzliche Geheimhaltungspflichten. Durch Löschungsvorschriften kann außerdem ein Vergessensprinzip in die Informationssysteme eingebaut werden, ähnlich z. B. der Tilgungsregelung beim Strafregister. Das Löschungsprinzip zwingt die Informationssammler, ihre Bestände zu aktualisieren und gibt dem einzelnen die Möglichkeit, sich neu und unbelastet von lang zurückliegenden Vorgängen darzustellen. Der Konflikt zwischen Löschungs- und Erhaltungsinteresse ist nur schwer zu lösen. Auch hier sind auf beiden Seiten grundrechtlich geschützte Positionen zu berücksichtigen[45].

i) Datenbank-Register

Als institutionelles Instrument des Datenschutzes wird die Errichtung eines öffentlichen Registers vorgeschlagen, das für alle oder alle in einer bestimmten Weise qualifizierten Datenbanken die für den Datenschutz wesentlichen Tatbestände ausweist.

Zweck des Datenbank-Registers soll sein,

- dem einzelnen nähere Anhaltspunkte zu geben, wo welche Daten über ihn in Datenbanken gespeichert sein können („Wegweiser-Information"),
- Informationen für administrative Datenschutzmaßnahmen zu liefern (administrative Information) und
- Informationen über den Stand und die Entwicklung der informationellen Gesamtstruktur anzubieten (politische Information).

Die Datenbank hätte folgende Klassen von Registereintragungen zu enthalten:

- Unternehmens-Information (Name/Firma, Anschrift, Unternehmenszweck),

---

bleiben alle übrigen Schutzvorschriften, z. B. über Speicherung, Änderung, Löschung, Auskunft, Datensicherung, Überwachung, Veröffentlichung, Strafbestimmungen — eine Gesetzestechnik, die an arglistige Täuschung grenzt, und ein in der Sache inakzeptables Ergebnis. Wer glaubt dem Entwurf datenschutzfreundlichere Interpretationen abgewinnen zu können, vgl. *Auernhammer*, in: Dokumentation (s. Anm. 30), S. 170, 181 f.

[45] Gesetzliche Vorschriften haben auf den jeweiligen Sachzusammenhang abzustellen, nicht auf das Medium, vgl. z B. die Löschungsfristen im Fair Credit Reporting Act. Mit Recht gegen Regelungen in einem Bundesdatenschutzgesetz *Steinmüller* u. a. (s. Anm. 4),S. 123, 126, die jedoch das Löschungsprinzip auch sonst nicht für ausbaufähig halten. Der Entwurf eines Bundesdatenschutzgesetzes arbeitet insoweit mit einer — freilich nicht praxisnah und kontrollierbar ausgestalteten — Sperre, vgl. §§ 21, 27, 28; kritisch dazu *Simitis*, Datenschutz (s. Anm. 5), S. 150 Anm. 42.

— Datei-Information (Datenquellen, Datenempfänger, deren Verwendungszwecke),
— System-Information (Hardware, Software),
— Datenschutz/Datensicherheits-Information (technische und organisatorische Vorkehrungen; insoweit keine Publizität).

Nach seiner Funktion entspräche das Datenbank-Register also weniger dem Grundbuch oder dem Handelsregister, welche Sicherheit im Rechtsverkehr herstellen sollen, als einem Emissionskataster oder Plänen im Planfeststellungsverfahren: Sie dienen der Darstellung von Einzel- und Gesamtgefahrenlagen und geben den Betroffenen die für die Wahrnehmung ihrer Rechte erforderlichen Informationen.

k) Steuerungs-/Überwachungsinstitution

Ob Datenschutz gesetzliches Postulat bleibt oder aber praktischen Einfluß auf das Informationswesen gewinnen kann, hängt entscheidend davon ab, daß neben den von den Betroffenen je einzeln ausgeübten Einfluß eine institutionell ausgeübte Kontrolle tritt, die auch die Gesamtentwicklung verfolgen kann. In fast allen Gesetzentwürfen spielen deshalb Überwachungsorgane eine zentrale Rolle. Die vorgeschlagenen Organisationsformen bewegen sich innerhalb eines Spektrums von einer Verwaltungsbehörde über einen unabhängigen parlamentarischen Beauftragten (Datenschutzbeauftragter, information ombudsman) bis zu durch Fachleute ergänzten parlamentarischen Sonderausschüssen. Die Erfüllung einer ganzen Reihe zum Teil heterogener Funktionen wird von solchen Überwachungsinstitutionen erwartet:

1. Umsetzung, d. h. Konkretisierung und Anwendung gesetzlich vorgegebener Maßstäbe, z. B. bezüglich der persönlichen Eignung von Datenbankunternehmern (Zuverlässigkeit, Unabhängigkeit), bezüglich betriebsbezogener Voraussetzungen (technische und organisatorische Datensicherheit) und bezüglich der Merkmale und Funktionen des Informationssystems (Unbedenklichkeit von Informationsinhalten, -verwendungsweisen und Arbeitsmethoden). Die wesentlichen rechtstechnischen Mittel für die Kontrolle von Geschäftsbeginn und laufendem Betrieb sind Konzessionierung, Auflagen und Verbote.
2. Die Herstellung von Transparenz im Datensektor, z. B. durch die Führung eines Datenbank-Registers.
3. Die Analyse der Gesamtentwicklung und die Lieferung entsprechender feedback-Information an die verantwortlichen politischen Instanzen und die Öffentlichkeit.
4. Die Ermöglichung der Partizipation gesellschaftlicher Kräfte und der Berücksichtigung gesellschaftlicher Interessen und Werte durch entsprechende Zusammensetzung des Kontrollorgans oder verfahrensmäßige Mitwirkung.
5. Die Funktion als Ombudsman, d. h. als unabhängige, von jedermann anrufbare Beschwerde- und Kontrollstelle.

Während die Funktion (1) primär administrativer Natur ist, dienen die Funktionen (2) bis (4) und teilweise (5) überwiegend politischen Zielsetzungen. Sie leisten eine Problemfrüherkennung und steuern öffentliche Aufmerksamkeit. Die

Funktionen (2) und (5) dienen außerdem individueller Interessen- und Rechtsdurchsetzung[46].

l) Sanktionen

Um ihre Verhaltensgeltung zu verstärken, werden Datenschutzpflichten mit Kriminalstrafen, Bußgelddrohungen (Ordnungswidrigkeit) und Schadenersatzpflichten bewehrt.

Die Qualifizierung datenschutzwidriger Handlungen als Kriminal- bzw. Ordnungsrecht kann dabei kein Selbstzweck und vor allem kein Ausgleich für unzureichende materielle Vorschriften sein. Entscheidend ist, ob Sanktionsdrohungen zur Herstellung von ausreichender Verhaltensgeltung notwendig und geeignet sind[47]. Die Abstufungen müssen den Graden der Sozialschädlichkeit folgen. Die Strafverfolgung muß von einem Antrag des Verletzten abhängig gemacht werden, da dessen Rechte durch das Verfahren zusätzlich beeinträchtigt werden können. Selbstverständlich impliziert das, daß bei jeder strafbaren Handlung die Verletzten informiert werden müssen.

Mitunter wird für Datenschutzverstöße die Einführung einer Gefährdungshaftung, d. h. einer Schadenersatzpflicht unabhängig vom Verschulden des Verantwortlichen, gefordert[48]. Jedoch kann man nicht sagen, daß der Umgang mit Daten, zumal in automatisierten Verfahren, für die Betroffenen besonders gefährlich im Sinne eines nicht voll beherrschbaren Geschehensablaufs sei. Andererseits ist es richtig, daß der Verletzte aufgrund der organisatorischen und technischen Gegebenheiten oft nicht in der Lage sein wird, ein Verschulden der für den verletzenden Informationsvorgang verantwortlichen Person(en) nachzuweisen. Angemessener als eine Gefährdungshaftung erscheint daher eine Beweislastumkehr bezüglich des Verschuldens.

Der Ersatz von Immaterialschäden wird zwar zwangsläufig die von manchen so apostrophierte Schmerzensgeldinflation verstärken, erscheint aber, insofern eine Verhaltenssteuerung bezweckt ist, erforderlich, da der Verletzte in der Regel einen wirtschaftlichen Schaden nicht nachweisen kann.

m) Organisation der Datenverarbeitung

Um Informationssysteme gegen den unbefugten „Durchgriff" seitens einflußreicher Stellen zu sichern und die Manipulationsgefahr zu verringern, wird vorgeschlagen, organisatorische Distanz zwischen den Interessenten und den Inhabern der unmittelbaren Datenherrschaft in der Weise herzustellen, daß der technische Betrieb der Datenverarbeitung nur selbständigen und unabhängigen Einrichtungen anvertraut wird.

---

[46] Von den bisher installierten Datenschutzinstitutionen leistet der Datenschutzbeauftragte nach dem hessischen Datenschutzgesetz vom 7. Okt. 1970 (GVBl. I S. 625) die Funktionen 1 (ohne Eingriffsbefugnisse), 3 (durch Tätigkeitsberichte, vgl. oben Anm. 17) und 5; die schwedische Dateninspektion nach dem Datalagen vom 11. Mai 1973 die Funktionen 1 (Konzessionierung nur im Privatsektor), 4 und 5.

[47] Hierzu vor allem *Lenk*, Datenschutz (s. Anm. 4), S. 41 ff.

[48] Z. B. *Podlech*, Datenschutz (s. Anm. 22) S. 25 § 53 und Begründung S. 78 im Anschluß an den IPA-Entwurf (s. Anm. 17), *O. Mallmann*, Datenschutz in Schweden: Das neue Datengesetz, in: ÖVD 1974, S. 31 ff.

Im staatlichen Fereich soll die Trennung von Datennutzung und physischer Datenherrschaft durch die Ausgliederung und rechtliche Verselbständigung von Datenbanken bzw. DV-Zentralen in der Form von Körperschaften, Anstalten oder Stiftungen erreicht werden. Über paritätisch zusammengesetzte Leitungsorgane soll eine gesellschaftliche Kontrolle ermöglicht werden. Für das leitende Personal wird richterliche Unabhängigkeit, etwa analog zum Grundbuchamt, gefordert[49].

Im privaten Sektor könnte das Trennungsprinzip auf einem Teilgebiet durch die Gewährleistung rechtlicher und wirtschaftlicher Unabhängigkeit von Informationsvermittlern realisiert werden. Die Verbindung von Unabhängigkeit und gesellschaftlicher Kontrolle wäre mit Hilfe spezieller öffentlich-rechtlicher Unternehmensformen, ähnlich dem Rundfunk, möglich, was freilich die Vergesellschaftung der entsprechenden Informationsbereiche impliziert[50].

In der Organisationsfrage überschneiden sich zahlreiche technische, wirtschaftliche und politische Aspekte. Unter ihnen kommt dem Datenschutz nicht ohne weiteres die Priorität zu. Die Vielfältigkeit der Problemstellungen läßt es wenig sinnvoll erscheinen, die datenschutzoptimale Organisationsform zu suchen und allgemeinverbindlich zu machen. Vielmehr muß jeweils die konkrete Problemanalyse ergeben, in welcher Form Datenschutz in die Organisation eingebaut werden kann und muß.

Zusammenfassung

Die Herausbildung bestimmter Automationsschwerpunkte im Bereich der Verarbeitung personenbezogener Informationen wird, getrennt für den privaten und den staatlichen Sektor, mit einer Reihe ökonomischer und politischer Funktionsänderungen und Gewichtsverlagerungen erklärt, die durch die rapide steigende Kosten-Effektivität der ADV-Technologie verstärkt werden.

Gefahren für das Individuum werden informationell als zunehmende Verdatung, Datenliquidität und Mißbrauchsanfälligkeit beschrieben, pragmatisch als Entfremdung, Festschreibung, Verfügbarkeit der Lebenshistorie, Verlust sozialer Mobilität und zunehmend asymmetrische Wissens- und Machtverteilung zwischen Individuum und Organisationen analysiert. Die gesellschaftspolitische Gefahrendimension wird aufgezeigt.

Gegenüber den grundsätzlichen Einwänden, der Datenschutz verschleiere Privilegien, konserviere Konflikte und stehe einer offenen Kommunikation im Wege, wird auf das konfliktpositive Potential, den politisch-strategischen Wert und die Eignung des Datenschutzes als spezifische Technik normativer Verhaltenssteuerung hingewiesen.

Als grundlegende Ansätze eines rechtlichen Datenschutzes werden dargestellt: die Bestimmung von Rechtsgütern, die Regelung der Organisation der Informationsträger, die Regelung der Kommunikation sowie technisch-organisatorische und institutionelle Regeln zur Sicherung und Verstärkung der Verhaltensgeltung. Abschließend wird das rechtliche Instrumentarium des Datenschutzes, wie es sich in Literatur und Gesetzgebung herausgebildet hat, beschrieben und kritisch analysiert.

---

[49] Vgl. dazu vor allem *Podlech*, Datenschutz (s. Anm. 22), Grimmer, Probleme der Institutierung von Informationssystemen im öffentlichen Bereich, in: Datenschutz (s. Anm. 4) S. 237 ff. (251 ff), *v. Berg/Busch/Rustemeyer*, Die ADV-Organisationsgesetze und Vereinbarungen der Bundesländer, in: ÖVD 1972, 319 ff., 380 ff.

[50] Zu den primär aus anderen Gesichtspunkten entwickelten Organisationsmodellen für Inormationsbanken vgl. Das Informationsbankensystem. Bericht der Interministeriellen Arbeitsgruppe beim Bundesministerium des Innern, Bonn 1971, S. 45 ff.

Summary

The creation of certain points of emphasis, concerning automated processing of data related to individuals, is explained with a number of changes and displacements of functions in the politico-economic field; these changes are accelerated by the rapidly growing cost-effectivity-rate of adp-technology.

Dangers for the individual are seen in the informational dimension: in the quantitative growth of data description, in the liquidity of data and in the rising potential of data misuse; in the pragmatic dimension: in the alienation, in the fixation of the individual's state, in the disponibility of his life history data, in the loss of social mobility and in the growing asymmetrical distribution of information and power between individuals and organisations. The social and political dangers are explained.

In view of objections against data protection ("Datenschutz"), which accuse it of veiling social privileges, of conserving conflicts and of preventing an open communication, it is argued that data protection has also a conflict-positive potential and a political-strategic function and that it is a specific technique of normative control of behavior. The following fundamental approaches to data protection are described: defining of legally protected goods or values, regulating the organisation of relevant information holders and distributers, regulating communication, prescribing technical and organisational as well as institutional measures to secure and enforce the application of substantive rules. The legal instruments of data protection as developed by literature and legislation are critically reviewed.

Ejan Mackaay and Pierre Robillard

Predicting judicial decisions: The nearest neighbour rule and visual representation of case patterns

Contents

Introduction

Since *Kort*'s initial effort in 1957[1], a series of articles have appeared in which mathematical methods are used to try to explain judicial decisions in terms of circumstances of the conflict[2]. Our purpose in this article is to propose a

---

We would like to thank *Reed C. Lawlor* without whose inspiration and material help the Capital Gains cases would never have been analyzed and *André Poupart* of the Faculty of Law of the University of Montreal, for his expert opinions.
Comments on an earlier draft have been received from *Reed C. Lawlor, Arthur Rothman, Harold Spaeth, Ute Wigley, Thorne McCarty, Fred Kort, Werner Grunbaum* and *Glendon Schubert*, in order of arrival. Our sincere thanks are due.

[1] *Kort*, 1957, Predicting the Supreme Court Decisions Mathematically: a Quantitative Analysis of the "Right-to-Counsel" cases, American Political Science Review, Vol. 51, pp. 1–12.

[2] The most important and accessible publications on the subject are: *Fisher*, 1958, The Mathematical Analysis of Supreme Court Decisions: the Use and Abuse of Quantitative methods, American Political Science Review, Vol. 52, pp. 321–328; 1960, on the Existence and Linearity of Perfect Predictors in "Content Analysis", Modern Uses of Logic in Law, 1960, pp. 1–9; *Grunbaum* and *Newhouse*, 1965, Quantitative Analysis of Judicial Decisions: Some Problems in Prediction, Houston Law Review, 1965, pp. 201–220; *Kort*, 1957, op. cit. sub 1; 1958, Reply to *Fischer*'s "Mathematical Analysis of Supreme Court Decisions", American Political Science Review, Vol. 52, pp. 339–348; 1963, Content Analysis of Judicial Opinions and Rules of Law in: *Schubert* (ed.), Judicial Decision-Making, Free Press, pp. 133–197; 1963 a, Simultaneous Equations and Boolean Algebra in the Analysis of Judicial Decisions, in: *Baade* (ed.), jurimetrics, Law and Contemporary Problems, Vol. 28, No. 1, pp. 143–163; 1966, Quantitative Ana-

method which has not hitherto been used for that purpose. First we discuss the methods that have been proposed so far and some of their drawbacks. A second chapter explains the proposed new approach and a third describes the results of its application to Canadian capital gains cases. *Lawlor* has analyzed this same material with his linear programming methods and it may be interesting to compare the two approaches. An initial evaluation of the new approach is given in the last chapter.

In view of our limited objective this article does not deal with general questions concerning the "prediction research" such as its relation to research on the simulation of judicial reasoning and related more specific issues such as the criteria for selecting the initial set of cases and the descriptors in this analysis. We will approach these questions in another article. For our present purposes it is sufficient to view the prediction research as essentially exploratory in the expectation that eventually it will be fitted into a more general framework of research on legal reasoning.

1 Brief review of previous research on prediction of judicial decisions

The basic approach underlying the research published to date contains the following stages:

1. select a set of cases, similar in that they deal with a single issue;
2. define a series of descriptors in terms of which these cases can be analyzed;
3. analyze each case, assuring the reliability of analysis;
4. optionally: transform initial patterns obtained under 3 to a form more succinct or more amenable to 5;

---

lysis of Fact-Patterns in Cases and their Impact on Judicial Decisions, Harvard Law Review, Vol. 79, pp. 1595–1603; 1968, A Non Linear Model for the Analysis of Judicial Decisions, American Political Science Review, Vol. 62, pp. 546–555; 1972, Linear and Nonlinear Functions as Criteria for Distinction between Judicial Decisions in Different Legal Systems, in: *Herndon* and *Bernd* (eds.), Mathematical Applications in Political Science, VI, The University Press of Virginia, pp. 7–31; *Lawlor* 1963, What Computers can do: Analysis and Prediction of Judicial Decisions, American Bar Association Journal, 1963, pp. 337–344; 1963, Fundations of Logical Legal Decisions Making, MULL, June 1963; 1965 Analysis and Prediction of Judicial Decisions – Informal Progress Report, MULL, September 1965, pp. 132–137; 1967, Personal Stare Decisis, Southern California Law Review, Vol. 41, pp. 73–118; 1968 Fact Content Analysis of Judicial Opinions, Jurimetrics Journal, June 1968, pp. 107–130; 1968 a, Judicial Opinions – Analysis and Prediction (unpublished mimeographed book); 1969, the Chancellor's Foot – a Modern View, Houston Law Review, Vol. VI, pp. 630–655; 1969, Axioms of Fact Polarization and Fact Ranking – their Role in Stare Decisis, Villanova Law Review, Vol. 14, No. 4 (summer 1969), pp. 703–726; 1971, Fact Content Analysis and Precedent – A modern Theory of Precedent, based upon a paper presented at 1971 Annual Convention of the American Political Science Association and summarized in Jurimetrics Journal, 1972, pp. 245–270; *Nagel* 1969, the Legal Process from a Behavioural Perspective Dorsey Press, chapters 9 to 13; *Tanenhaus* e. a. 1963, the Supreme Court's Certiorari Jurisdiction: Cue Theory, in: *Schubert* (ed.), Judicial Decision-Making, Free Press; *Ulmer* 1963, Quantitative Analysis of Judicial Processes: Some Practical and Theoretical Implications, in: *Baade* (ed.), Jurimetrics, Law and Contemporary Problems, Vol. 28, pp. 164–184; 1967, Mathematical Models for Predictions

5. apply a "correspondence function" relating the patterns obtained under 3 or 4 as independent variables to the decision – by the court or by each judge individually – as the dependent one;
6. evaluate results and determine whether regularities have been detected that can be the basis for prediction.

We discuss each of these steps in terms of its influence on the choice of a model for step 5 and on the performance of that model. The first step, the selection of a set of cases, determines the type of descriptors to be used and the rate of accuracy to be expected. The more heterogeneous the cases the more general the descriptors and the smaller the precision of the predictions.

So far only isolated fields have been analyzed and no theory has been developed as to how distinct fields can be integrated into larger ones. Such a theory might account for what in legal theory is known as reasoning by analogy in which arguments put forward in a case in a given field are invoked in a different area. It might also tackle the question of how to assign a new case on fields that have already been analyzed. We believe that the model to be proposed in the next chapter holds promise for the conceptualization of such questions, but we will not explore the issue further. The initial selection of cases will be considered a non-modifiable constraint for our purpose.

The definition of the descriptors, step two, has been explored more widely[3]. Some research is based on elements defined a priori from knowledge of what should influence decisions. In other instances descriptors have been chosen empirically after an initial scan of the cases, on the basis that they appear to contribute to a correct separation of PRO and CON decisions. Thus elements which are essential to the legal characterization of the case may be useless since they do not vary from case to case in the given set and hence do not contribute to correct discrimination.

Descriptors are supposed to be independent one from another. Should this restriction be violated, several ways are open to select or regroup descriptors such that the resulting factors do satisfy the requirement. Factor analysis has been used by *Kort* for such purpose[4].

A second restriction on the descriptors is their number. In the regression and discriminant analysis models of stage 5 the number of descriptors must be considerably smaller than the number of cases for the analysis to be meaningful.

Judicial Behaviour, in: *Bernd* (ed.), Mathematical Applications in Political Science, the University Press of Virginia, pp. 67–95; 1969, the Discriminant Function and a Theoretical Context for Its Use in Estimating the Votes of Judges, in: *Grossman* and *Tanenhaus*, Frontiers of Judicial Research ,Wiley, pp. 335–369 – For an informal application on a civil law concept, see *Saint-Mleux* 1971, De l'orientation d'un jugement (immeubles par destination), Revue Juridique Themis, T. 6, pp. 193–208.

[3] See especially *Lawlor*, 1969, Applied Jurimetrics – Case Law Analysis Manual (unpublished); *Nagel* 1969, op. cit. under 2; *Tanenhaus* 1963, op. cit. under 2; *Ulmer* 1969 op. cit. under 2.

[4] *Kort* 1963, op. cit. under 2. See also the intuitive regrouping of variables into large categories; *Nagel*, 1969, op. cit. under 2, at pp. 160–161 (reprinted from Indiana Law Journal, Vol. 41, pp. 403 FF).

To reduce the number of variables, *Kort* has used factor analysis and *Lawlor* has suggested, but to my knowledge not tried, intuitive regrouping and scaling of descriptors[5].

A third restriction on the variables is that they are supposed to be "compensatory" if one is to use regression or discriminant models at stage 5. This means that no single factor's presence should be indispensable to reach either decision: every variable's position in one direction can to a greater or lesser extent be compensated by opposite directed values of other variables. *Kort* has attempted to test the hypothesis that civil law but not common law systems function with such indispensable conditions[6]. He compared Swiss and Connecticut Workmen's compensation cases. For his civil law cases a transformation was introduced which makes them amenable to analysis by compensatory methods. It is interesting to summarize his method. By intuitive means using all descriptors one establishes that for a PRO-decision the presence of factor E is essential, as well as that of A or the combination of B, C and D and F or G. Symbolically,

$$D\ (PRO)\ \text{implies}\ (A + BCD) \cdot E \cdot (F + G) \quad \text{(in Boolean notation)}$$

Algebraically the second expression can be transformed into a disjunction of four terms namely:

$$\underbrace{AEF}_{X_1} + \underbrace{BCDEF}_{X_2} + \underbrace{AEG}_{X_3} + \underbrace{BCDEG}_{X_4}$$

Clearly the logical value of each of the complex terms noted X_1 to X_4 can be determined from the original variables. Step 5 may be applied to these composite variables as *Kort* has shown.

In most instances descriptors allow only for absence of presence of the stated conditions and hence are binary variables. Sometimes a third, intermediary value is admitted: the descriptor is inapplicable to the situation and hence it is meaningless to try to assert presence or absence. *Kort* has used ordinal variables, where the rank was determined by the number of allusions to the element in question in the written opinion[7]. In no cases have higher order variables – of the interval or ratio type, such as amounts of damages, earnings, ages, time periods – been used in this type of analysis.

The criterion variable – the judicial decision – is usually binary too. *Kort* has used the proportion of judges voting in favour of a specific party[8], and else-

---

[5] See also *Grunbaum* and *Newhouse* 1965, op. cit. under 2 and *Lawlor* 1971, op. cit. under 2, p. 264. The regrouping of descriptors is all the more interesting to study since psychological theory suggests that humans cannot simultaneously consider anything like the number of elements that are used in most of the prediction efforts. One may, of course, adopt a black box stand on this subject. On the limitation on human information handling in short therm memory, see *Miller,* The Magical Number Seven Plus Or Minus Two, in: the Psychology of Communication, Penguin Books; *Simon,* 1969, The Sciences of the Artificial, MIT Press, pp. 35 FF; *Hogarth*, 1971, Sentencing as a Human Process, Univ. of Toronto Press, p. 302.

[6] *Kort* 1968 and 1972, op. cit. under 2.

[7] *Kort* 1963, op. cit. under 2.

[8] *Kort* 1957, op. cit. under 1, and 1963, op. cit. under 2.

where the likelihood of such a vote[9].

We will not discuss step 3 since it raises mostly operational problems on which *Lawlor* has written extensively[10]. Step 4 has been dealt with implicitly in the preceding paragraphs.

The correspondence function linking dependent to independent variables varies almost with each researcher in the field. To date one has seen boolean lattices, multiple regression and informal variants of it, discriminant analysis, linear programming and probit analysis. The lattice model is an interesting educational tool for the exposition of some basic assumptions which also apply to the regression and discriminant models. Since in most instances it provides predictions for only a fraction of all conceivable cases we will not consider it here[11]. *Lawlor* has adopted linear programming methods but has not described them in his publications and for this reason we will not discuss them either.

Multiple regression analysis assumes that dependent and independent variables are of the interval or ratio type with a normal distribution around their expected value. These conditions are not met when binary variables are used[11a]. Discriminant analysis is inadequate for similar reasons on binary independent variables. Probit analysis, used by *Kort* on the Swiss Workmen's compensation cases, calculates for each combination of facts the probability of a decision for a given party. This was interesting in that particular situation since 236 cases were distributed over 53 different fact configurations with the result that as initial dependent variable one could use the proportion of cases decided in a given way for each of the 53 different patterns. However, for most of the different fields of law analyzed to date multiplicity of cases with the same fact pattern is rare if not absent, and *Kort*'s method does not lie. The nearest neighbour rule which we introduce in the next chapter is specifically oriented toward classification problems with nominal type dependent variables and nominal or any other type of independent ones. Thus the material to be analyzed does not strain the assumptions of the model at the outset.

---

[9] *Kort* 1972, op. cit. under 2.

[10] *Lawlor* 1968 and 1968 a, op. cit. under 2 and 1969, op. cit. under 3.

[11] *Lawlor* 1967, op. cit. under 2; *Lawlor* had already developed the basic theory in 1962, in his unpublished paper "Prediction of U.S. Supreme Court Decisions". It is not difficult to see the relation between the lattice model and decision tables, which have been proposed for analysis of legal rules by *Peterson*, 1969, Decision Tables as a Tool for Legal Communication and Analysis. Jurimetrics Journal, Vol. 10, No. 1, pp. 24–32. See also *Alchourrón* and *Bulygin*, 1971, Normative Systems, Springer Verlag, Ch. 1. *Kort* and *Lawlor* have refined the decision table logic by introducing the idea of polarization of variables and of case ranking. A binary variable is correctly polarized if its "1" state is more favourable to a PRO decision than its "0" state. Given the assumption of independence of variables, one can define a partial order amongst cases: a case A is ranked above case B if the fact pattern of A can be obtained from that of B by changing at least one "0" state into "1". If a case is decided PRO, it may then be inferred that all higher ranked cases should also, and inversely if it is decided CON, all lower ranked cases should be so decided.

[11a] *Reisinger* proposes such use in a related situation. *Reisinger,* Automatisierte Normanalyse und Normanwendung J. Schweitzer Verlag, 1972, p. 104.

2 The nearest neighbour method

The rationale behind the model we wish to propose can be taken by analogy from Cross at the outset of his "Precedent in English Law":

> "It is a basic principle of the administration of justice that like cases should be decided alike. This is enough to account for the fact that, in almost every jurisdiction, a judge tends to decide a case in the same way as that in which a similar case has been decided by another judge."[12]

The basic pattern of the model consists in calculating a measure of similarity or dissimilarity between the fact patterns of cases and in predicting the decision in a new case to be the same as that of its closest neighbour in terms of the forementioned dissimilarity measure.

2.1 Choice of a dissimilarity measure.

If C_i and C_j represent the fact patterns of two cases, the index D of dissimilarity should have the following properties:

1. $D(C_i, C_i) = 0$ for all C_i and C_j
2. $D(C_i, C_j) = D(C_j, C_i)$ for all C_i and C_j
3. $D(C_i, C_j) > 0$ for all C_i

Moreover the index should express the idea of distance between cases. If for some reason we consider that C_e and C_k are further apart than C_i and C_j, this situation should be reflected by $D(C_i, C_j) < D(C_e, C_k)$. Quite a few measures satisfying these requirements have been proposed in the literature[13], and the choice of one can be the object of a separate study which we postpone to a later article.

For our present purposes it will be sufficient to adopt a simple measure adapted to the binary variables by which our cases are represented, namely the distance of *Hamming*. It represents the number of variables for which C_i and C_j take different positions. Formally,

$$D_0(C_i, C_j) = \sum_{k=i}^{K} U(X_{ik}, K_{jk})$$

where $U(X_{ik}, X_{jk}) = 0$

for $X_{ik} = X_{jk}$

and $= 1$ otherwise

This measure is used for illustration because of its simplicity. It should be noted that most of the results are independent from the measure chosen.

2.2 The nearest neighbour rule

The operation of the nearest neighbour rule requires a set of initial cases in

[12] *Cross*, Precedent in English Law, Clarendon Press, p. 3, 1968.

[13] *Jardine* and *Sibson,* 1971, "Mathematical Taxonomy", John Wiley and Sons Ltd. – part I, *Sokal* and *Sneath* 1963, "Principal of Numerical Taxonomy", *Freeman Gower*, 1971, " A General Coefficient of Similarity and Some of its Properties", Biometrics, vol. 27, No. 4, p. 857–872.

which the decision – or more generally the correct classification – is known and a dissimilarity measure. It stipulates that the decision predicted for a new case is that of its closest known neighbour. This classification method, which we will note NNR from now on, was introduced by *Fix* and *Hodges*[14] and its properties have been studied inter alia by *Cover* and *Hart*[15].

Several extensions and generalizations of this method have been suggested. We will discuss some that seem particularly adequate for our problem. The first extension consists in predicting a decision in the instant case according the most frequent decision amongst its K nearest neighbours. This variant will be noted K-NNR. Clearly where K = 1 K-NNR is identical with NNR.

A second extension consists in screening the set of initial or standard cases and taking out those in which the decision does not coincide with the majority decision amongst its L nearest neighbours. The resulting restricted set of cases is then used as standard in the K-NNR method as described above. This variant will be labelled L-K-NNR. It has the advantage of purifying the standard or reference cases by eliminating those that appear to be erroneous in relation to the other ones.

The asymptotic properties of the L-K-NNR method have been studied by by *Wilson*[16]. His study is designed to evaluate the risk of the method, that is the probability of misclassification or erroneous prediction. If one knew in advance the distribution of PRO and CON cases as functions of their fact patterns, i. e. if one knew $P_P(X)$ and $P_c(X)$, the best classification or prediction method would be

that the decision is PRO where $P_P(X) > P_c(X)$,
and is CON where $P_P(X) < P_c(X)$.

Ties would be allocated randomly. This is the Bayes' method which theoretically minimizes the risk of errors.

In our case the quantities $P_P(X)$ and $P_c(X)$ are evidently unknown and we are forced to adopt a method which is distribution independent. The preclassified set of known cases required by the nearest neighbour methods replace the just menstioned unknown quantities. Obviously these methods carry a higher risk than the Bayes rule and the question is to determine the loss of efficiency of the former in relation to the latter and to evaluate their practical usefulness.

Wilson has studied this question in theory and by means of Monte Carlo methods for a particular case. The theoretical study leads to the following conclusions:

– Where K is small, the use of the L-K-NNR rather than the K-NNR method

[14] *Fix* and *Hodges* 1951, "Discriminatory analysis, non parametric discrimination: consistence properties" U.S. Air Force Sch. Aviation Medecine, Randolf Field, Tax Project 21-49-004 Contract AF 41 (128)–31 Rep. 4.

[15] *Cover* and *Hart* 1967, "Nearest Neighbour Pattern Classification" IEEE Trans. Inform. Theory, Vol. JT-13, pp. 21–27.

[16] *Wilson* 1972, "Asymptotic Properties of Nearest Neighbour Rules using Edited Data", IEEE Trans. on Systems, Men and Cybernetics, Vol. SMC-Z, No. 3, pp. 408–421.

reduces the risk gap between the nearest neighbour rule and the optimal (Bayes) method by about half.

Where K is large the gains are less important.

- The optimal combination for risk minimization and simplicity in use is K = 1 and L = 3.
- Using this method with L > 3 and K > 1 does not substantially reduce the risk of error compared to the previous combination.

These conclusions are asymptomatic results inferred by means of probability theory. Strictly speaking they are valid only where the pre-classified set is of infinite dimension. Practically they can serve as a valid approximation of reality where the pre-classified set is large. In this sense they may guide our intention.

The problem remains to evaluate the performance of the nearest neighbour methods on small samples. To this end *Wilson* has simulated a series of real, finite situations and compared the asymptotic results with those obtained by simulation. The situations encompassed in the simulation are rather simple, possibly trivial in comparison to the application we have in mind in this article. In fact, *Wilson* has studied two univariate, normally distributed populations with different means. He concludes that for a sample of 50 the 3-1-NNR is almost equivalent to the optimal *Bayes* method. Even though this simulation is rather different from the material we study in this article, namely judicial decisions, the results are sufficiently encouraging to allow us to use the NNR methods for our purpose. At any rate the most important reasons for us to experiment with the NNR-method and its variants are its intuitive attractiveness and its conceptual simplicity.

2.3 A practical problem: tied distances amongst neighbours

The implementation of the method may raise a minor problem. Several of the close neighbours to a given case may have the same dissimilarity value with it and there would be several ways of picking the K or L nearest neighbours as the case may be. This situation is particularly likely with the Hamming distance, less so with indices that take real – as opposed to integer – values. It is, of course, quite unlikely where case patterns are expressed by interval or ratio variables in the first place.

A practical way of resolving this problem is to extend the set of the K or L nearest neighbours to include all those cases which have the same distance to the new case as the Kth or L^{th} neighbour. The values of K and L increase accordingly and the majority rule is applied as usual. Where as a result of this extension L or K becomes even and there is no majority, we might put the case in a special class of "indeterminate" items. At the preliminary screening this would mean that such cases would be excluded from the reference set and at the prediction stage we would conclude that no prediction could be given. (method A)

Alternatively, if the above solution is considered too costly, one might extend L or K even more to include the next higher class until a solution is reached according to the majority rule. A sub-variant may be used for example III in Table 1. Here to determine a majority amongst the three nearest neighbours, it makes no difference whether N_3 or N_4 is chosen. We could decide simply on the basis of N_1, N_2 and N_3. (method B) The two methods are illustrated in Table 1. Four arrangements are discussed of six cases. In each arrangement, the decision and the dissimilarity index to the central case are given for all six cases.

Table 1 – Examples of classification according to two methods of tie-breaking

Case C_1

neighbours	I distance decision	II distance decision	III distance decision	IV distance decision
N_1	PRO 1	PRO 1	PRO 1	CON 1
N_2	CON 1	CON 1	PRO 1	PRO 1
N_3	PRO 2	PRO 2	CON 2	CON 2
N_4	CON 2	PRO 2	CON 2	PRO 2
N_5	PRO 2	CON 3	CON 3	CON 3
N_6	PRO 4	PRO 4	PRO 4	PRO 4
classification of C_1 according to:				
– Method A	PRO	PRO	indeterminate	indeterminate
– Method B	PRO	PRO	PRO	CON

3 Validation of the method

Although the general performance of the nearest neighbour methods as established by theory and simulation is encouraging and the citation by *Cross* at the beginning of the second chapter makes their applicability to the area of judicial decisions plausible, we wish to justify these methods more closely by studying whether they arrive at intuitively acceptable results on a set of real decisions[16a].

To some extent our test results may be influenced by the particular dissimilarity index we have adopted for this study. It may well be true that different coefficients have to be used in different areas of law. However. the study of this hypothesis is left for a future article. The methodology followed hereafter can be applied whatever the dissimilarity coefficient.

3.1 Application of the NNR method to Canadian capital gains cases and comparison with other methods

To explore the method described in chapter 2, we have used Canadian capital

[16a] *Lawlor* has used the idea of similarity of cases in his second method discussed in *Lawlor* 1963, p. 343.

gain cases from 1958 to 1968[16b]. The concept of capital gain seems to be imprecise in Canadian law and learned writers have difficulty to discover the precise criteria according to which certain profits are classified as capital gain rather than as income. Until recently capital gains were not taxed at all; at present, they are, but at a reduced rate.

The rationale behind the distinction can be illustrated by a simple example. A taxpayer owns a fruit yard. If the crop of fruits is sold, the profit is taxable as income, but if the trees themselves are sold, even at a profit, only capital gains will arise. So far, no problem. But if the taxpayer started to buy and sell trees on a more or less regular basis, when would such operations be called a business and the profits be taxable?

The question to be determined in the words of the classical case Californian Copper Syndicate Ltd. V. Harris (5 Tax Cases, 1904, p. 159) is:

> "What is the line which seperates the two classes of cases may be difficult to define, and each case must be considered according to the facts; the question to be determined being – Is the sum of gain that has been made a mere enhancement of value by realizing a security, or is it a gain made in an operation of business in carrying out a scheme of profit making?"

Canadian courts have not succeeded in developing a series of firm criteria for distinguishing capital gains from income. Some commentators believe that combinations of factors should be considered, such as the intent, whether it was an isolated transaction or not, the relationship to the taxpayer's ordinary business and the nature of the transaction. Each factor individually would not convince a court.

Intent is, of course, rather difficult to assess in its own right and courts have sought to rely on "objective" factors termed "badges of trade", thought to be indicative of speculative intent. As such, they have relied on frequency of similar transactions, the normal business or profession of the taxpayer, the time period during which the taxpayer has kept the object in question, the type of financing of the operation.

The field is thus characterized by a large number of "tests", none of which is individually decisive, but which presumably together account for the actual decisions. The analysis of cases of the sort discussed in this article is particularly adequate to study whether the combined effect of descriptors can lead to acceptable separation of cases for and against the taxpayer. Forty-six (46) descriptors have been used, of very specific, detailed content.

Lawlor has analyzed this material with his linear programming technique and reported on it in his paper to the 1971 Convention of the American Political Science Association. His approach is to find through linear programming techniques a set of weights w_k for all descriptors such that the expression

---

[16b] The analysts had previously been trained by means of Lawlor's methods and materials. Surprisingly, the Montreal students, despite the difference of language and legal culture, attained a higher reliability on *Lawlor*'s training material – United States Supreme Court cases – than his own team.

$$Y_i = \sum_{k=1}^{K} w_k \cdot x_{ik}$$

where $x_{ik} = 1$ if the kth descriptor is present in the ith case
and $= 0$ otherwise

has the following properties

$0 < Y_i < 1$ if C_i was decided against a given party (CON)
> 1 otherwise

Since *Lawlor* has not yet revealed the specific function he seeks to optimize, we will discuss only the results taking the method for granted.

In order to evaluate the power of his prediction scheme *Lawlor* uses what the terms the "cyclical sampling" approach[17]. Each case successively is subjected to the following procedure. The instant case is removed from the set of reference cases and the remaining set is used to calculate the values of the w_k. These values are then used to "predict" the decision in the initially removed case. One records whether predicted and actual decision coincide.

The removed case is then reintegrated in the reference set and the procedure moves on to the next case. At the end of the process, one can make a list of all "mis-predicted" cases.

This method is similar to the NNR method in that the decision in a given case is not used in the process of predicting the outcome of that case; clearly when all cases are used to determine optimal descriptor weights in the *Lawlor* approach there can be no surprise to find that on the basis of those weights each case is correctly classified; the results would look unduly promising.

We have used a third method for predicting case outcomes, namely unit weighting. Recent literature has stressed that for small sets of items, such as the one we are working on, and a relatively large number of variables, this method is more reliable than differential weighting via multiple regression.[17a] Since unit weighting is very easy to apply, a minimal justification required for any scheme which requires elaborate computations is that its performance be better than that method. In applying the unit weighting approach, care has been taken to follow the cyclical sampling rationale, i. e. not to use the decision of a given case in determining the threshold and predicting its outcome.

Cases which are incorrectly predicted by any of the foregoing methods may be considered "suspect" by its standard. Such cases are difficult to explain on the basis of the remaining ones. It may be interesting to see whether this phenomenon coincides with its counterpart in traditional legal reasoning. To this end

---

[17] *Lawlor* 1965, op. cit. under 2 at p. 133 and 1967, op. cit. under 2, at pp. 110–111. The method is identical to the one studied by *Lackenbruch* and *Mickey*, 1968 "Estimation of error rates in Discriminant Analysis", technometrics, Vol. 10, No. 1, pp. 1–11.

[17a] *Schmidt*, 1971, "The relative efficiency of regression and simple unit predictor weights in applied differential psychology", Educational and Psychological Measurement, 1971, Vol. 31, pp. 699–714. – *Claudy*, 1972, "A comparison of five variable weighting procedures", Educational and Psyochological Measurement, 1972, Vol. 32, pp. 311–322.

we have asked an expert in taxation, Professor André *Poupart*, which cases seemed "odd" to him. To allow him to make an independent judgement he was not, at this stage, made aware of the cases which were singled out by the various mathematical methods. Table 2 summarizes all this information.

Table 2 – Incorrectly predicted cases according to three methods using cyclical sampling approach and in an expert's opinion

Method	Case codes[1]												Total
1. 3-K-NNR													
– method A[2, 3]			17*	(31*)			(52)	55*	57*			(64)	3+3 inc
– method B[2]			17*				52	55*	57*				4
2. *Lawlor*'s Linear Programming	7	11	17*		38	44	53				60		7
3. Unit Weighting	7	16	17*		37	47	52		57*	58	62*	63	10
4. Independent Lawyer's Opinion			17*	34*	39		50*						4

1 Case codes refer to Appendix A

* = PRO decision

In total 64 capital gains cases are included, of which 15 were decided in favour of the taxpayer (PRO).

Lawlor's article incorrectly reports 14 PRO and 50 CON decisions.

2 See section 2.3

3 Indeterminate cases between brackets.

At first sight, one is struck by the difference between results obtained with the NNR method, *Lawlor*'s linear programming and the lawyer's opinion. They have only case 17 in common. Before expressing an evaluation of this finding, we will further explore the results by projecting the cases onto one and two-dimensional scales.

3.2 Visual presentation

In this section we will inspect various projections of the cases onto one and two dimensional spaces. This visual aid should be particularly interesting for the purpose of comparing the "odd" cases detected by various methods in the previous section.

In a sense these spatial representations are complementary to the NNR method: the distance between any pair of points is made to ressemble most closely the dissimilarity between the corresponding cases. Let D_k (P_i, P_j) be a distance measure between points P_i and P_j in the Euclidian space R^k, where $k < 3$, and let this distance measure have the properties stipulated for the dissimilarity coefficient D (C_i, C_j) amongst cases introduced in section 2.1. The correspondence between the set $\{C_i\}$ of cases and the set $\{P_i\}$ of points will be better as D_k (P_i, P_j) is closer to D (C_i, C_j).

Let F (D, d) be a measure of overall correspondence between D (C_i, C_j) and D_k (P_i, P_j) ranging over all values of i and j. The set of points $\{P_i\}$ for which the function F (D, d) is minimal constitutes the best representation of the cases $\{C_i\}$. Depending on the function F, different representations are thus obtained, that may be best for different purposes.

For our purpose we use a function that is invariant under monotonic transformations of D_k (P_i, P_j). This is interesting since the nearest neighbour methods take into account only the relative size or rank of the dissimilarities between cases.

The particular function we propose to use was introduced by *Kruskal*[18] under the title "stress" and the associated mapping method is known as multi-dimensional scaling.

The program used for this analysis was MDSCAL Version 6MP.[19]. Because of a technical limitation we have been able to use only the first sixty cases. For these we have calculated space configurations in one, two and three dimensions. The first two are presented in this article. The stress obtained for the three representations was 0.69, 0.55 and 0.43 respectively. These values seem to be high in comparison to those found by *Kruskal*; this may be explained in part by the fact that our variables are binary and his of the ratio type.

Figure 1 gives the projection in one dimension. For clarity of presentation we have not put all points on a single vertical line, but instead given each case a different one. The horizontal dimension has no substantive significance. The dotted lines separate the PRO-only, PRO and CON mixed and CON-only areas of the map.

---

[18] *Kruskal*, 1964, "Multidimensional scaling by optimizing goodness-of-fit to a non-metric hypothesis", Psychometrika 129, pp. 1–27 – *Kruskal*, 1964, "Non-metric multidimensional scaling: a numerical method", Psychometrika 129, pp. 115–129.

[19] MDSCAL – 6 MP – Bell Laboratories Murray Hill, New Jersey, USA 1971

Figure 1 – One dimensional representation of first sixty cases.

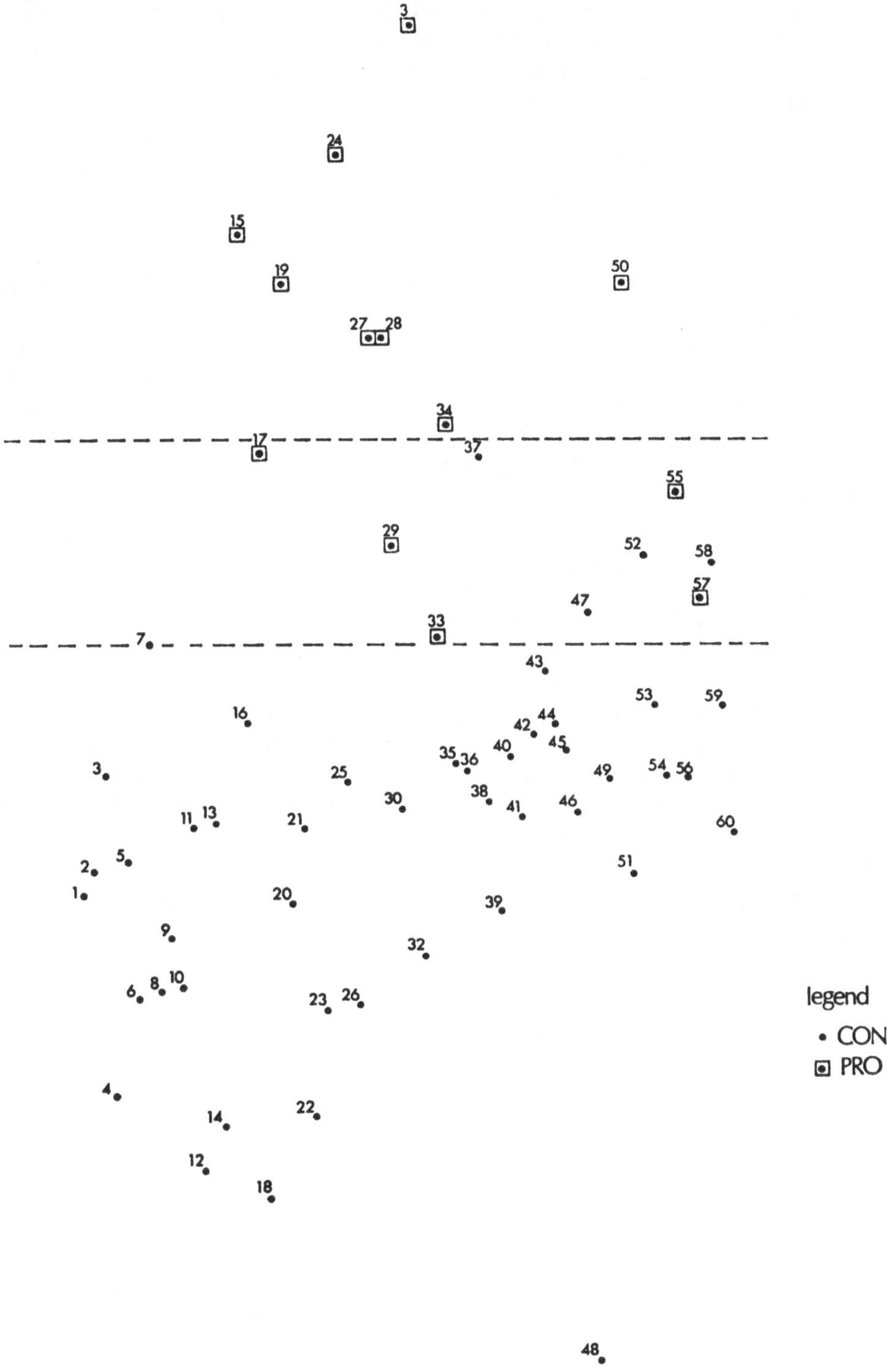

The presentation suggest a crude separation of PRO and CON decisions: the former tend toward one extreme, the latter to the other. The direction of PRO towards the top and CON towards he bottom is arbitrary. The separation is not perfect, but a statistical test shows that it is not the result of random factors. Hence we may be confident that the proposed dissimilarity measure contains sufficient relevant information to justify a one dimensional display which illustrates the distinction between the two types of cases.

Figure 1 may be used for prediction purposes as follows. Add the unknown cases to the sixty that are already known and prepare for the entire set a one dimensional display using the same method. The relative position of the new cases provides one with some indication as to the possible decision in those cases. In figure 1 we have divided the scale into three areas; one in which cases are unequivocally PRO, one in which they are unequivocally CON and one in between these two where both types of decisions occur and where one should hesitate to predict. The crux of the matter is the location of the two dotted separation lines beween the three areas. Their choice leaves scope for judgement on the part of the observer and shows that the prediction is by no means mechanical.

By comparison, the NNR method provides a mechanical decision rule and does not require human judgement. This may be both on advantage and a disadvantage. It is also intuitively more transparent: it explains why a case is classified PRO or CON. The one-dimensional display does not give intuitively obvious reasons why a given point should be located at a particular spot. One just observes it.

The visual display requires considerably more computation than the NNR method. For this reason the NNR method should be used for routine prediction and multidimensional scaling to study the reliability and relevance of dissimilarity coefficients and thus to justify their use in the NNR method. In this sense the methods are complementary.

In figure 2 the same sixty cases are represented in two dimensions. The direction of the graph is arbitrary; only the relative positions of the points count.

Figure 2 – Two dimensional representation of first sixty cases

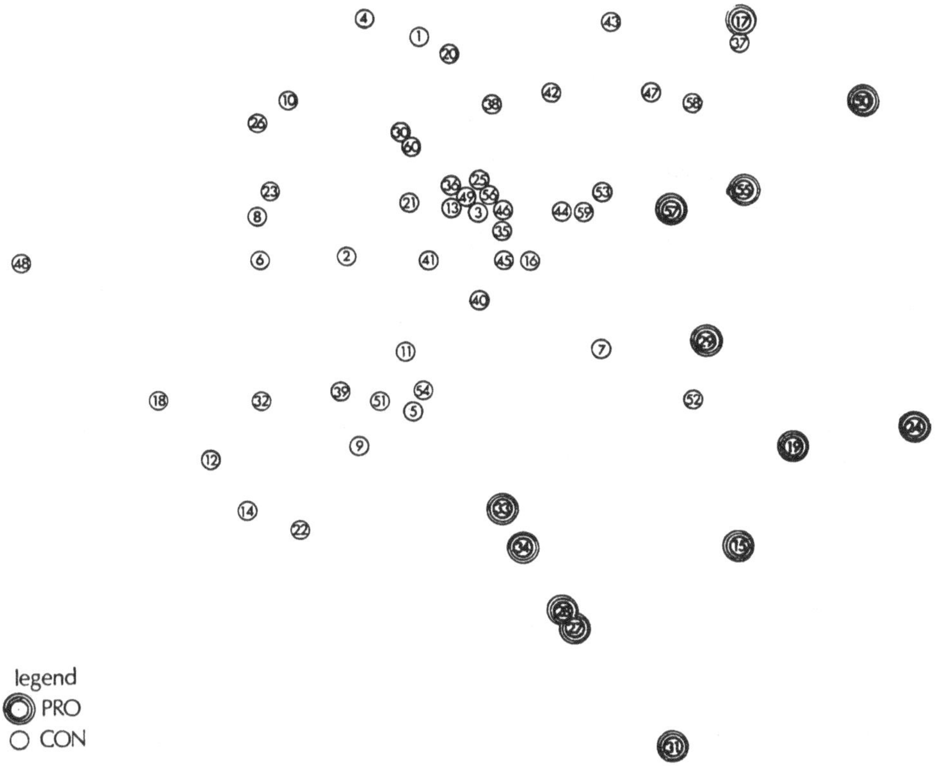

Again one notes the tendency for PRO decisions toward one extreme and CON decisions toward the other. This time it is easy to group cases visually and to appreciate differences and ambiguities. It allows the analyst to isolate details or distinguish certain patterns.

This display confirms our impressions from inspecting the previous one. The Hamming distance appears to be a relevant dissimilarity measure. This representation, too, may be used for the purpose of predicting decisions. However, the area of ambiguity has become more difficult to circumscribe and it is accordingly more complex to make a decision. The addition of a dimension has made details more explicit and analysis more delicate.

3.3 Reconsideration of incorrectly predicted cases

In section 3.1 we applied four different prediction methods to the capital gains cases and discovered that there was little overlap between items singled out by each method. To pursue this comparison further, we have marked the respective cases in the display of Figure 3. The case configuration in this figure is the same as in Figure 2.

Figure 3 — "Odd" cases according to the 3-K-NNR (NNR), the linear programming method of Lawlor (LLP), the unit weighting procedure (UW) and the expert's opinion (EXP).

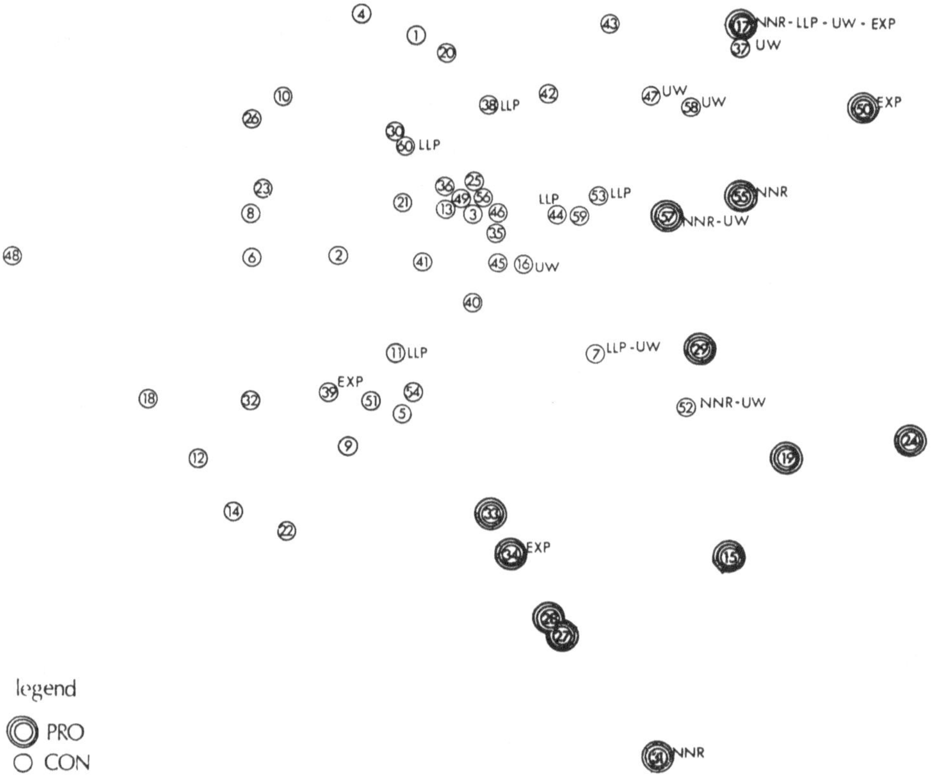

Most of the cases rejected by the three mathematical methods appear "borderline" in the preceding displays. The differences between the methods seem to be largely a matter of "accent". By contrast, three out of four cases singled out by the lawyer expert have "unambiguous" locations in the display; the fourth case, number 17, is retained by all four methods. The difference between the expert opinion and the mathematical methods demands further reflection.

An obvious explanation for such a difference is that neither mathematical model adequately captures human intuition. In terms of the scheme proposed in chapter 1, the flaw would be located at stages 4 and 5. However, because of the large concordance between the mathematical methods, one may justifiably hesitate to accept this conclusion outright and look for other possible explanaions. The following may be considered. First the descriptors may not focus on what is legally most relevant: a weakness at stage 2. Then the analysis may have been unreliable or otherwise faulty: a flaw at stage 3. Finally, the lawyer's judgement may have been imprecise for certain specific cases. Each of these arguments is considered in turn.

There are two ways of assessing the relevance of the descriptors. One is to argue that if the entire prediction procedure results in an adequate separation of PRO and CON cases, each of its stages is vindicated. Since between the mathematical methods and the lawyer's judgement there is a small difference at best in the number of erroneously assigned cases and their proportion in the whole set is small, rejection of the descriptors on this ground is not warranted. A second method is to assess the intuitive relevance of the descriptors. On this count, the lawyer's opinion was that no descriptor was patently irrelevant and conversely that no relevant aspect was not covered by at least one descriptor. Conceivably more refined judgements of correspondence between intuition and prediction instruments could be made on the basis of the relative importance of descriptors in establishing a case for the tax payer, the intuitive similarity of cases or the overall strength or weakness of a case for a given party. However, since for our material the expert lawyer was unable to provide such intuitive information, we will not pursue this argument and conclude that there is no good reason to suspect a serious flaw at stage 2.

A flaw at stage 3 means unreliable analysis. Since the mathematical methods are all based on the same descriptor pattern, unreliable analysis should not create differences amongst them. But there may well be a large difference between all three together and the intuitive analysis, which is not based on the same descriptor pattern and hence not subject to unreliability in its determination. These distinctions fit our previous observation of differences quite well. To test the reliability of the initial analysis, which, admittedly, was not based on unanimous judgement of at least two independently operating analysts, we have re-analyzed ten cases under this constraint and found only minor differences with the previous analysis. The differences are not sufficiently large to justify rejection of the initial patterns as unreliable and although they may account for some of the difference between mathematical and intuitive means, we postpone a complete re-analysis under unanimity constraint till a later moment.

The last source of discrepancy is the lawyer's opinion itself. To explore this possibility, we have provided the lawyer with a copy of Figure 2 and asked him

1. to reconsider the cases he previously felt were odd, namely 17, 34, 39 and 50
2. to consider cases that appear "borderline" in the display, namely 55, 57, 29, 7, 52, 33 and 34.

The results are as follows. In the first set of cases 17 and 50 are maintained odd, 39 is accepted and 34 is considered marginal. In the second set, all but 29 are maintained. Considering the picture that emerges from this new, possibly biased, opinion, the separation between PRO and CON cases is even more clearly represented by the two dimensional projection.

3.4 Further exploration of plausibility: cases selected for comment in the Canadian Tax Journal

As a further test of the intuitive plausibility of the diagram the case comments in the Canadian Tax Journal over the period covered by the sample were checked. The reputation of this journal is such that the cases which it deems fit to discuss may be presumed legally non trivial unless it specifically states otherwise. Some comments do not bear on the issue of whether a given profit was capital gain or income. If these are excluded one is left with the following list of cases attracting relevant comment:

(2), 5, 15, 19, (20), 27–28, 31, 33, 34, (35), 36*–37, 50, 53, 57[20]. If one excludes the comments marked in brackets which state specifically that the legal issue was trivial, all items refer to cases that could resaonably be considered "borderline" in our diagram at the time when they were decided. Not all borderline cases have received attention: on the basis of the diagram one would also have expected comments on 17, 58, 55, 29, 7, 52, 54. Nevertheless, this finding must be considered quite significant.

Figure 4 reproduces Figure 2 with commented cases specially marked. The black line is added to emphasize the visual separation of PRO and CON cases. It has been drawn to the right of case 29 because of the tax expert's opinion of that case, but might have passed elsewhere.

Figure 4 – Two dimensional representation: cases commented on in the Canadian Tax Journal (·).

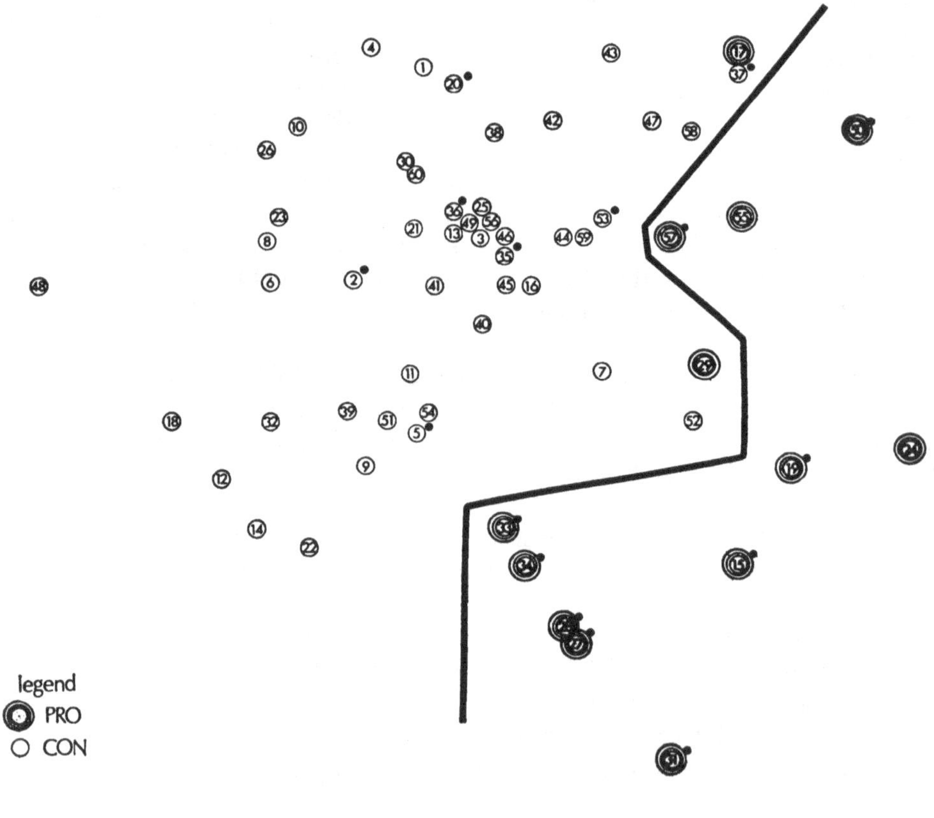

It is interesting to scrutinize the text of the comments since they frequently distinguish the case in question from previous ones, or announce a change of jurisprudence (see diagram 4). Case 5 is considered "'disquieting", a "deviation from precedent". The precedents in question are not part of our sample. As arguments for the decision cases 2 and 3 are cited, but the commentator feels that they are clearly different. In case 15 the circumstances in favour of the taxpayer were exceptionally clear and the decision is considered fair. Case 19 prepares the way for a reorientation of jurisprudence: in the preceeding, more severe period the taxpayer's case might have been dismissed on these elements. A major shift occurs with 27–28, which merit a full article in the Tax Journal. These cases are said to set "a landmark in taxation of Canadian capital gain" and totally reverse the "disquieting" case 5. Hence some further cases may be expected close to the line that links cases 5 and 27–28. Case 31 introduced a new concept, but does not seem otherwise startling as "since (27–28) nothing is clear". Case 33 is distinguished from 5 and all the more interesting because of 27–28. It is a "surprise", yet a "clear and uncomplicated" decision. A similar comment is devoted to case 34. The author reflects that

> "it is not so much that the courts are finding capital gains where they are clearly not; it is more that they are finding capital gains where a few years ago they might easily have found taxable income."[21]

This incursion of decisions in favour of the taxpayer into territory which previously would have been assigned to the Minister is well illustrated by the diagram.

Attention now moves to the upper right corner of the diagram. Commenting on cases 36 and 37, the learned tax editor states that 27–28 "upset whatever there was of an established pattern in the jurisprudence", creating "the capital gains mess". Cases 35, 36 and 37 follow the older line. Case 50 is considered "unusual"; in this and the next two comments no reference is made to cases 27 to 28: this conforms to our diagram where the cases are far apart. The last two comments contain no major changes: 53 went unfortunately against the taxpayer; 57 was decided in his favour but the "determination by the courts of whether a gain on the sale of real estate is capital or income is a chancy one."

Our excursion into the Canadian Tax Journal, undertaken to compare this source of intuitive perception of the cases with that of the expert lawyer, has shown some differences between two expert lawyers[22]. The existence of such

---

* Case 36, the only exception, was dealt with summarily in a comment on case 37 and will be neglected for that reason.

[20] References to the comments are given for each case: 2: CTJ (Canadian Tax Journal) 59, p. 209; 5: CTJ 60, p. 172; 15: CTJ 62, p. 250; 19: CTJ 63, p. 100; 20: CTJ 63, pp. 196–197; 27–28: CTJ 64, pp. 116–125; 31: CTJ 64, p. 164; 33: CTJ 64, p. 238; 34: CTJ 64, p. 313–315; 35: CTJ 64, p. 408; 36–37: CTJ 65, pp. 95–96; 50: CTJ 66, pp. 503–504; 53: CTJ 67, p. 22; 57: CTJ 68, p. 33.

[21] CTJ 64, p. 313.

[22] For a similar finding in the context of relevance assessments in document retrieval, see *Eldridge*, 1968, an Appraisal of a Case Law Retrieval Project, in: Proceedings of the Computers and the Law Conference, Queen's University, Kingston, Ontario, pp. 36–61.

a difference merits further exploration in its own right, especially if we wish to use intuitive perception of cases a a criterion on which to base evaluation of mathematical models. Moreover, it suggests that we should not be unduly worried about the difference between the mathematical models and the expert opinion, or at least that the observed difference is not sufficient reason to discredit the mathematical procedure or its constituent parts. Moreover, the scrutiny of the case comments has brought up unexpected, yet strong support for the two-dimensional projection. In fact, it permits to focus on the dynamic aspect of law and show that decisions which appeared new or extreme at the time of deciding in the view of an expert, turn out to lie on the frontier in the diagram. It can be shown that random factors are extremely unlikely to produce such agreement. At any rate, these time bound critical positions were not detected by the non visual methods.

3.5 The objective of the "prediction research"

The foregoing considerations suggest a reflection on what we are trying to achieve with the mathematical methods and hence what we should use as a performance criterion at stage 6 of the process description of chapter 1. Is it to arrive at errorless prediction within a sample of cases? An unambiguous criterion, to which we have come reasonably close with several mathematical methods. Yet we are left with some uncomfortable questions. How to choose among the several methods with roughly the same error rate? What about our legal intuition that certain decisions are problematic? What about the time order of the cases?

A more challenging criterion would require the models to detect what lawyers recognize as a policy reorientation, as individual differences between judges or as bad law, yet allow accurate prediction for the non-problematic cases. It may be objetced that the findings in this article suggest that lawyer's perception is not an unequivocal criterion and hence that our objective is not unambiguous. We have already noted that this subject will need further study. We may well discover that for a lawyer it is easier to verify whether a case is problematic if a diagram suggests so than to discover problematic cases unaided. In a sense, this strikes one as questionable and tantamount to lifting oneself by one's bootstraps. Yet it is just this that happened in the process during which the thermometer took over from the pulse-and-forehead method as a means of detecting fever[23].

4 Conclusion

This article has suggested a new method for predicting judicial decisions, namely a variant of the nearest neighbour rule. The results compare well with those obtained by *Lawlor* on the same material and if error rate only is considered, the new method does as well as the expert lawyer consulted during

[23] This example has been borrowed from *De Groot*, 1969, Methodology, Mouton, pp. 116–117. He uses it to illustrate the gradual elimination of surplus meaning in theoretical concepts.

the preparation of this article. Mathematically the structure of the model is simple and it is apt to handle material where both dependent and independent variables are binary. The computations are easy although not unimportant.

As a complement to this method, one- and two-dimensional displays were generated via multidimensional scaling methods based on the same distance measure as was used for the nearest neighbour method.

Cases singled out by various mathematical methods generally lie in the frontier between PRO and CON zones. A more powerful confirmation of the heuristic value of these displays was found in the concordance between frontier cases in the diagram and those that had attracted comment and were identified as non trivial in the respected Canadian Tax Journal. This concordance is all the more interesting since, at least for the present material, the development over time of the case law could be observed in the diagram, a feature which is not found in work reported by earlier researchers in this area. The question was raised as to what the "prediction methods" try to achieve: minimization of prediction errors or elucidation of human understanding.

Various lines are open for further research. Different distance indices may be used. Descriptors may be weighted in the dissimilarity measure. Fact patterns may be transformed into a few intuitively defined factors as *Kort* has suggested. This last possibility calls forth the problem of how descriptors are found. Of course, one can simply make an inventory at a level of low generality of all circumstances which have been mentioned in the cases. However, it seems fruitful, in this area also, to try to follow the human process, in which after a certain number of seemingly isolated recordings of circumstances a more general concept is launched tentatively to cover those instances and guide the recognition of similar features in future cases.

The relation between this presentation of legal information and the use of concepts imbedded in statutory rules should be clarified. At first glance, it seems that the "prediction" methods serve to determine the factual scope to be given to a legal concept such as capital gain[24]. The case comments cited in this article show how this type of assignment changes in time.

Finally, it should be worthwile to study how new cases are analyzed, i. e. assigned to areas of law, as a result of which we can compare them to other cases by methods such as the ones suggested above. This process seems to have affinities with document retrieval via hierarchically organized classification schemes. In actual fact, we also seem to make jumps directly from one case to another on the basis of their similarity.

Prediction research, exploratory at present, may then turn out to be a useful part of a more elaborate scheme to simulate legal thinking.

---

[24] On the relation between individual facts presented in a case and the higher level concepts or large categories through which they are recorded, see in particular, *Hogarth* 1971, Sentencing as a Human Process, University of Toronto Press. ch. 14–19, *Horovitz*, 1972, Law and Logic, Springer Verlag, *Reisinger*, 1972, op. cit. under 11 A, pp. 104 FF.

Summary

Since *Kort's* first attempt in 1957, a series of articles have appeared proposing mathematical methods to explain judicial decisions in terms of circumstances of the litigious situation. The area of research is commonly designated by the term "prediction of judicial decisions", incorretly, donsidering the present, exploratory state of research and the absence of theory explaining these findings and linking them to what is known about judicial reasoning and other relevant areas.

Within these limitations, this paper explores a variant of the nearest neighbour method for the purpose of "predicting" judicial decisions. The results compare well with those obtained by *Lawlor* on the same material and also with an expert's opinion.It is, however, dissatisfying that different methods fail on different cases and that they do not seem to provide us with insight in their difference.

To explore this matter further, one and two dimensional maps of the cases were prepared by means of a multidimensional scaling programme using the same distance index among cases as the preceding nearest neighbour calculations. The maps provide a crude separation of the decisions either way and the erroneously "predicted" cases lie in the border region on the two dimensional map. Further intuitive confirmation of these results was found in a prestigious law journal: all decisions that attracted comment there concern cases that could resonably considered borderline on the map at the time when they were decided. Moreover, the remarks in those comments about similarity and distinctions of a given case with previous ones also correspond to indications on the map.

Further research should capitalize on the heuristic power of the maps and try to elucidate policy reorientation, individual differences among judges or simply bad law. This process seems to be particularly promising with respect to complex or "fuzzy" concepts used by judges. More thought must also be given to the choice of the descriptors which so far have been described as "cues" or "the facts of the conflict".

Zusammenfassung

Seit *Korts* erstem Versuch im Jahre 1957 sind in einer Reihe von Abhandlungen mathematische Methoden vorgeschlagen worden, die richterliche Entscheidungen durch die Umstände des Streitfalles erklären sollen. Üblicherweise wird dieser Forschungsbereich mit dem Begriff „Voraussage richterlicher Entscheidungen“ bezeichnet, wobei jedoch der gegenwärtige, noch tastende Stand der Forschung und das Fehlen einer Theorie, die diese Entscheidungen erklärt und sie mit den bisherigen Erkenntnissen über richterliches Urteilen und andere einschlägige Gebiete verknüpft, nicht gebührend berücksichtigt werden.

Innerhalb dieser Grenzen untersucht dieser Aufsatz eine Variante der nearest-neighbour-Methode zur „Voraussage“ richterlicher Entscheidungen .Die Ergebnisse lassen sich durchaus mit den von *Lawlor* für das gleiche Material erzielten Ergebnissen und denen eines Sachverständigengutachtens vergleichen. Gleichwohl ist es unbefriedigend, daß unterschiedliche Methoden bei unterschiedlichem Fallmaterial versagen und uns keinen Einblick in ihre Unterschiede zu gewähren scheinen.

Zur weiteren Erforschung dieses Sachverhalts wurden ein- und zweidimensionale Abbildungen der Fälle mittels eines multidimensionalen Skalierungsprogramms erzeugt, unter Veurwendung des gleichen Abstandsindex unter den Fällen wie bei den vorangehenden Berechnungen des nächsten Nachbarn. Die Abbildungen sorgen für eine grobe Trennung der in dieser oder jener Richtung zu erwartenden Entscheidungen, und die fehlerhaft „vorausgesagten“ Fälle liegen auf der zweidimensionalen Abbildung im Grenzbereich. Eine intuitive Bestätigung dieser Ergebnisse fand sich in einer angesehenen Rechtszeitschrift: Alle dort einer Kommentierung für wert befundenen Entscheidungen betreffen Fälle, die im Zeitpunkt ihrer Entscheidung als durchaus im Grenzbereich auf der Abbildung liegend anzusehen waren. Darüberhinaus entsprechen auch die Kommentare über Ähnlichkeit und Unterschiede des Falles gegenüber früheren Fällen den Merkmalen der Abbildung.

Die weitere Forschung sollte sich vornehmlich mit der heuristischen Leistungsfähigkeit der Abbildungen befassen und versuchen, über Einstellungswandel, individuelle Unterschiede zwischen den Richtern oder schlicht schlechte Rechtsfindung Aufschlüsse zu vermitteln. Dieses Vorgehen erscheint besonders vielversprechend im Hinblick auf von Richtern verwendete komplexe oder „unbestimmte" Begriffe. Näher zu durchdenkenk ist auch die Auswahl der Deskriptoren, die bislang als „Schlüsselworte" bzw. „Sachverhalt des Streitfalls" umschrieben worden sind.

Appendices

1. Decisions analysed
2. Fact patterns
3. Descriptors

1. CASES ON CAPITAL GAINS FROM REAL ESTATE TRANSACTIONS
EXCHEQUER COURT OF CANADA, 1959-1968
D.T.C. = DOMINION TAX CASES

1 M.N.R. V. GEORGE LINDSAY BOWER 59 DTC 1055
2 BAYRIDGE ESTATES LTD V.M.N.R. 59 DTC 1098
3 HERSCH FOGEL V M.N.R. 59 DTC 1182
4 ADLER V. M.N.R. 60 DTC 1031
5 REGAL HEIGHTS LTD V. M.N.R. 60 DTC 1041
6 GEORGES LAURIN V. M.N.R. 60 DTC 1143
7 HARVEY CLARKE SMITH V. MON.R. 60 DTC 1282
8 ALPHEE GAGNON V. M.N.R. 61 DTC 1009
9 IRA D. ARCHIBALD V. M.N.R. 61 DTC 1113
10 LOUIS JARRY V. M.N.R. 61 DTC 1239
11 DONALD C. BROWN V. M.N.R. 61 DTC 1255
12 ANTONIO ARCHAMBAULT V. M.N.R. 62 DTC 1086
13 CADILLAC CONTRACTING ... V. M.N.R. 62 DTC 1170
14 STERLING TRUSTS CORP. ET AL V. M.N.R. 62 DTC 11R5
15 DONALD QUON AND LEE K. YUEN V. M.N.R. 62 DTC 1?04
16 J. EUCLIDE PERRON LTEE V. M.N.R. 62 DTC 1288
17 SAMUEL LYONS LIQUIDATOR V. M.N.R. 62 DTC 1297
18 GEORGES ST-AUBIN V. M.N.R. 62 DTC 1324
19 BRAMPTON BRICK LTD V. M.N.R. 63 DTC 1033
20 DONALD K. FRASER V. M.N.R. 63 DTC 1083
21 RONALD D. GRANT V. M.N.R. 63 DTC 1159
22 ROBERT JAMES R. RUSSELL V. M.N.R. 63 DTC 1177
23 SAMUEL FABI V. M.N.R. 63 DTC 1249
24 DORWIN SHOPPING CENTER LTD V. M.N.R. 63 DTC 125R
25 HARRY WALKER E.A. V. M.N.R. 63 DTC 1280
26 PERCY SMITH V. M.N.R. 1963 DTC 1326
27 M.N.R. V. VALCLAIR INVESTMENT CY 64 DTC 5014
28 M.N.R. V. COSMOS INC. 64 DTC 5020
29 RUSSEL W. FYKE V. M.N.R. %RESIDENCE< 64 DTC 503?
30 M.N.R.V. CLIFTON H.LANE 64DTC P 5049
31 SAMUEL J.MILLER V. M.N.R. 64 DTC P 5084
32 HARRY HORTICK V. N.N.R 64DTC 5094
33 WARNFORD COURT %CANADA< V.M.N.R. 64 DTC P.5103
34 M.N.R. V. CORINNE M.THIBEAULT 64 DTC P.5151
35 JOSEPH A.VILLENEUVE V. M.N.R. 64 DTC P.5174
36 DAVID ROTHERBERG V.M.N.R. 65DTC P5001
37 HARMONY INVESTMENT LTD V.M.N.R 65 DTC P5009
38 PIERRE RABY V.M.N.R. 65 DT.C P.5085
39 MICHAEL STARKO V.M.N.R. 65 DTC P5151
40 BENABY REALTIES LTD V. M.N.R. 65DTC P5161
41 MANSFIELD HOLDING INC.V.M.N.R 65DTC P5185
42 NICOLAS DETOTO V. M.N.R. 65DTC P5194
43 CONSOLIDATED BUILDING CORP. LTD V.M.N.R 65DTC5?11
44 M.N.R.V.G.W.GOLDEN CONSTRUCTION LTD. 65DTC 5221
45 IDEAL INVESTMENT LTD. V.M.N.R. 65 D.T.C. 5282
46 GRAND MARAIS DEVELOPMENT CO. LTD V.M.N.R 65DTC5286
47 WILLIAM SLATER E.A 66 DTC 5047
48 WATSON & MCLEOD LTD. V.M.N.R. 66DTC 5101
49 METROPOLITAIN MOTELS CORP. V.M.N.R. 66DTC 5208
50 HAZELDEAN FARM CO. LIMITED V. M.N.R 66DTC 5397
51 HAROLD DIAMOND E.A V.M.N.R. 66DTC 5434
52 HARRYMOLUCH V.M.N.R. 66DTC 5463
53 BALSTONE FARMS V. M.N.R. 66DTC 5482
54 BRONZE MEMORIALS LIMITED V.M.N.R. 67DTC 5052
55 HOPE HARDWARE & SUPPLY CO LTD V.M.N.R. 67DTC 50R5
56 STEPHEN SURA V.M.N.R. 67DTC 5250
57 DORENMAY WESTMORELAND E.A. V.M.N.R. 67DTC 5301
58 MIKOLAJ PIETROW V.M.N.R. 68 DTC 5008
59 GEORGIA GULF ESTATES LTD. V.M.N.R. 68DTC 5026
60 ALFRED GALARDO AND GINO MARIANI V.M.N.R.68DTC50R4
61 EDGELFY FARMS LIMITED V.M.N.R 68DTC 5174
62 WOLF VON RITHTHOFEN V.M.N.R 68DTC 5346
63 RUSSELL L. FYKE V. M.N.R. 64 DTC 5032 %APPT<
64 BROWN V. M.N.R. %TAYLOR BLDG< 61 DTC 1255

2. CASES ON CAPITAL GAINS FROM REAL ESTATE TRANSACTIONS, EXCHEQUER COURT OF CANADA, 1959-1968

FACT PATTERNS

case number:	decision:	descriptors:									
1	0	00000	01000	00111	00101	01100	11010	00001	10011	10010	1
2	0	11000	00001	00111	00000	01000	11000	10011	10100	11010	0
3	0	00000	00001	00110	10000	01010	11110	10001	10001	11110	0
4	0	01000	00000	00111	11101	10100	10010	10000	01001	11000	0
5	0	11000	00111	00101	00000	00010	11110	11111	00001	10110	0
6	0	01000	00001	01101	00010	00100	10100	10000	00001	10011	0
7	0	00000	00001	00111	11010	01111	10010	11111	10001	11010	0
8	0	01011	00000	00111	00000	00110	10100	10000	00001	00100	0
9	0	01000	00111	00111	10000	00100	10010	11110	00001	10010	0
10	0	00000	01000	00111	00000	00110	11110	11100	01010	10000	0
11	0	01001	00111	01111	00000	01000	11110	10001	10011	10011	0
12	0	01000	00111	00111	00101	00100	00010	01111	10001	10000	0
13	0	11000	00000	00111	10000	00100	11100	10001	10001	11000	0
14	0	11000	00001	00101	01010	00100	00010	11111	01001	10100	0
15	1	00011	11111	00111	11110	01100	10111	11111	10001	11111	0
16	0	11000	00000	00111	10010	01100	11110	11111	10001	11110	0
17	1	11000	00000	00001	10001	11111	11110	11101	10010	10111	0
18	0	00011	00111	00100	00000	00000	10010	10000	00001	10000	0
19	1	11100	01111	00111	11110	00110	10110	10000	01001	11011	1
20	0	00000	00000	00101	10101	10100	11110	10000	00001	10010	0
21	0	01000	01000	00011	00000	01000	11110	10011	10001	01010	0
22	0	00011	01111	00101	11010	00100	10010	10001	01001	11000	0
23	0	00000	00000	00111	01000	01010	10000	10001	00001	10000	0
24	1	10111	00110	00111	11111	11101	11110	11111	10000	11111	0
25	0	00001	00000	00111	10000	01101	01110	10001	10000	11110	0
26	0	01000	01101	00111	01001	00110	11110	10000	01011	00100	0
27	1	11111	00111	01111	00010	01110	11110	11111	10101	10110	1
28	1	11111	00111	01111	00010	01110	11110	11111	10101	10110	1
29	1	01000	11111	00111	11000	01110	11111	10001	10001	11111	1
30	0	00111	00000	00111	10000	01110	10110	00001	00000	10110	1
31	1	01111	01111	01111	11010	00110	00010	11111	01011	11111	0
32	0	00111	00111	00111	00000	01001	11110	00001	10000	10100	0
33	1	11011	00111	00111	00000	01100	10110	11111	10001	10111	0
34	1	01111	00111	00111	10000	01100	11110	11111	10100	10101	0
35	0	00100	01001	00111	00010	01110	11110	10001	10001	11110	0
36	0	00001	11000	00101	10000	01010	11110	11111	10001	11010	0
37	0	11000	01000	00110	10111	11111	11110	11111	10010	11110	0
38	0	00000	00010	00111	10101	00110	01111	10001	10001	10110	0
39	0	01101	00111	00011	00000	00000	11110	10001	00001	11100	0
40	0	11000	01100	00111	00000	01100	11110	11101	00101	00111	0
41	0	10011	00000	00111	00000	01000	11110	10011	10001	11010	0
42	0	00100	01000	00111	10101	01100	11110	10001	10010	11110	0
43	0	11000	01000	00110	10101	11100	11110	00001	10100	10111	0
44	0	11000	01000	00111	10000	00100	11110	11100	00001	11101	1
45	0	11000	01100	00110	00000	01110	11110	11101	10011	00110	0
46	0	11000	00000	00110	01010	01100	11110	10001	00000	10110	0
47	0	00000	01000	00111	10111	11100	11110	10011	11011	11111	0
48	0	11001	01000	00011	00000	01000	00010	01011	11101	00000	0
49	0	11001	00000	00110	10000	01000	11110	10001	10000	11010	0
50	1	11000	00001	01110	11111	10110	11110	10000	00011	11011	1
51	0	00011	00111	01011	00000	00110	11110	10001	00001	10110	0
52	0	01011	00111	00111	11111	00110	11110	10000	01001	11111	0
53	0	11001	00000	00110	11110	00110	11110	10001	00001	00111	0
54	0	11011	00111	00110	00000	01000	11110	10001	10001	00111	0
55	1	10000	00001	00111	11111	11110	11110	10011	10001	11111	1
56	0	01000	00000	00111	00000	00110	11110	10011	00000	01111	0
57	1	00000	01001	00110	11010	01110	11110	10000	00001	11111	1
58	0	00000	11000	00111	11111	11110	11110	10001	10011	11111	0
59	0	11000	01000	00110	11010	01100	11110	10001	10001	01111	0
60	0	00000	01000	00111	00000	00110	11111	10001	00011	00110	0
61	1	11011	00111	00111	11110	00110	10010	10010	01011	10111	1
62	1	01000	01001	00111	11010	01100	10110	10011	10001	11111	1
63	0	01000	11111	00111	11111	11110	11110	10001	10001	01110	0
64	0	00000	00000	00111	00011	11110	11110	10001	10001	00110	0

Descriptors for the Analysis of Capital Gains Cases

Special clause, that applies whenever the descriptor text mentions "clause":

If the private party is an organization, company, association or cover-up (strawman), the descriptor in question will be considered absent, if its inverse applies to the private party itself, or to at least one of its directors, shareholders, associates or real agents respectively.

A. Characteristics of the private party

1. PRIVATE PARTY IS A COMPANY (PA)
   Company includes here corporations, partnerships as described in the Civil Code.
2. THE PRIVATE PARTY IS NOT ASSOCIATED (PP)
   All forms of association in the sense of the Civil Code are included; examples: "joint ventures", partnerships

3. REAL ESTATE TRANSACTIONS ARE NOT INCLUDED IN THE OBJECT OF THE COMPANY (PA)
   This descriptor is always absent if the private party is not a company (descr. 1) (absence of 1 implies the absence of 3). In order for it to be present, the judge must mention it explicitly.

B. General activity not related to present case

4. PRIVATE PARTY HAD NEVER ENGAGED IN REAL ESTATE TRANSACTIONS (PP)
   (the presence of 4 implies the presence of 5)
5. THE PRESENT TRANSACTION IS AN ISOLATED ONE (PP) CLAUSE
   This descriptor is present whenever the Private Party has not dealt in real estate for a long time, i. e. ten (10) years; it is present where the judge specifically mentions it. Absence of 5 implies absence of 4.
6. PRIVATE PARTY HAS MADE OTHER REAL ESTATE TRANSACTIONS ON WHICH NO CAPITAL GAINS TAX HAD TO BE PAID (PA) CLAUSE
   The descriptor is only present if specific transactions are mentioned, before or since the transaction in question.
7. THE PRIVATE PARTY MAINTAINS, BESIDES THE PROPERTY IN QUESTION, OTHER REAL ESTATE FROM WHICH HE DRAWS A REVENUE (PA)
   One other immoveable is sufficient for the descriptor to apply.
8. PRIVATE PARTY HAS NO PARTICULAR KNOWLEDGE OF THE REAL ESTATE BUSINESS (PP) CLAUSE
   Builders, constructeurs, real estate appraisers have such knowledge q. q. Others are considered to have it whenever the judge mentions a "long experience" in the field.
9. THE PRIVATE PARTY DOES NOT CARRY ON REGULAR DEALINGS IN REAL ESTATE (PP) CLAUSE
   Regular trade means frequently buying and selling real estate. In certain cases (but not necessarily all) the descriptor may apply to notaries and lawyers, who do a lot of business in this field. The judge uses expressions like "line of business", "regularly", or sums up a series of transactions in a relatively short span of time. The purchase of options is to be considered a real estate transaction.
10. THE MAIN (PROFESSIONAL) ACTIVITY OF THE PRIVATE PARTY IS NOT CONNECTED WITH REAL ESTATE (PP) CLAUSE
    Professional is to be taken literally. Builders, constructors etc. are connected with real estate, but lawyers, chemists, butchers are not.

C. Circumstances surrounding the purchase

11. THE PRIVATE PARTY BOUGHT THE PROPERTY USING THE FUNDS OF THE FINAL PURCHASER (PA)
12. PRIVATE PARTY PAID CASH (PA)
    Cash is to be interpreted here as a payment of a lump sum, all at once, without hypothec (mortgage).
13. THE PRIVATE PARTY PAID THE CURRENT MARKET PRICE (PP)
    The descriptor is especially important when the judge declares that private party had a bargain or paid an exceptionally high price.
14. THE PRIVATE PARTY DID NOT USE A COVER-UP CONSTRUCTION AND WAS NOT ONE ITSELF (PP) CLAUSE
    The descriptor is absent, for instance, in the case where legal title is taken in appelant's wife's name, for tax purposes. Companies may be formed with the sole purpose to avoid (higher) taxes that private citizens would have to pay. It may be absent in the case of transactions between two companies with the same director e. a.
15. THE PURCHASE WAS A TRANSACTION AT A DISTANCE (PP)
    Not at a distance are transactions where between the parties at least one of the following connections exist:

- marriage or family relationship
- a relationship of shareholder to company, partner to partnership as well as between shareholders of partners in a single organization.
- a relationship of mother company to subsidiary where the former owns a substantial part of the latter.

Beyond the customary definition, it also includes long time friendships.

D. Use of the property during ownership by private party

16. PRIVATE PARTY HAS MADE SERIOUS EFFORTS TO REALIZE HIS (PROFESSED, DECLARED) ALLEGED PURPOSE (PA) CLAUSE
A serious effort requires some specific actions with certain costs to private party, e. g. to hire the services of an architect, to have plans drawn up, to start construction or lay sewers. The descriptor is only meaningful if private party's alleged purpose is not to resell at a profit (see descr. 41).

17. PRIVATE PARTY HAS EFFECTIVELY PUT THE PROPERTY TO HIS PERSONAL USE BEFORE SALE (PA)
Situations are considered where the private party itself lives on the premises, or uses land for a hobby such as raising horses. If 17 is present, 23 is too.

18. PRIVATE PARTY HAS CHANGED THE DESTINATION OF THE ESTATE (P)
The destination is not changed when a building is (partly) torn down to be replaced by a new one of similar nature. But to replace a private residence with an apartment building does constitute such a change. 18 implies 23.

19. BEFORE THE SAID SALE, PRIVATE PARTY DERIVED REVENUES FROM THE USE OF THE PROPERTY (PA)
Examples: rent apartments or lease the lot to be used as a gas station. 19 implies 23.

20. THE PRIVATE PARTY HAS CONSTRUCTED A BUILDING ON THE PROPERTY (PA)
Construction includes construction by others under contract. 20 implies 23. The absence of 20 implies the absence of 21.

21. PRIVATE PARTY HAS CONSTRUCTED A COMMERCIAL OR INDUSTRIAL COMPLEX (PA)
Apartment buildings are considered commercial complexes. Single family dwellings are not. 21 implies 20 and 23.

22. PRIVATE PARTY HAS NOT SUBDIVIDED THE LAND (PP)
Subdivision applies only to what was formerly a single physical unit. If private party buys various lots in different locations at the same time, and sells them separately this would not constitute a subdivision. To divide the land into small lots with a view to building single family dwellings is only one form of subdivision.

23. PRIVATE PARTY DID SOMETHING WITH THE PROPERTY BEFORE SALE (PP)
Descriptor 17 to 21 give instances of what private party can do, without necessarily being exhaustive. Other operations are conceivable. Absence of 23 implies of course absence of 17–21.

E. Circumstances surrounding sale

24. PURCHASE WAS NOT FOLLOWED BY SALE WITHIN A SHORT PERIOD THEREAFTER (PP)
Periods of less than two years are considered short. The descriptor is also absent if the judge specifically says so for longer periods.

25. AT THE TIME OF SALE, THE PRIVATE PARTY HAS FINANCIAL DIFFFICULTIES (PA)
Here the financial position in general is at stake, for instance if there is a risk of bankruptcy. Difficulties to finance the project in question are covered by descriptor 40 do not cause the presence of this descriptor.

26. SALE WAS A TRANSACTION AT A DISTANCE (PP)
See descriptor 15 for definition.

27. THE COMMERCIAL VALUE OF THE IMMOVEABLE HAS NOT CHANGED OR HAS CHANGED AS A RESULT OF THE EFFORTS OF THE PRIVATE PARTY (PP)

The descriptor is only absent if the value has changed through circumstances beyond the control of the private party, such as adoption of a development plan for the region (airport, industry), the construction of road or railways; terms like "rapidly growing area", "great land boom" may be used in the text. A general light inflation does not cause the absence of this descriptor.

Note: if 27 is present, 28 and 29 are present. If 27 is absent, at most one of the two will be absent. Thus: 28 v 29, where v is the not-exclusive or.

28. AT THE TIME OF PURCHASE, THE CIRCUMSTANCES THAT WOULD AFFECT THE VALUE OF THE IMMOVEABLE, WERE UNKNOWN TO THE GENERAL PUBLIC (PP)

The descriptor is only absent when those circumstances were well known to everybody including the private party. In all other cases, even where private party, but not the general public was aware of coming changes, the descriptor is present. One presumes that the private party knows at least as much as the general public. Absence of 28 implies absence of 27, but presence of 29 (see comment under 27) and absence of 43.

29. AT THE TIME OF PURCHASE, THE CIRCUMSTANCES THAT WOULD AFFECT THE COMMERCIAL VALUE OF THE IMMOVEABLE, WERE EITHER KNOWN TO EVERYONE INCLUDING THE PRIVATE PARTY OR UNKNOWN (UNFORESEEABLE) TO EVERYBODY (PP)

This descriptor is only absent, if the private party had privileged knowledge, i. e. it, but not the public at large knew of the changes. See also comment under 27 and 28.

30. THE EVENTS THAT HAVE PRECLUDED THE REALIZATION OF HIS ALLEGED INTENTION, WERE UNFORESEEABLE AT THE TIME OF PURCHASE (PA) CLAUSE

Financial difficulties are never considered unforeseeable. In general, events are not unforeseeable, if they were known but uncertain, and private party speculated that they would turn in his favour. (Example: private party knew that municipal council was about to adopt a by-law that would prevent him from building, but was confident that he would obtain an exemption). Serious illnesses, exceptionally long strikes are unforeseeable. The judge mentions that private party "should have foreseen that ...", "should have reckoned with the possibility that" etc., with the implication that he consciously took the risk.

31. THE IMMOVEABLE COULD BE USED FOR THE PROCLAIMED PURPOSE OF PRIVATE PARTY (PP) CLAUSE

This means that it is physically and legally (cf. zoning laws) adequate.

32. THE PRIVATE PARTY HAS NOT ADVERTISED (PA)

"Advertising" includes here leaving your name with a real estate agent, making small announcements on the immoveables itself. Absence of 32 implies absence of 34; 32 implies 33.

33. THE PRIVATE PARTY HAS ENGAGED IN NO ADVERTISING WITH THE ONE POSSIBLE EXEMPTION OF POSTING A SIGN ON THE PROPERTY (PA)

Comment, see 32; absence of this descriptor implies absence of 32 and 34.

34. THE PRIVATE PARTY HAS RECEIVED ONE OR MORE VERY FAVOURABLE UNSOLLICITED OFFERS (PA)

In this case the initiative for the sale comes from the final purchaser and not from private party. Very favourable should be taken in the same sense as "considerable profit" in 39: more than 15% above purchase price. If the offers are sollicited and favorable, only 39 will indicate it. 34 implies 32 and 33.

35. THE PRIVATE PARTY HAS TRIED TO SELL THE IMMOVEABLE AS A WHOLE (PP)

The descriptor is significant in cases where unsuccesful attempts are followed by subdivision. In the latter instance, specific testimony or writing is required to make the descriptor present. It is present where the attempts were successful. Absence of 35 implies that of 36.

36. THE PRIVATE PARTY HAS SOLD THE ENTIRE IMMOVEABLE UNDIVIDED (PP)
This descriptor indicates that private party in fact sold in a block. Presence of 36 implies presence of 35 and absence of 37.

37. THE PRIVATE PARTY HAS SOLD PART OF THE IMMOVEABLE, WHILE USING THE REMAINING PART FOR HIS PROCLAIMED PURPOSE (PA)
This descriptor is absent both when private party sold the entire property and when he sells part, but does not use the rest according to his original intention, e. g. by not doing anything with it. 37 implies absence of 36.

38. PRIVATE PARTY HAS SOLD CASH (PA)
See 12.

39. THE PROFIT OF THE SALE IS NOT IMPORTANT (PP)
Profits below 15% of purchase price are unimportant unless judge specifically says otherwise. Higher profits are important.

40. THE REALIZATION OF THE ALLEGED INTENTION WAS NOT HELD UP BY ANY DIFFICULTY CONCERNING THE FINANCING OF THE PROJECT (PP)
This descriptor may well be absent, without general financial difficulties (see 25).

F. Intention

41. AT THE TIME OF PURCHASE, PRIVATE PARTY HAD AN OTHER INTENTION THAN TO RESELL AT A PROFIT (PP)
Where private party "wanted to dispose of it eventually", or kept it only for a certain time to sell when the market is high (as some investment companies have admitted), the descriptor is absent. The descriptor may be present even though the intention has not been realized since purchase.

42. AT THE TIME OF PURCHASE, PRIVATE PARTY HAD PRECISE PLANS FOR THE USE OF THE PROPERTY (PA)
This descriptor is present only if the plans had taken some concrete form: drawing samples of the soil, feasibility studies, negotiations with prospective tenants as witnessed by some correspondence etc. Vague plans entail absence of the descriptor.

43. AT THE TIME OF PURCHASE, PRIVATE PARTY COULD NOT BE SURE THAT HE COULD SELL AT A PROFIT (PP)
The private party may be sure because of a general boom, or circumstances mentioned under 27, but also because a private assurance from a prospective buyer (e. g. an oil company giving such assurance for a possible site of a gas station). 43 implies both 28 and 29.

44. THE ENTIRE PROPERTY CORRESPONDED EXACTLY TO THE NEEDS OF THE PRIVATE PARTY FOR THE REALIZATION OF HIS INTENTION (PP)
The descriptor is absent when private party for one reason or another has bought more or less land than he actually needed.

45. AT THE TIME OF PURCHASE, THE PRIVATE PARTY DID NOT HAVE A SECOND INTENTION TO RESELL (PP) CLAUSE
In order for this descriptor to be absent, the judge should specifically mention that intention, and make references to writings or testimony. One finds expressions like "could always get rid of . . ." etc.

G. Miscellaneous

46. THE TAX APPEAL BOARD UPHELD THE TAXPAYER'S CLAIM (PA)

Thomas A. Cowan

Nicht-Rationalität in der Entscheidungstheorie *

Übersicht

1 Vorwort

Dieser Artikel ist eine Fortsetzung einer früheren Studie mit dem Titel „Entscheidungstheorie in Recht, Wissenschaft und Technologie“[1]. In diesem Aufsatz spreche ich über zwei Wege des Denkens, die in der traditionellen Philosophie wohlbekannt sind und im gegenwärtigen Jahrhundert von Psychoanalytikern und Tiefenpsychologen angewandt werden. Die beiden Denkmethoden sind die Methode des bewußten Denkens und die Methode des nichtbewußten Denkens.

Das Recht behandelt die beiden Denkweisen unterschiedlich, sowohl von der Naturwissenschaft als auch von der Philosophie her. Darüber hinaus nähern sich Naturwissenschaft und Philosophie gegenwärtig an. Das Recht beschäftigt sich vor allem mit der Entscheidung. Wissenschaft wird von nachdenkenden Praktikern als Entscheidungsprozeß gesehen, und der Wissenschaftler gilt vor allem als Entscheidungsvorbereiter, nicht bloß als dessen interessierter Sucher von abstraktem Wissen.

Im Wissensbereich, der unter dem Namen „Entscheidungstheorie“ bekannt ist und der im Zusammenhang mit dem wichtigsten technologischen Instrument,

---

* Der vorliegende, bisher unveröffentlichte Aufsatz entstand im Rahmen eines sozialwissenschaftlichen Forschungsprojekts am Space Sciences Laboratory der University of California/Berkeley (USA) (National Aeronautics and Space Administration, General Grant NSG-243-62). — Aus dem Englischen übersetzt von Professor Dr. *Wolfgang Kilian*, Technische Universität Hannover.

[1] Science, vom 7. Juni 1963; Rutgers Law Review, Band 1 (1963), S. 499. Für den nur allgemein interessierten Leser findet sich eine ausreichende Diskussion der Entscheidungstheorie in: The International Encyclopedia of the Social Sciences, Band 4, S. 34—61 und die Nachweise zur Entscheidungstheorie in Band 1, S. 77, Band 3, S. 209 bis 210; Spieltheorie, Band 6, S. 62—74, Band 11, S. 182, Band 12, S. 502, Band 14, S. 191, 247.

dem Computer, entwickelt wurde, ist Recht als Entscheidungsprozeß vollkommen unbekannt. Umgekehrt ignorieren Juristen diese anspruchsvolle, ziemlich wissenschaftstheoretische Untersuchung der Art und Weise wissenschaftlicher und managermäßiger Entscheidungsfindung. Mein erster Aufsatz legte die Grundlage für eine Wiederannäherung zwischen den wichtigen Disziplinen Recht, Naturwissenschaft und Technologie. Der vorliegende Aufsatz setzt diese Forschungen vertieft fort.

2 Rationalität und Nicht-Rationalität: Einige weittragende Probleme in der Entscheidungstheorie

2.1 Einführung

Der Versuch, weittragende Probleme auf einem Gebiet vorauszusagen, das sich so explosiv wie die Entscheidungstheorie entwickelt, ist ein gefährliches Spiel. Es würde sogar für Spezialisten schwierig genug sein, einen tatsächlichen Bericht über das zu geben, was sich in diesem neuen Bereich angewandter Wissenschaft ereignet. Nichtsdestoweniger lohnt sich die Bemühung, Probleme der Entscheidungsfindung in ihrer Gesamtheit zu sehen, wie fruchtlos das auch ausgehen mag. Nur so läßt sich letztlich ein bestimmter Bewußtseinsstand für solche Probleme erreichen, die sonst wahrscheinlich übersehen oder im Gang der Ereignisse beiläufig abgetan werden.

Dieser Verstoß zum gegenwärtigen Zeitpunkt scheint zwei gegensätzliche Komponenten zu enthalten. Die eine ist das Bemühen, die Möglichkeiten des neuartigsten Instruments, nämlich des Computers, zu erforschen oder auszunutzen, um von formalen Grundannahmen ausgehend Schlußfolgerungen zu ziehen. Bis jetzt mußte der Wissenschaftler seinen eigenen Verstand disziplinieren, um ihn zu zwingen, von den festgestellten Grundannahmen eines formalen Modells die gewaltige Reihe von Theoremen abzuleiten (die meisten von ihnen haben einen mechanischen und viele einen trivialen Charakter), welche logisch aus den formalen Grundannahmen folgen.

Die Geschichte hat gezeigt, daß diese Aufgabe immer außerordentlich beschwerlich war. Ein Beispiel ist *Euler*s Beweis, daß die *Fermat*sche Vermutung über die *Fermat*schen Zahlen nicht zutraf[2]. Es gibt tausende von anderen Beispielen in der Geschichte der reinen und angewandten Naturwissenschaft. Ermüdung und Langeweile zwingen die Ableitung von Theoremen irgendeines reichhaltigen formalen Systems in relativ enge Grenzen. Deshalb überrascht es nicht, daß die Gelegenheit, mechanischen Geräten Einsatzmöglichkeiten in dem weiten Gebiet einzuräumen, das lediglich eine schlichte *Boole*sche Algebra als Grundlage kombinatorischer Systeme zuläßt, von gegenwärtigen Entscheidungstheoretikern bereitwillig aufgegriffen wird.

Der springende Punkt bei dieser Sache ist, daß die Computersysteme ihrerseits auf ein sehr schmales Band formaler Strukturen begrenzt sind, die einen traditionellen Charakter aufweisen. Das Axiomensystem, das die mögliche Durchfüh-

---

[2] Die *Fermat*sche Vermutung, daß die Zahlen, die jetzt nach ihm benannt sind, alles Primzahlen seien, war ein Jahrhundert lang in der Schwebe. *Euler* wies schließlich nach, daß man F_5 einsetzen und als Faktor verwenden könne.

rung dieser Maschinen steuert, stützt sich auf einen einfachen Wahrheitskalkül von Klassen und Eigenarten und hat als Ausdehnungsregeln lediglich die normalen Operationen des Logikkalküls zur Verfügung. Deshalb ist die Macht der Maschinen, Schlußfolgerungen zu ziehen, auf einen engen qualitativen Bereich beschränkt, auch wenn die Zahl der Schlußfolgerungen, die erreicht werden können, die Einbildungskraft übersteigt.

Trotz dieser Beschränkungen kann nicht übersehen werden, daß der maschinelle Vorgang, Schlußfolgerungen zu ziehen, für den Wissenschaftler sehr wichtige Vorteile über die und im Hinblick auf die Bedeutung der tatsächlich gezogenen Schlußfolgerungen mit sich bringt. Das ist deshalb der Fall, weil die besondere Eigenschaft, eine ungeheure Zahl von Schlußfolgerungen schnell und exakt durchzuprüfen, den gesamten wissenschaftlichen Fortschritt selbst verändern kann. Möglichkeiten, die bisher außerhalb der Reichweite menschlicher Kalkulationen lagen, können schnell überblickt und genau so schnell aufgegeben werden, wenn sie sich als undurchführbar erweisen. Andere Dinge, die wegen der rein mechanischen Schwierigkeit, eine große Zahl von Zwischenschritten zu prüfen und zu verwerfen, niemals ans Licht gekommen wären, sind nunmehr erreichbar. Es ist nicht zu hoch gegriffen, wenn ich sage, daß der Computer dem Forscher ein Mittel an die Hand gibt, dessen revolutionäre Implikate mit denen den Teleskops und des Mikroskops wetteifern können. Das Teleskop versetzt den Astronomen nicht nur in die Lage, besser zu sehen und Dinge zu sehen, die anderenfalls unsichtbar wären, sondern zwang ihn, in dieser bestimmten Art zu sehen, und das brachte eine Revision der gesamten Grundlagen seiner Wissenschaft mit sich. Dasselbe gilt für den Computer. Er versetzt den Forscher nicht nur in die Lage, bestimmte Schlußfolgerungen schneller und exakter zu ziehen, sondern droht ihn zu zwingen, diese Schlußfolgerungen in der präzisen Art zu vollziehen, wie es die Maschine tut. Trotz dieser Tatsache ist der Prozeß, den der Computer ermöglicht, vor allem die Macht des menschlichen Geistes, Schlußfolgerungen aus einem formallogischen Axiomensystem zu ziehen, unbegrenzt komplexer als die Erweiterung der Sichtweise, die mit dem Teleskop und dem Mikroskop verbunden waren.

Das zweitgrößte Problem im Komplex der modernen Entscheidungstheorie unterscheidet sich davon. Die Entscheidungstheorie wurde von einer Gruppe von Wissenschaftlern enthusiastisch aufgegriffen, deren Hauptinteresse dem qualitativen Reichtum des Lebens selbst galt, und das scheint weit außerhalb der Reichweite von Computerprozessen zu liegen. Studenten der Verhaltenswissenschaften sind dabei, empirische Modelle des menschlichen Verhaltens hervorzubringen, die lediglich künstlich und analog diejenigen Probleme umfassen, die gegenwärtig Computeruntersuchungen zugänglich sind. Diesen behavioristischen Modellen fehlt jeder Berührungspunkt mit den traditionellen Axiomensystemen, die in der Vergangenheit zur Denkschärfe in den Wissenschaften geführt haben. Es ist eine historische Tatsache, daß keine Wissenschaft von größerer Komplexität als die Physik und Chemie jemals axiomatisiert war und selbst die Physik scheint sich gegenwärtig eher in Abkehr von ihrer axiomatischen Grundlage als in Übereinstimmung mit diesem Prinzip weiterzuentwikkeln. Es bleibt die Tatsache, daß keine formale Verbindung besteht zwischen den empirischen Modellen der Verhaltenswissenschaften und den logisch-mathematischen Grundlagen von Kalkülsystemen, welche eine Computerverwendung einschließen.

2.2 Formale Modelle in den Verhaltenswissenschaften

Modelle in den Verhaltenswissenschaften sind empirische Modelle. Das übliche Verfahren besteht darin, einer von der traditionellen Praxis der betroffenen Disziplin vorgeschlagenen Taxonomie zu folgen. Verhaltenswissenschaftler haben ihre eigene Neigung bemerkt, gewisse Probleme, die durch Unfälle der Geschichte „forschungswürdig" geworden sind, auszusuchen und sich darauf zu konzentrieren. Ist das Problem erst einmal ausgewählt, wird eine empirische Analyse der Faktoren, Variablen, Parameter und was nicht noch unternommen. Keine formalen Kriterien leiten diese Analyse an. Ganz im Gegenteil, sie vollzieht sich ad hoc. Versuche in Richtung empirischer Generalisierungen sind von einigen bekannten Spezialisten unternommen worden, beispielsweise in dem Werk von *Talcott Parsons* und *Edward Shils* zur Theorie der sozialen Handlung (Theory of Social Action)[3]. Diese letztgenannte Arbeit, die ihrerseits das Ergebnis verschiedener Ebenen empirischer Generalisierungen darstellt, hat noch nicht zu fruchtbaren Forschungen experimenteller Natur geführt – das heißt, während die Ergebnisse der Überlegungen dieser Spezialisten als Zusammenfassung einer riesigen Menge empirischen Materials anerkannt ist, sind keine „generellen Gesetze" des menschlichen Gruppenverhalts zum Vorschein gekommen. Die Arbeit bietet eine Zusammenfassung der Forschungsbemühungen von Soziologen; die Zusammenfassung weist aus, welchen einheitlichen Charakter sie auf der Grundlage des philosophischen Vorverständnisses seiner Schöpfer besitzt. Wie notwendig auch immer diese Arbeit für eine Disziplin sein mag, die darum kämpft, eine Wissenschaft zu werden: sie läßt sich nicht vergleichen mit den überragend wichtigen Durchbrüchen, welche die theoretische Arbeit in den Naturwissenschaften charakterisiert haben. Die verhaltenswissenschaftlichen Disziplinen warten noch auf ihren Kopernikus, ihren Newton und ihren Einstein. Selbst die monumental wichtigen Werke von *Freud* und *Jung* über die Natur des Unbewußten verstärken nur die überraschende Vielfalt und Verschiedenheit des menschlichen Verhaltens. Zu alldem tritt die wachsende Erkenntnis, daß sich die wissenschaftliche Methodologie nicht länger der drängenden Forschung entziehen kann, die „Psychologie des Forschers" und dessen „Kultur" in den Wissenschaftsprozeß einzubringen.

2.3 Die Psychologie

Trotz des ungeheuren Ausmaßes an Arbeit innerhalb der experimentellen Psychologie im letzten halben Jahrhundert hat sie nur Material hervorgebracht, das für die Entscheidungstheorie von peripherem Wert ist. Was von der Psychologie erhofft wird, sind Einsichten in die Motivation sowohl des Entscheiders als auch des Entscheidungsforschers. Die angesprochene Motivation hängt teilweise von der menschlichen Persönlichkeit und teilweise von der Kultur ab. Das bedeutet, daß die Entscheidungstheorie auf eine adäquate Entwicklung der-

---

[3] *Talcott Parsons/Robert Bales/Edward Shils*, Working Papers in the Theory of Action, The Free Press New York 1953.

jenigen Disziplin wartet, die beides zu verknüpfen sucht, und das ist die Sozialpsychologie. Unglücklicherweise hängt die Sozialpsychologie von der Psychologie und der Soziologie ab und offenbart in ihrem gegenwärtigen Zustand die Lücken dieser beiden Disziplinen in verstärkter Form.

Soweit man mit dem bisher Gesagten übereinstimmt, scheint daraus hervorzugehen, daß die Entscheidungstheoretiker konzertierte Anstrengungen unternehmen sollten, um Forschungen bezüglich der sozialpsychologischen Aspekte des Entscheidungsprozesses zu beschleunigen. Es würde zwecklos sein darauf zu warten, bis eine angemessene Grundlage für eine allgemeine Sozialpsychologie gelegt ist, denn das dürfte tatsächlich kaum gelingen. Statt dessen sollte die starke Motivation, mit der Entscheidungstheoretiker Kenntnis von den sozialpsychologischen Aspekten des Entscheidungsprozesses zu nehmen haben, ihrerseits dazu führen, allgemeine theoretische Grundlagen für die Wissenschaft über das Verhalten der Menschen in Gruppen zu entwickeln.

Ein Beispiel: Es sollten intensive Forschungen über das Ausmaß angestellt werden, bis wohin aktuelles Entscheiden mit den vorverstandenen Anschauungen von Rationalität übereinstimmt, welches heute die Modellbildung beherrscht. Es ist heute eine Binsenweisheit, daß die Quellen menschlicher Handlungen im Einklang mit dem weiten Bereich des Unbewußten entstehen und sich überwiegend darauf beschränken. Dieses offensichtliche Stückchen menschlicher Selbsterkenntnis, in allgemeiner Form den Menschen seit jeher bekannt, hat erst in jüngerer Zeit seinen Weg in die wissenschaftliche Überlieferung gefunden. *Freud*s völlig umstürzende Kämpfe gegen die medizinischen und psychologischen Vereinigungen haben sich letztlich ausgezahlt. Selbst Psychologen fangen an, das Unbewußte zu entdecken. Dennoch beweist diese Anerkennung der Existenz von unbewußten Zuständen des Geistes keineswegs, daß das betreffende Subjekt in der Lage wäre, mit ernsthaften empirischen Untersuchungen zu beginnen. So glauben die Psychologen in den Vereinigten Staaten es sich leisten zu können, damit noch zu warten.

Bei den Entscheidungstheoretikern ist die Sachlage anders. Die wachsende Überzeugung darüber, daß die unendlich große Zahl von Normalentscheidungen, die von Durchschnittsmenschen gemacht werden, unbewußt zustandekommt und daß ein großes und offensichtlich steuerndes Element sogar bei hochgradig bewußten Entscheidungen unbewußt ist, läßt die Entscheidungstheoretiker in wachsendem Maße unzufriedener mit den Rationalitätskriterien der gesamten Wissenschaften werden.

Noch wichtiger als die Unangemessenheit bestehender Rationalitätsbeschreibungen von Entscheidungsmodellen nachzuweisen, ist die konstruktive Aufgabe, Zielvorstellungnen zu entwickeln, um diese überholten Vorstellungen von Rationalität zu ersetzen. In einem Entscheidungsmodell muß Raum gefunden werden für Intuition, Emotion, Gefühl oder Empfindung, Nicht-Rationalität und moralische Werte.

2.4 Intuition

Intuition ist unbewußt. Sie wird durchaus als unersetzbares Element jeden produktiven oder kreativen Denkens anerkannt. Der ältere philosophische Empirismus wies der Intuition die Rolle der Kreativität bei der Herkunft wissenschaftlicher Gesetze zu. Die Überlegung verlief folgendermaßen: Es wurde unterstellt, daß jemand so viele Beispiele wie möglich für ein vorgeschlagenes Gesetz sammelt. Glaubte er aufgrund von ziemlich unbestimmten Kriterien „genügend" Beispiele gesammelt zu haben, macht er sich daran, eine allgemeine Regel zu formulieren. Dieser letzte Schritt wird allgemein für einen Sprung ins Dunkle gehalten. Es ist Denken, sollten wir jetzt sagen, aber der Schluß vom individuellen Denken zu universellen Prinzipien auf der Grundlage einer begrenzten Zahl von Beispielen verläuft unbewußt.

Worin liegen die charakteristischen Eigenschaften intuitiven Denkens? Eine Möglichkeit, dies experimentell herauszufinden, besteht darin, es dem bewußten Denken gegenüberzustellen. Nehmen wir einmal an, ein Computer gelte dann als „Denk"maschine, wenn er für die Entwicklung elementarer Theoreme in symbolischer Logik programmiert ist. Dann verlaufen alle seine Schlußfolgerungen bewußt. Wir sollten uns nicht darum kümmern, ob die Bewußtheit diejenige der Maschine oder diejenige des Programmierers ist. Auf jeden Fall können wir eine Differenz bemerken zwischen der Art und Weise, wie die Maschine schlußfolgert, und der Art und Weise, wie menschliche Kontrollgruppen schlußfolgern. Intuition würde Teil dieser Differenz sein.

Normalerweise wird die Differenz zwischen antizipiertem und aktuellem Entscheiden auf einen von zwei Gründen zurückgeführt: 1. Man könnte unterstellen, daß die Differenz zwischen denjenigen Schlußfolgerungen, die logisch oder rational aus einem Modell gezogen werden, und denjenigen, die aktuell gezogen werden, auf einem Irrtum beruhten. Damit würde die Grundlage des Modells für autoritativ gehalten. Umgekehrt könnte man 2. annehmen, daß die aktuellen Entscheidungen autoritative Geltung beanspruchen. Das Modell müßte dann als hypothetisch betrachtet und insoweit für verifiziert gehalten werden, als es mit den aktuellen Entscheidungen übereinstimmt.

Weil die Rolle, die Intuition beim Entscheiden spielt, irgendwo in der Mitte zwischen diesen beiden komplexen Prozessen begraben liegt, liegt es auf der Hand, daß zunächst diese Prozesse selbst untersucht werden müssen. Nur im Zusammenhang mit dieser Art fundamentaler Analyse kann man hoffen, für „Intuition" eine hinreichende präzise operationale Definition zu finden, um den Fortgang experimenteller Untersuchungen zu ermöglichen. Ein Modell übt nicht die seiner eigenen rationalen Grundlage vergleichbare Macht aus, eine Entscheidung zu erzwingen. Die Entscheidungen selbst können nichtrational aber nichtsdestoweniger autoritativ sein.

Es würde sicherlich töricht sein darauf zu bestehen, Intuition spiele keine Rolle beim Schlußfolgern aus einem rationalen Modell, beispielsweise einem Axiomensystem. Nichtsdestoweniger trifft zu, daß – wie brillant oder kreativ auch immer die Intuitionen sein mögen, die jemanden zu einer korrekten Schlußfolgerung aus einem deduktiven Modell führen mögen – die Schlußfolgerung ist nicht selbst autoritativ, sondern begrenzt durch die Bedingungen, die durch das deduktive Modell eingeschlossen sind. Für unsere Zwecke werden wir Intuition als ein Element der nichtrationalen Aspekte des Entscheidungsprozesses berücksichtigen.

Intuition ist üblicherweise mit Vermuten verknüpft. Eines ihrer Ziele ist die Denkökonomie. Es wird eine „Lösung" gewagt, bei der einige Schritte in der Schlußkette fehlen, die nötig sind, um das Ergebnis rational herzustellen. In dem Umfang, wie eine Maschine die angesprochenen Schlußfolgerungen vollziehen kann, wird der Intuitionsprozeß insoweit unökonomisch; die Zeit, die früher dem Denken diente, wird nämlich jetzt sehr für inkorrekte Ergebnisse aufgewandt. Aber Intuition hat ein zweites wichtiges Ziel: Kreativität. Hierfür ist rationales Denken per Definition ein Hindernis. Falls das logische und notwendige Ergebnis einer Folge von Schlüssen genau diejenige Schlußfolgerung darstellt, die man nicht erreichen möchte, kann es notwendig sein, „nichtlogische Prozesse" zu substituieren. Intuition ermöglicht hier den Sprung zum gewünschten Ergebnis durch einen Prozeß, der nur als nichtlogisch beschrieben werden kann. Für die langsameren Denkprozesse oder für empirische Forschungen bleibt nur übrig, relative Endergebnisse auf der Grundlage zu finden, die durch Intuition erreicht worden ist.

Die wissenschaftliche Methodologie hat den Weg, auf dem originäre oder kreative Arbeit im Bereich der Wissenschaft vor sich geht, wenig Aufmerksamkeit gewidmet. Die Abschnitte solcher Kreativität erscheinen zu verwirrend, zu komplex, zu selten vorzukommen und in ihrer Natur für Analysen zu schwer zugänglich. Dies mag wohl für Beispiele wirklicher Kreativität in der Wissenschaft (oder sonstwo) zutreffen .Es muß aber nicht für simulierte Kreativität der Fall sein. Es ist nicht schwer, sich eine Reihe instrumenteller Arbeiten vorzustellen, die auf die Produktion originärer und kreativer, wenn auch nicht notwendig wertvoller Ergebnisse mit Hilfe der Intuition hinzielen. Und falls die Ergebnisse für die wissenschaftliche Arbeit interessant sein würden, müßten sie vermutlich im Bereich der Entscheidungstheorie noch wichtiger sein.

Wir befinden uns in Übereinstimmung mit dem üblichen Gebrauch des Ausdrucks Intuition, oder zumindest mit einem seiner Aspekte, wenn wir ihn so einordnen, als ob wir es mit dem kreativen Element in einer Entscheidung zu tun hätten. Schließlich könnten wir sagen, daß eine Entscheidung, die keinen Bedarf an Kreativität hat, ebenso keinen Bedarf für die Ausübung von Intuition hat. Negativ ausgedrückt: Intuition würde bei einer „Entscheidung" fehlen, die kein Element an Kreativität aufweist. Stellt Intuition nicht nur eine notwendige, sondern ebenso eine hinreichende Bedingung für die Annehmbarkeit einer Entscheidung dar? Ich glaube nicht. Intuition mag eine Entscheidung mit einem kreativen Element versehen, aber die Entscheidung kann dennoch genauso gut falsch oder richtig sein. Dieser Gesichtspunkt wird unten (4.1) noch behandelt.

2.5 Der unbewußte Verstand

Vor einem halben Jahrhundert, während die wissenschaftliche Psychologie noch darum kämpfte, sich selbst aus der Herrschaft von Introspektion zu befreien, erwuchs ein gegenüber dem hauptsächlich privaten und unwissenschaftlichen Charakter der Introspektion ein unerwartet machtvoller Antagonist, nämlich die Psychoanalyse und die Wissenschaft vom Unbewußten.

In den Bereichen der Medizin, die sich mit geistigen und nervösen Störungen beschäftigen, wurde es notwendig, als „Geist" gewisse geistige Abläufe zu klassifizieren, die nicht der introspektiven oder bewußten Kontrolle des Patienten unterliegen. Empirische Forschungen legten Wert darauf, das Verhalten zunächst der geistig Kranken und dann dasjenige aller Menschen sowohl als bewußt als auch unbewußt ablaufend einzuteilen. Diese Erkenntnis wurde sofort von den Praktikern der Neurologie aufgegriffen und blieb lange Zeit Bestandteil der medizinischen Therapie.Inzwischen bekam die wissenschaftliche Psychologie die bewußten Zustände des Geistes in den Griff, indem sie die Methode der Introspektion verwarf und sich objektiven oder behavioristischen Charakterisierungen des bewußten Verhaltens widmete. Im Bestreben, angemessene objektive Modelle für die Erforschung des menschlichen Geistes zu finden, orientierte sich die Psychologie zunehmend in Richtung auf die traditionellen experimentellen Wissenschaften Biologie und Physik hin. Es wurde aber vermieden, die Psychoanalyse zum Anhängsel der experimentellen Wissenschaften zu machen. Inzwischen folgten die behavioristischen Disziplinen, vor allem die Anthropologie, den psychoanalytischen Beweggründen, was zu einer vollständigen Neuorientierung dieser Forschungen führte.

Auf diese Weise fand die „wissenschaftliche" Psychologie wenig Verwendung für den unbewußten Geist; umgekehrt fanden die Psychoanalyse und die behariostischen Disziplinen wenig Verwendung für die „wissenschaftliche" Psychologie. Auf diese Weise gerät eine Entscheidungstheorie, die behavoristische Probleme mit Hilfe wissenschaftlicher Methoden anzugehen versucht, Auge in Auge mit den Problemen des unbewußten Geistes.

Es ist an der Zeit, unbewußte geistige Prozesse zum Gegenstand einer experimentellen, vom empirischen Vorgehen verschiedenen Forschung zu machen. Unglücklicherweise kann die Entscheidungstheorie wenig von der experimentellen physiologischen Psychologie hinsichtlich der Prozesse lernen, durch die Menschen zu lebendigen und konsequenten Entscheidungen gelangen. Möglicherweise wird die Neurologie eines Gedankens eine solche Ebene an Klarheit erreichen, von der aus es möglich ist, eine komplexe Entscheidung aufgrund der Interaktion von Neuronen vorauszusagen. Bis dahin quält die Entscheidungstheorie die rationalen und nichtrationalen Motivationen, Wünsche, Nachrationalisierungen, die menschliche Typologie, die Kultur und all die anderen Einflüsse, die zusammengenommen zur „personalen Gleichung" führen und drohen, die Entscheidungstheorie aus ihrer sicheren Verankerung in der Mathematik und in den Naturwissenschaften zu werfen. Der instinktive Entschluß von Entscheidungstheoretikern, sich so eng wie möglich an die Mathematik und an die Maschinen anzuhängen, bietet keine wirkliche Sicherheit. Die Geschichte der Technologie zeigt, daß die Maschinen schnell außer Gebrauch kommen, wenn der Zwang sie zu gebrauchen nachläßt. Darüberhinaus ist es sehr leicht, die ursprünglichen strengen Funktionen einer Maschine durch differenzierenden Gebrauch zu „pervertieren". Deshalb wäre es vorteilhaft zu versuchen, den „unbewußten Geist" in die Methodologie des Entscheidungsprozesses aufzunehmen und dahin zu kommen, sich mit den dringenden Anliegen auseinanderzusetzen, die sich der Entscheidungstheorie und ihren Konglomeraten darumherum im Bereich der nichtrationalen geistigen Prozesse auftun.

2.6 Das Problem des Experiments bei unbewußten geistigen Prozessen

Obwohl nahezu ein Jahrhundert mit Forschungen im Bereich unbewußter geistiger Prozesse vergangen ist, gibt es keine methodische Struktur, welche diese Arbeit in experimentelle wissenschaftliche Kanäle leiten könnte. Es bestehen noch nicht einmal allgemeine empirische Leitlinien für eine operationale Unterscheidung zwischen bewußten und unbewußten Geisteszuständen. In ihrem Bestreben, das Studium geistiger Prozesse auf einer wissenschaftlichen Basis zu begründen, akzeptierte die wissenschaftliche Psychologie das generelle Postulat, daß der Verstand entweder Verhalten oder Leitung oder Handlung sei. Es war unmöglich, die uralte Methode, mit welcher subjektives Wissen manifest gemacht werden, nämlich die Introspektion, einer wissenschaftlichen Kontrolle zu unterwerfen. Die Alternative schien zu sein, vom Forschungsprozeß den eigegen Bericht des befragten Subjekts über seinen geistigen Zustand auszunehmen und sein geistiges Verhalten als „ein Ereignis in der Natur", als Verhaltensform eines lebenden Objekts aufzufassen. Psychologie wird aus dieser Sicht auf Biologie reduziert. Dies ist eine extreme oder grobschlächtige behavioristische Doktrin. Von ihr bestehen verschiedene Verfeinerungen. Insbesondere gibt es eine radikal unterschiedliche Auffassung über den „Geist als Verhalten", nämlich eine, die auf der Auffassung beruht, die einzige Evidenz, die der Experimentator als Evidenz des Geistes betrachten und interpretieren könne, sei diejenige Verhaltensform, die in ein wissenschaftliches Modell passe. Der Experimentator trägt dann die Last, sein Modell so zu gestalten, daß es Introspektion zusammen mit irgendeiner anderen Form des vom Experimentator „geistig" genannten Verhaltens erfaßt. Introspektion und Bewußtheit müssen folglich in Übereinstimmung mit den allgemeinen Verfahren behandelt werden, denen alle wissenschaftlichen Experimente zu gehorchen haben.

In keiner dieser Lehren über die Natur des Verstandes sind objektive Vorkehrungen für eine radikale Differenzierung von bewußten Zuständen des Geistes getroffen. Weil der Behaviorismus auf den integralen Akt für alle Anzeichen von Geist vertraut, nimmt der Behaviorismus die Unterscheidung zwischen bewußten und unbewußten Zuständen des Geistes hin.

Umgekehrt wird in derjenigen Disziplin, die in den USA Psychoanalyse genannt wird, auch großer Nachdruck auf die Introspektion gelegt und den subjektiven Zuständen des Geistes volle Autonomie zugesichert; es wird angenommen, daß Introspektion das subjektive Bewußtsein adäquat repräsentiert. Die Methode des Analytikers wirft bewußte und unbewußte Komponenten des geistigen Verhaltens in einen Topf. Die Unterscheidung zwischen jenen gründet sich auf Grundsätze der psychoanalytischen Methode. Bewußtheit und Unbewußtheit werden in Übereinstimmung mit dieser Methode zugeschrieben. Es wird vermutet, daß der Analytiker weiß, was Unbewußtheit allgemein und im Falle seines Patienten bedeutet. Es wird vermutet, daß der Patient seinen bewußten Geist kennt, der den Kontrollmargen der psychoanalytischen Methode unterworfen ist. Wo diese Kontrollmargen nicht tatsächlich ad hoc vorliegen, sind sie klinischer und empirischer Natur. Es gibt keine oder bestenfalls nur wenige Versuche, sie experimentell im wissenschaftlichen Sinn zu machen.

Simulationsstudien des Lernprozesses halten es gewöhnlich für wünschenswert, den Fesseln des mechanistischen und deterministischen Behaviorismus durch Zuflucht zu „Gestalt"-Techniken zu entkommen. Sie nehmen eine primitive, unanalysierte Macht des menschlichen Geistes an, aus diskontinuierlichen objektiven Phänomenen Modelle entwickeln zu können. Sie versuchen diese Modelle zu erkennen, zu klassifizieren und empirische Generalisierungen aus ihnen zu testen. Dadurch widerstehen diese Studien der Versuchung, introspektiv gewonnene Berichte als diskrete „Verbalakte" zu behandeln. Diese Gestalten als genuine Evidenz des Lernprozesses zu betrachten führt im Ergebnis dazu, das Simulationsmodell im hohen Maße zu bereichern und es sehr viel mehr dem aktuell vom lernenden Subjekt gezeigten Verhalten anzunähern. Aber mir ist keine einzige Studie bekannt, die zwischen bewußter und unbewußter Modellbildung zu trennen versucht. Falls das Protokoll die Lernmotive verrät, ist es in der Tat vom Standpunkt des Experimentators aus gesehen irrelevant, ob das Subjekt ihrer bewußt war oder nicht.

3 Nicht-Rationalität und Intuition

Wir unterscheiden das Irrationale vom Nicht-Rationalen. Irrationalität ist Anti-Rationalität. Sie nimmt an, daß das Rationale schon definiert sei und stellt sich – bewußt oder unbewußt – dem Rationalen entgegen. Vom Rationalitätsgesichtspunkt aus gesehen bedeutet das Irrationale Irrtum, Fehler, Übel. Rationalität macht die Annahme, daß Irrationalität durch eine Veränderung im Verstehen oder in der Motivation umgewandelt werden kann, und daß die irrationale Handlung die Mittel verfehlt, durch die sie ihre Ziele sucht oder irgendetwas vorzieht, um die wahren Ziele zu verbergen. Jedenfalls glaubt Rationalität einen Wert für den menschlichen Fortschritt darzustellen, der Werten entgegengesetzt werden müsse, die man durch Irrationalität repräsentiert glaubt.

Vom Standpunkt der Rationalität aus bildet Nicht-Rationalität etwas, was man noch nicht rational gemacht hat, das Rohmaterial, aus dem das Rationale entsteht. Es ist lediglich nicht oder noch nicht rational. In der Geschichte der Philosophie ist Vernunft ein Wert oder, weiter gefaßt, ein Aspekt der Welt, der eine Ordnung in das ursprüngliche Chaos der physikalischen Erscheinungen und in die Richtung des menschlichen Verhaltens bringt. Für die Griechen ist Philosophie nahezu mit Vernunft identisch. Der Verfall der griechischen Philosophie geht einher mit dem Anwachsen irrationaler Religionen und mit neoplatonischer Anziehungskraft für anti-rationale Emotionen und Handlungen.

Es würde unmöglich sein, der Konzeption von Rationalität gerecht zu werden, ohne die gesamte Geschichte der westlichen Philosophie mit einzubeziehen. Es erscheint aber notwendig, diese Fundgrube der westlichen Weisheit zu übergehen, um sich auf den heutigen Schauplatz begeben zu können. Die Wurzeln der gegenwärtigen Nicht-Rationalität liegen bei den Philosophen des 19. Jahrhunderts, die sich gegen den ausschlaggebenden Rang auflehnten, den die Rationalität auf den Gebieten der Philosophie, der Politik und in gewissem Maß auch in der Religion einnahm. Ein Strang führt von *Kierkegaard* über *Nietzsche* zu den modernen Existenzialisten. Der andere Strang kam, was etwas befremdet, von der experimentellen Wissenschaft, als sie gewahr wurde, daß das höchstrationale Modell eines mechanistischen Weltbildes und einer deterministischen Physik nicht mehr ausreichte und als das Modell der experimentellen Wissenschaften für unzulänglich zur wissenschaftlichen Erkenntnis des menschlichen Verhaltens in den emporkommenden Wissenschaften Soziologie und Psychologie erkannt wurde.

Diese Situation war die späte Blüte einer Saat aus den Anfängen der modernen westlichen Wissenschaft. Wissenschaftler der Neuzeit räumten einer nicht-rationalen Welt Vorrang vor einer irgendwie gearteten rationalen Beschreibung ein. Als Aufgabe einer rationalen Wissenschaft wurde die nie endende Suche nach einer zunehmend verfeinerten, rationalen Beschreibung des Verhaltens der Welt und ihrer Bewohner angesehen. Das war und ist der grundlegende Lehrsatz der Empirie. Dieser wurde dem Rationalismus der Philosophen entgegengesetzt, für die Vernunft diejenige menschliche Handlung darstellt, die allein unbezweifelbare und ewige Wahrheiten hervorbringt. Das Universum muß sich dieser ursprünglichen Wahrheit anpassen. In dem Maße, wie es davon abweicht oder abzuweichen scheint, ist es oder sind seine Verfechter im Irrtum.

Als Ergebnis dieser leidenschaftlichen Dialektik ergab sich sowohl eine Verstärkung der rationalistischen als auch der empirischen Elemente in der modernen Wissenschaft. Logik und Mathematik der Rationalisten wurden völlig erneuert, und zwar umfassend genug, um sich mit den Forderungen der Empirie zu treffen. Andererseits drang dadurch Rationalität in die Empirie ein und das hergebrachte Informationssammeln, das sich weitgehend durch intuitive Überwachung vollzog, machte höchst rationalistischen Modellzwängen, Ordnungssystemen und mathematischen Verfahren Platz. Die Mathematik orientierte sich überraschend ähnlich an Mengen und Gruppen, wie die entstehende empirische Wissenschaft im alten Griechenland der aristotelischen Logik der Klassen und Prädikate Raum gab. Grundlegende Ordnungsprinzipien kamen auf oder wurden gewählt, um die Informationsflut zu bewältigen.

In winzigem Umfang sehen wir dasselbe sich in der gegenwärtigen Entscheidungstheorie ereignen. Wir können ihre Aktivitäten grob in zwei Teile spalten, einen rationalen und einen nicht-rationalen. In der rationalen Entscheidungstheorie, so haben wir gesagt, werden die Modellzwänge für verbindlich gehalten. Eine Abweichung von ihnen ist ein Fehler. In der nicht-rationalen Entscheidungstheorie werden die Entscheidungen des Entscheidungssubjekts für verbindlich gehalten, und die Modellelemente treten hinzu, um die Übereinstimmung mit diesen „tatsächlichen" oder „wirklichen" Entscheidungen herzustellen. Das Hauptmotiv lenkt zur rationalen Modellbildung auf der Basis logischer und mathematischer Paradigmen. Das zweite Motiv besteht in dem Versuch, die Entscheidung zum Gegenstand einer experimentellen Wissenschaft zu machen.

Ich habe nunmehr den Punkt erreicht, an dem ich über Rationalität und Nicht-Rationalität in der Entscheidungstheorie sprechen kann, ohne zu sehr aus der paradoxen Natur des Problems Schaden zu erleiden. Ich kann einen Bedeutungskern für die Auffassung von nicht-rationalem Entscheiden voraussetzen. Ein rationales Entscheidungsmodell ist im Idealfall ein Algorithmus zur Steuerung von Wahlen auf allen Entscheidungsgebieten, für das es sich eignet. Das Modell verlangt nicht nur die Annahme seiner Auffassung von einer optimalen Lösung (weil es in gewisser Hinsicht nur eine Lösungsmenge gibt); es deutet ebenso die Schritte an, die durchlaufen werden müssen, um eine Lösung zu erreichen. Es braucht nicht betont zu werden, daß in der Praxis ein solches Modell als langweilig abgetan würde. Tatsächlich muß jedes interessierende Modell Raum lassen für einige andere menschliche Fähigkeiten als die Fähigkeit, richtige Schlußfolgerungen zu ziehen. Noch besteht freilich das Idealbild. Folglich baut die Struktur des Modells auf Logik und Mathematik auf. Das Ermessen des Modellbenutzers ist im wesentlichen darauf begrenzt, den unter mathematischer Kontrolle befindlichen Variablen Richtungen zuzuschreiben, die üblicherweise numerisch sind. Das stimmt mit dem überein, wozu Mathematik traditionell gebraucht wird.

Der kritische Punkt für jede rationale Entscheidungsmodellierung ist die Bedeutung, die dem Ausdruck „Präferenz" zukommt. Heute ist Präferenz das Wesentliche, das sich auf den Akt des Entscheidens bezieht. Beim Entscheiden zieht einer dieses jenem vor. In einer Präferenz eine Relation statt einen Handlungsakt zu sehen, hat bereits die Bedeutung, sie für die Einbeziehung in ein rationales Modell vorzubereiten. Obwohl Präferenz tatsächlich unzweifelhaft eine Relation darstellt, ist sie nicht nur dies. Sie ist zugleich ein Handlungsakt. Diesen als Relation aufzufassen bedeutet, ihn auf eine Rolle zu beschränken, die sehr unüblich für ihn ist. Er wird dadurch zu dem degradiert, was zwei Begriffe verbindet, betrifft also den Fall eines dualistischen Verhältnisses. Er gestattet, zwei Begriffe zueinander in Beziehung (in Relation) zu setzen. Der nächste Schritt in diesem prokrustianischen Vorgehen ist der Vorschlag, die Relation zwischen Präferenzen als transitiv oder zumindest gewöhnlich als transitiv zu betrachten. Zumindest kann sie transitiv sein. Wo sie das nicht ist, vernachlässigen wir das. Wir beschränken uns auf solche Fälle, wo sie transitiv ist. Dann stellt sie ein Analogon zu der mathematischen Relation „größer als" dar. Wie diese Relation wird Präferenz als irreflexiv, asymmetrisch und transitiv angesehen. Kurz: sie stellt eine Präferenzrelation (ordering relation) dar, die höchst nützlich ist, um eine geordnete Menge von Wahlen hervorzubringen.

Unglücklicherweise zeigt die tatsächliche Praxis im Hinblick auf die Natur der Präferenz, daß Präferenz keineswegs eine Präferenzrelation darstellt. Sie ist im wesentlichen keine Relation, sondern eine Wahl. Tatsächlich ist Präferenz in hohem Maße mit nicht-rationalen Elementen durchsetzt, die den Versuch zunichte machen, sie mit irgendeinem mathematischen oder logischen Ordnungsschema zu vergleichen.

Ich halte es deshalb für wünschenswert, den Versuch aufzugeben, den Begriff der Präferenz in Analogie zu einer Präferenzrelation, die manchmal transitiv ist, zu entwickeln. Ich halte vielmehr die Annahme für besser, daß Präferenz nichts mit Transitivität zu tun hat. Wenn immer sich Ketten von Präferenzen transitiv ordnen lassen, wird man feststellen, daß dies aus der Natur der Wahlen und nicht aus dem Handlungsakt der Wahl folgt. Die Tatsache, daß ich A vor B gewählt habe, hat keinerlei Einfluß auf meine nächste Wahl, an der B beteiligt ist. Wenn ich also B vor C wähle, werde ich durch diesen singulären Wahlakt nicht dazu gebracht auch A vor C zu wählen. Die gesamte Beurteilung muß auf dem Charakter von A, B und C beruhen. Falls sie Geldsummen in abnehmender Größenordnung darstellen, dann mag ich (oder mag nicht) A vor C wählen. Der Umstand, daß A, B und C Geld darstellen, wird mich darin beeinflussen, sie nach ihrer Größenordnung abzustufen. Er wird mich aber nicht dazu zwingen, so zu ordnen. Ebensowenig kann meine Weigerung unbedingt als irrational bezeichnet werden.

Der Grundirrtum in den Versuchen, Präferenz als manchmal transitiv zu definieren, scheint mir nicht in dem logischen Nachweis zu liegen, daß sie niemals transitiv sei, sondern darin, daß „Präferenz" normalerweise oder gewöhnlich nicht zu dem Objektbereich der logischen Relationen gehört. Folglich ist Präferenz weder transitiv noch nicht-transitiv.

Darüberhinaus gibt es in solchen Fällen, in denen einige Eigenschaften der auszuwählenden Objekte eine transitive Ordnung gestatten, keinerlei Sicherheit, daß der Vorgang der Transitivität unbegrenzt fortgesetzt werden kann, wie es die Theorie der logischen Relationen voraussetzt. Alle Versuche, Ketten menschlicher Wahlakte zu ordnen, scheinen wie in der sogenannten Theorie des Befriedigungsniveaus (marginal utility) abzubrechen. Deshalb wird die einzige Anwendungsmöglichkeit für eine Präferenzrelation auf der Grundlage einer mathematischen Analogie auf Logik und Mathematik begrenzt bleiben. Wenn nämlich die Präferenzkette bei einer hinreichend großen endlichen Zahl abbricht, ist es logisch anzunehmen, daß der Defekt in ungewissem Umfang bereits bei der vorletzten Wahl vorhanden war und ebenso bei den vorangehenden Wahlen bis zum Anfang, die sozusagen alle ein kleines Stück des Defekts in sich getragen haben müssen. Unter 4.1 dieses Aufsatzes werde ich auf das Präferenzproblem zurückkommen. Ich möchte zwischen zwei Typen von Wahlen unterscheiden, die oft als Entscheidungspräferenz miteinander vermengt werden. Ich möchte alle diejenigen Wahlen, die durch Überlegungen auf axiomatischer Grundlage hervorgehen, „Schlußfolgerungen" nennen, und für alle nicht solchermaßen eingeengten, das Wort „Entscheidung". Eine Schlußfolgerung mag „gültig" oder „ungültig" sein; eine Entscheidung ist „gut" oder „schlecht". Das bedeutet, daß jede Entscheidung ein Element nicht-rationaler Wahl enthält. Dieses Element stammt aus dem autonomen Vorgehen des menschlichen Geistes. Es mag vorausgesagt werden können, aber es kann nicht rational eingeengt werden. Es mag sich in Übereinstimmung mit rationalen Verfahren befinden; das muß aber wiederum nicht der Fall sein. Dieser Umstand begründet seine Freiheit von rationalen Einschränkungen, mit anderen Worten: seine Kreativität. Es vollzieht sich wie ein Naturprozeß. Manchmal ist es wahrscheinlichkeitsabhängig. Dann wiederum ist es völlig unvoraussehbar, unvorstellbar neu. In einer wirklichen Entscheidung ist dieses Element potentiell einmalig. Sein Name ist „Intuition".

Intuition bedeutet unbewußte Vorstellung. Als solche stellt sie eine nicht-rationale Funktion des menschlichen Geistes dar. Sie folgt nicht den Regeln des rationalen Denkens. Sie existiert in der Tat nur aufgrund der Unangemessenheit des rationalen Gedankens. In gewisser Hinsicht weist sie die nicht-rationale Qualität der Natur selbst auf. Sie ist die „nicht-denkmäßige" geistige Antwort des Organismus auf einen von außen kommenden Stimulus. Aber sie besteht in der Tat nicht lediglich in einem Reflex, dem organischen Analogon zu Ursache-Wirkung-Abläufen in der Natur, denn Intiution ist kreativ, und zwar wiederum in einem nicht-rationalen Sinn.

Es muß daran erinnert werden, daß Intuition, ähnlich wie Perzeption, dem Strom der Weltereignisse oder Stimuli sehr nahe steht. Die Frage, ob Intuition in ein formales Modell oder in einen Computer eingebaut werden könne, gleicht in gewisser Hinsicht der Frage, ob die vielfältigen Erscheinungsformen der Welt vollkommen rationalisiert werden können. Denn wenn die Welt vielfältig bleibt, müssen ihre unmittelbaren Sensoren, nämlich Perzeption und Intuition, dem Verstand mit nicht antizipierbaren Handlungen oder Verschiedenheiten gegenübertreten. In diesem Sinn bedeutet es einen Widerspruch, davon zu reden, man wolle Intuition in eine Maschine programmieren. Programmierung ist der Prozeß der Umwandlung verschiedener Elemente eines Problems in eine rationale Form mit Hilfe der Intuition. Das Programm repräsentiert den erfolgreichen Versuch, verschiedene Elemente der Natur rational zu machen. Erst anschließend kann ein Computer mit ihnen umgehen. Nach diesem Verständnis des Begriffs operiert ein Computer nicht intuitiv, weil und nur weil die Verarbeitungsprozesse des Computers für rational gehalten werden.

Natürlich gibt es nichts, um jemanden vor dem Glauben zu bewahren, der Computer arbeite intuitiv. Rationalität ist eine relative Vorstellung. Wenn beispielsweise der Computer dazu gebracht worden ist, dem Benutzer eines programmierten Problemlösers hilfreiche Vorschläge zu machen, wirkt sich das auf den Benutzer ähnlich aus wie die Hilfe, die Intuition zur Verfügung stellt. Für einen solchen Benutzer handelt der Computer intuitiv. Für den Programmierer oder für irgendjemanden, der das Programm analysieren möchte, handelt der Computer lediglich rational, d. h., alles was er tut, kann auf den jeweiligen generellen Algorithmus zurückgeführt werden.

Dieselbe Relativität zwischen Rationalität und Intuition läßt sich im Verhalten von Menschen beobachten. Ein geometrisches Problem, das von einem Anfänger ein hohes Maß an Intuition verlangt, mag für eine erfahrene Person eine bloße Übung in deduktiver Logik bedeuten, deren sämtliche Schritte feststehen. Es erscheint deshalb notwendig, die Rolle der Intuition in Bezug auf rationale axiomatische Prozesse von der Rolle der Intuition als Sensor in einem Prozeß zu unterscheiden, der zur Ordnung der Natur gehört. Im letztgenannten Fall übernimmt Intuition aus der Weltsicht heraus, daß die Natur die nie versiegende Quelle neuer Probleme bildet, die Aufgabe, den Input so aufzubereiten, daß er letztlich in den Zusammenhang einer rationalen Erklärung paßt. Um diese Funktion adäquat zu erfüllen, muß Intuition in diesem Sinne nicht-rationalisierte Freiheit zurückbehalten, um nach Belieben über den Phänomenen stehen zu können.

Eine andere Möglichkeit, die Differenz zu kennzeichnen, lautet wie folgt: Intuition mag in Verbindung mit axiomatischen Verfahren gebraucht werden. Bei einer solchen Verwendung wird die Intuition durch die Regeln der axiomatischen Verfahren begrenzt. Was sie auch zu Tage fördert, wird in der Terminologie dieser Regeln als gültig oder ungültig, hilfreich oder nutzlos beurteilt.

Andererseits bildet die Intuition bei ihrer Verwendung als Sensor für natürliche Ereignisse nicht das Subjekt für diese Begrenzungen und wird letztlich durch sie auch nicht festgelegt. Sie hat gewissermaßen Anteil an der Autonomie der natürlichen Ereignisse. Axiomatische oder in der Tat alle rationalen Begrenzungen müssen in Formen angenommen werden, wie sie die Intuition vorschlägt. Rationale Prozesse werden nicht „gültig" oder „ungültig", sondern „relevant" oder „irrelevant". Dies steht im Einklang mit der grundlegenden Philosophie der westlichen Kultur, wonach die Wahrheit der materialen Welt jede nur mögliche rationale Erkenntnis von ihr übersteigt. Die gegenteilige Annahme im platonischen Realismus oder in den rationalistischen Philosophien von *Descartes*, *Spinoza* und *Leibniz* wird in dieser Tradition einfach zurückgewiesen.

Ich habe gesagt, daß Intuition unbewußte Perception darstellt. Diese Behauptung bedarf einer Klärung. Damit will ich nicht die Intuition als einen Prozeß bezeichnen, die lediglich eine Erklärung voraussetzt, um rational zu sein. Die Darstellung geht von jemandem aus, der ein Problem im Zustand des Unwissens löst. Noch etwas mehr Wissen, und er würde alle Schritte als rationale Sequenz erkennen. Letztlich wurde diese Sichtweise von all denjenigen auf das gesamte Universum erstreckt, deren Schaffen einem allwissenden Gott (wie beispielsweise bei *Spinoza*) rational bekannt ist. Die Natur der Welt fließt aus dem Geist Gottes, wie Theoreme in der Geometrie aus ihren Axiomen fließen. Nicht diese kosmologische Doktrin hatte ich im Sinn; eine solche Anschauung hat, wie oben angedeutet, nur einen begrenzten Stellenwert für die Rolle der Intuition bei axiomatisierten Prozessen.

Was ich im Sinn hatte ist, daß Intuition mit dem Begriff des Unbewußten verknüpft ist, wie dieser Zusammenhang beispielsweise in der Psychoanalyse aufgefaßt wird. An dieser Stelle denken wir nicht länger über Intuition in Bezug auf das Problemlösen nach, denn das Problemlösen zielt letztlich darauf, eine rationale Lösung zu erreichen. Wenn das Problem erst einmal wohlformuliert ist, dann wird bereits eine rationale Lösung angesteuert und es bestehen rationale Beschränkungen, um die richtige Antwort von der falschen Antwort zu unterscheiden. Wenden wir uns vom Problemlösen zum Entscheiden, dann existiert keine richtige Antwort. Die Entscheidung selbst ist weder wahr noch unwahr. Sie ist eher autoritativ als richtig. Sie mag gut oder schlecht sein, was von dem Ergebnis abhängt und von denjenigen Werten, die von den Entscheidungsunterworfenen übernommen werden. Aber sie kann nicht unter den Zwängen eines rationalen Modells, sei es axiomatisiert oder nicht, als falsch nachgewiesen werden.

In diesem Kontext stellt Intuition einen Vermittlungsprozeß zwischen den verschiedenen Faktoren dar, die vor der Entscheidung liegen, den Faktoren, die berücksichtigt werden müssen, und der Entscheidung selbst. Ich halte Intuition für eine Funktion des Geistes, die alternative Entscheidungsmöglichkeiten erfindet und sie dem Entscheidungssubjekt präsentiert. Die Intuition bringt Alternativen hervor, siebt sie durch und selektiert eine oder mehrere von ihnen zur Übernahme. Die Wahl des endgültigen Handlungsverlaufs stellt nach meiner

Ansicht eine andere Funktion des Geistes dar, nämlich die autonome Funktion, für die letztlich ausgewählte Alternative zu optieren. Der Prozeß, Alternativen durchzusieben, wird üblicherweise unbewußt vorgenommen. Die endgültige Wahl dagegen vollzieht sich üblicherweise bewußt. Sie erfolgt nach meiner Ansicht nicht nur bewußt, sondern auch rational, auch wenn ein axiomatisches Verfahren fehlt.

Ich bin mir wohl bewußt, daß der obige Versuch einer Unterscheidung verschiedener Funktionen innerhalb einer organischen Einheit, wie sie der menschliche Geist in beträchtlichem Umfang notwendigerweise darstellt, dessen wesentliche Einheit verletzt. Was wir dessen getrennte Funktionen nennen, sind lediglich erfundene Konstrukte, um eine schematische Struktur einzuführen, die nicht der Realität, sondern unserem eigenen Denken entspricht. Es ist beispielsweise unmöglich sich vorzustellen, ein gegebenes Beispiel des menschlichen Verhaltens ließe sich tatsächlich in Denken und Intuition aufspalten. Tatsächlich haben uns die Anforderungen der modernen wissenschaftlichen Methode dazu gezwungen, eine Auffassung von „Geist" preiszugeben, die auf einer Loslösung von seinen physiologischen oder verhaltensmäßigen Manifestationen beruht. Geist ist Verhalten. Dieselbe Notwendigkeit für eine dialektische Auffassung besteht hinsichtlich der Relation zwischen Intuition und dieser anderen Funktion des Geistes, die ich seine „Bewertungsfunktion" genannt habe. Wir besitzen keinen passenden Ausdruck, um diesen Prozeß zu kennzeichnen. Diese Tatsache selbst ist ein sicheres Zeichen für den primitiven Status des Lernens auf der Grundlage von Werten, wie sie im wissenschaftlichen Kontext vorkommen.

4 Kann man mit Intuition experimentieren?

Notwendig ist zunächst eine angemessene Definition von „Intuition". Für die Zwecke eines Experiments muß die Definition operational sein. Deshalb ist das Endergebnis im Auge zu behalten, wenn die vorgelagerte Aufgabe einer Definition erfüllt wird. Es besteht keine Möglichkeit auch nur zu versuchen, Intuition zu „isolieren", weil Intuition wie jede andere sogenannte geistige Funktion das gesamte geistige Verhalten durchzieht. Die einzige relative Erscheinung, die untersucht werden kann, ist das geistige Ereignis oder der Handlungsakt.

Intuition kann mit dem Strom individueller Ereignisse in der Natur verglichen werden, die durch die eine oder andere formale Struktur aufbereitet werden[4]. Die Modellbedingungen sieben entweder die unnützen Alternativen aus, die von der Intuition hervorgebracht worden sind, oder können selbst dieses nicht leisten. Aber der intuitive Strom gibt mehr Aufschluß als die Bedingungen des Modells, die der Experimentator besser kennt. An dieser Stelle muß erneut wiederholt werden, daß der Prozeß der Bewertung von Alternativen nicht intuitiv verläuft. Ich begrenze den Begriff der Intuition auf den Entwurf von Alternativen. Die Auswahl unter ihnen ist davon zu unterscheiden. Diesen Prozeß

[4] *Churchman*, *C. W.* and *Schainblatt*, *A .H.*, "The Researcher and the Manager", Management Science, Vol. 2, No. 44, February 1965; also Management Science, Series B, October 1965.

möchte ich den Akt der Beurteilung nennen. Weil aber der letztgenannte Prozeß einen rationalen Charakter aufweist, liegt er trotz der bekannten Tatsache, daß alle bereits bezeichneten Funktionen des Geistes offenbar zusammenwirken, nicht im Blickfeld dieses Aufsatzes. Das rationale Modell beschänkt die intuitiv hervorgebrachten Alternativen, und zwar innerhalb der Grenzen des Modells.

Es besteht eine gewisse Evidenz, daß die Rationalität die intuitiven Alternativen nicht einschränken kann. Beispielsweise scheint dies aus der Kette der Pseudo-Zufallszahlen bei Experimenten über das sogenannte „rationale Grundmodell" (ultimate rational model) hervorzugehen. Nebenbei bezeichne ich die Kette der Pseudo-Zufallszahlen deshalb als „Grund"-Rationalität, weil sie sich durch ein einziges Ordnungsprinzip auszeichnet: der Regel nämlich, daß keine Ordnung in ihrer Folgerichtigkeit antizipiert werden kann. Das erwähnte Experiment besteht darin, einer Gruppe von Leuten eine Folge aus Pseudo-Zufallszahlen vorzulegen und die Gruppe zu bitten, in der Sequenz einige Ordnungsprinzipien zu finden. Danach folgt ein Spiel zwischen den Experimentatoren, welche versuchen, die von den Teilnehmern entdeckten Muster zu entfernen und die Sequenzen erneut vorzusetzen, und den Teilnehmern, die neue Muster zu entdecken versuchen. Das letzte, was ich von diesem Experiment hörte, war, daß die Teilnehmer immer noch Muster in den Sequenzen fänden. Es ist also offenbar unmöglich, eine Suche nach Muster abzubrechen, ohne ein tautologisches Modell aus rationalen Bedingungen aufzustellen, genauer: ohne einen Modellentwurf vorzulegen, der die intuitive Entwicklung weiterer Muster in einem gewissen Stadium der Suche ausschließt.

Der gegenteilige Prozeß zur Begrenzung intuitiver Alternativen ist einer, der sie zu vermehren gestattet. Der bekannteste ist die freie Asssoziation. Weil Intuition einen unbewußten Vorgang darstellt, unterstützt derjenige Handlungsakt, durch den unbewußte Effekte durch frei bewegliche Assoziationen aus Ideen, Phantasien, Träumen, Scherzen, Irrelevantem oder Relevantem jeglicher Art hervorgebracht werden, ziemlich gut die Produktion intuitiver Alternativen.

Diese Methode ist in der psychoanalytischen Praxis wohlbekannt. Ebenso kommt sie bei allen Problemlösungen vor und wird bei der Lösung wissenschaftlicher oder quasi-wissenschaftlicher Probleme verwendet. Es gibt keinen Grund, warum die Methode der freien Assoziation zur Vermehrung intuitiver Alternativen sowie die Methode der rationalen Bedingungen zur Begrenzung der Alternativen nicht experimentell untersucht werden könnten.

Es erscheint notwendig daran zu erinnern, daß nach unserem Verständnis der Gebrauch der Intuition nicht notwendig effizient sein muß. Alternativen können vorgebracht werden, auch wenn keine erwünscht ist. Oder die angebliche Entscheidung stellt sich nicht als wahre Entscheidung heraus, sondern als Schlußfolgerung, und die Alternativen können falsch sein. Oder die Intuition erscheint repetitiv, weitschweifig oder oscillatorisch. Die Tendenz der Inutition, Bekanntes zu wiederholen, auf vollkommen unanwendbaren Alternativen zu bestehen oder zwischen ja und nein zu oscillieren, ist allgemein bekannt. Das ist die Stelle, an der die Rationalität eine Verstärkung durch Autorität benötigt. Dieses Modell mag sich halblegal entwickeln.

Man stelle sich eine aufgabenorientierte Gruppe vor, die eine rationale Lösung sucht. Die hierfür vorgegebenen Bedingungen lassen sich nach Befehlen, Verboten und Erlaubnissen einteilen. Die Befehle und die Verbote sind die Gesetzgebung. Sie sind nicht von der Macht der Intuition abhängig, Alternativen zu konstruieren. (Das Problem der Gesetzesinterpretation übergehen wir für einen Moment.) Der Bereich der Erlaubnis erfordert offensichtlich Intuition und Beurteilung. Da jede Alternative in Erwägung gezogen und entweder angenommen oder verworfen wird, erweitert dieses Vorgehen den Umfang der Gesetzgebung und erleichtert die Lösung. Der Bereich der Erlaubnis erfordert offensichtlich Intuition und Beurteilung. Da jede Alternative in Erwägung gezogen und entweder angenommen oder verworfen wird, erweitert dieses Vorgehen den Umfang der Gesetzgebung und erleichtert die Lösung. Der Bereich der Erlaubnis würde vermutlich eng, wenn die Intuition durch einen Computer auf dem laufenden gehalten würde und schließlich richtige Lösungen vorschlüge, die durch Urteil akzeptiert würden.

Ein solches Programm könnte zum Zweck der Effizienzsteigerung erwogen werden. So viele Überlegungen werden beim Entscheiden auf die Erwägung kurzsichtiger Alternativen verschwendet, vor allem auf solche, die im konkreten Fall aus offensichtlichen Gründen nicht in Betracht kommen oder die unter dem aktuellen Entscheidungszwang nicht realisiert werden können, Oder es wird aus vorsichtiger Abneigung gegen wirklich dumme oder irrationale Fehler Entscheidungszeit verschenkt. Das Problem, kostspielige nicht-effiziente Intuitionen abzuschneiden, dürfte ebenso wichtig sein wie das Problem, solche schöpferische Intuitionen hervorzubringen, die möglicherweise zu einem wichtigen Ergebnis führen.

4.1 Nicht-Rationalität und Wert

Wir haben einen heuristischen Kunstgriff benutzt und den menschlichen Geist in verschiedene „Funktionen" eingeteilt, um den verhaltensmäßigen Entscheidungsakt zu studieren. Die Gefahr in einer solchen Konzeption muß man sich stets vergegenwärtigen. Der verhaltensmäßige Handlungsakt ist einheitlich, wenigstens vom Standpunkt der modernen wissenschaftlichen Methodologie aus gesehen. Deshalb muß der Versuch, den Handlungsakt in nicht-existente „Teile" aufzuspalten, auf der begrifflichen Ebene bleiben. Außerdem muß die Trennung gerechtfertigt werden. Dieses Erfordernis ist in der Tat schwer zu erfüllen. Vielleicht kann eine Analogie helfen: Es ist ein künstlicher Vorgang, beim Menschen das Sehen vom Hören zu trennen. Zweifellos würde die Unterscheidung vom Standpunkt eines Biophysikers auf der einen oder eines Dramaturgen auf der anderen Seite höchst gekünstelt erscheinen. Dennoch steht der Vorteil so außer Frage, daß nicht nur die Mehrheit der Menschen, sondern auch der Physiologe und der Psychologe darauf bestehen. Dieselbe Verteidigung bieten wir für den Vorgang an, Intuition von Bewertung zu trennen. Wir sprechen von ihnen, als ob sie verschiedene „Funktionen" im Entscheidungsprozeß darstellten.

Als wir uns anschickten, den Versuch einer Beschreibung der Bewertungsfunktion des Entscheidungssubjekts zu unternehmen, stießen wir fast auf unerträgliche Schwierigkeiten. Einige Forscher dürften daran festhalten, „Bewertung" sei lediglich ein Synonym für den gesamten Akt des „Entscheidens", und damit sei das Problem gelöst. Andere würden sagen, daß der reine Entscheidungsakt eine wertfreie Erscheinung in der Natur darstelle, die ohne wertmäßige Voreingenommenheiten oder Voraussetzungen untersucht werden müssen; das Subjekt entscheidet so und so. Berichte über die Erscheinung in Übereinstimmung mit einem wissenschaftlichen Modell, das sorgfältig alle Verwirrung stiftenden Wertfaktoren ausschließt. Falls aber ein Wert berücksichtigt werden muß, dann setze ihn mit einem Nutzenwert gleich, der seinerseits in gewisser Hinsicht unter statistischer Kontrolle steht.

Ohne gegenwärtig ein Urteil über diejenigen Versuche abgeben zu wollen, welche die Wahrscheinlichkeitstheorie auf die Tatsachen der subjektiven Wahl anwenden, möchten wir betonen, daß unsere Untersuchung eine von diesen Spiel-, Simulations- oder experimentellen Modellen unterschiedliche Zielrichtung besitzt. Wir denken in Begriffen der Wissenschaftsphilosophie und betrachten den Entscheidungsakt im breiten Kontext des gesamten Gebiets der wissenschaftlichen Forschung. Die Entscheidung ist das „Material" der Entscheidungstheorie in einem Sinne, wie das Verhalten der angebbaren kleinsten Atombausteine das Material der Kernphysik sind oder die „Vorstellung" das Material einer vielgestaltigen Forschungsaktivität in der Psychologie darstellt.

Wir haben die Rolle der Intuition im Entscheidungsprozeß als Hervorbringung von Alternativen betrachtet, vor allem von Alternativen-Strategien, Taktiken oder einzelnen Entscheidungsakten. Konzentrieren wir uns auf den einzelnen Entscheidungsakt, weil er den Prototyp für alle anderen darstellt. Der Handlungsakt seiner Bewertung bedeutet die Auswahl einer von zwei zur Wahl stehenden Alternativen. Es ist die Aufteilung eines Bereiches in zwei Teile: einer Möglichkeit, die aktualisiert werden kann, und dem ganzen Rest, der aufgegeben werden muß. Dieser Prozeß enthält eine binäre Wahl. Gibt es keine Menge von Alternativen, dann stellt der Handlungsakt keine Entscheidung, sondern eine Schlußfolgerung dar. Gibt es jedoch Alternativen, und gewöhnlich bestehen viele, dann ist der Handlungsakt, eine auszuwählen, gleichbedeutend mit dem Bewertungsakt. Dieser Prozeß ist ebenso selbständig wie derjenige, Alternativen hervorzubringen oder anzunehmen. Er ist ebenso selbständig wie das Sehen im Hinblick auf das Hören. Er hat seine eigenen Besonderheiten und verdient in seiner Eigenart untersucht zu werden. Sein furchterregendster Aspekt ist die Eigenschaft, alle die zahllosen Überlegungen zu reduzieren, die berücksichtigt werden müssen, um unter einheitlichen Bedingungen bei der erwünschten Entscheidung anzukommen. Die gesamte Weltgeschichte mag vorläufig sein, aber es kommt zu einem „Augenblick der Entscheidung", wenn eine einzelne Wahl zu treffen ist. Dieser dramatische Akt liefert den Stoff für die Bewertung. Er ist ebenso eine Funktion des menschlichen Geistes wie die verwandten Funktionen, etwas zu unterscheiden, analysieren, vergleichen, gegenüberzustellen und alles übrige, was in der Philosophiegeschichte „Denken" genannt wurde. Das andere wird Moral genannt, wenn der Entscheidungsakt gewisse andere Charakteristika annimmt. Hier haben wir den Bewertungsakt ohne Rücksicht auf seine moralische Bedeutung untersucht, genau wie der Physiologe das

Sehen ohne Rücksicht auf die betrachteten besonderen Objekte untersuchen kann.

Diejenige Besonderheit des Bewertungsvorgangs, die uns wichtig erscheint, ist seine Macht, ein Chaos von Stimuli zu einer Einzigartigkeit zu reduzieren. Aus einem Gewirr von konkurrierenden Wahlmöglichkeiten wird eine aktualisiert. Diese Reduktion der Gesamtheit aller vergangenen menschlichen Erfahrung auf einen einzelnen konzentrischen Punkt ist das Aufregende an einer Entscheidung. Sie ist die Macht des Geistes, bis auf eine tatsächlich ausgewählte alle vorstellbaren Alternativen zurückzuweisen. Man kann dies als vollständig mechanischen Vorgang auffassen, als einen Tropismus, analog der Art und Weise, wie sich eine Blume zum Licht kehrt. Oder man kann sie zweckgerichtet betrachten als ein Beispiel für zielgerichtetes Verhalten seitens eines kraftvollen freien Willens. Aber wie auch immer man den Akt der Entscheidung betrachtet, sein hervorstechender Charakter, Komplexität auf Einzigartigkeit zu reduzieren, muß dabei beachtet werden. Wir haben es mit den Konsequenzen zu tun, die daraus folgen, daß der Akt der Entscheidung mit einem singulären Werturteil endet.

Ich habe an anderer Stelle etwas ausführlicher über die Schwierigkeiten geschrieben, die der wissenschaftlichen Methodologie aus der Behandlung singulärer Ereignisse erwachsen[5]. Diese Schwierigkeiten waren schon den griechischen Philosophen und Wissenschaftlern wohlbekannt. Die aristotelische Klassenlogik konnte sich mit besonderen Ereignissen beschäftigen, weil diese per Definition als Mitgliedschaft in einer Klasse potentiell generalisierbar waren. Der Prozeß, durch den eine gegebene Entität als beherrschende Klassenpotenz anerkannt wurde, war und ist noch höchst schwierig. Doch noch immer werden Handlungen vorgenommen und Klassifikationen gebildet. Das besondere Ereignis wird Mitglied einer Klasse von Ereignissen. Aber dies trifft nicht nur für das singuläre Ereignis zu, das per Definition nicht ohne dessen Zerstörung in eine Klassenzugehörigkeit gezwungen werden kann. Es braucht nicht erwähnt zu werden, daß dieses genau der Punkt ist, an dem sich Wissenschaft und gewisse nicht-wissenschaftliche Vorstellungen bis aufs Messer bekämpfen.

Wissenschaft besteht auf Generalisierung; Moral, Recht und Religion bestehen auf Individualisierung. Wir schlagen hier vor, die Streitfrage erneut unter dem Blickwinkel aufzugreifen, ob die alten Schlachtgrenzen nicht abgebaut oder wenigstens verändert werden können. Wir sollten erneut die Möglichkeit prüfen, daß die Wissenschaft ihre eigenen Grenzen so erweitert, daß sie die Einzigartigkeit eines Entscheidungsereignisses annehmen kann ohne sich genötigt zu fühlen, es in Übereinstimmung mit dem allgemeinen logischen und mathematischen Formalismus zu generalisieren. Dies ist meiner Meinung nach der Punkt, an dem sich die Entscheidungstheorie gerade befindet.

Oben haben wir die Verknüpfung zwischen einer Entscheidung und der Bezeichnung „Präferenz" untersucht. Wir kommen nun auf dieses Problem zurück. Wir haben gesehen, daß es ein normales Verfahren darstellt, den Ent-

---

[5] Decision Theory in Law, Science and Technology, in: *Rutgers* Law Review Bd. 17 (1963), S. 499 = Science, Bd. 140 (1963), n. o. 3751; What Law Can Do for Social Science, in: Law and Sociology, hrsg. *William M. Evan*, Free Press 1962, S. 91 ff.

scheidungsakt oder, wie er oft genannt wird, das Vorziehen (preferring) als Relation zwischen zwei Objekten aufzufassen, von denen man sagt, das Entscheidungssubjekt ziehe eines davon vor oder sei einem gegenüber wenigstens indifferent. Dieses Verfahren verwandelt den Entscheidungsakt in eine Relation, in eine Analogie zu einer bestimmten Relation, beispielsweise der zwischen Zahlen. Aber Präferenz stellt, wie wir gesagt haben, keine Relation dar. Sie ist ein Handlungsakt, eine Bestimmung, eine Selektion. Sie ist eine Operation.

Zwar werden Relation und Operation in der Logik und der Mathematik oft ohne großen Nachteil mit Ergebnisfindung (resulting) gleichgesetzt. Die Operation der Addition kann so als Relation aufgefaßt werden. Aber tatsächlich unterscheidet sich der Akt der Addition von der Relation, welche einen solchen Akt zwischen den addierten Mengen hervorbringt. Bei einer einwertigen Operation, wie die Negation, wird der Unterschied klarer. Obwohl man sagen könnte, daß der Akt des Negierens sowohl eine neue Entität hervorbringt, das Negierte, als auch ein Relationsverhältnis festsetzt zwischen dem, was negiert wird, und dem, was aus dem Akt der Negation folgt, ist der Akt der Negation selbst keine Relation. Noch ein weiteres Beispiel: Eine Abtrennungsregel, wie die des modus ponens, ist ein Prozeß. Sie kann nicht aus der Relation der Implikation allein entwickelt werden. Die Tatsache, daß die Relation der Implikation nicht reflexiv, asymmetrisch, transitiv und all das übrige ist, gestattet es nicht, den modus ponens aus der Existenz der Relation der Implikation abzuleiten. Der modus ponens ist eine Verfahrensregel, die unabhängig aufgestellt werden muß. In dem Akt der Anwendung des modus ponens ist zunächst die Relation der Implikation zwischen P und Q aufzuzeigen, dann unabhängig davon der Wahrheitswert von P festzustellen, danach kann der Wahrheitswert von Q ermittelt werden. Die Operation bringt nicht die Relation der Implikation hervor, und die Implikation bringt nicht den modus ponens hervor.

Ähnliches gilt für die Operation des Vorziehens. Man stelle sich eine Zahl von alternativen Eigenschaften vor, die in verschiedener Art untereinander in Beziehung stehen. Der Akt des Vorziehens wählt eine Eigenschaft aus, wählt also den Rest nicht aus. Dieser Akt führt zu einer Relation zwischen der gewählten und der nicht-gewählten, aber er tut nichts in der Richtung, ob die Relation eine logische ist oder nicht, die sinnvollerweise als reflexiv oder nicht, symmetrisch oder nicht, transitiv oder nicht charakterisiert werden kann. Falls die Ereignisse aus denen auszuwählen ist, bereits durch logische oder mathematische Beziehungen charaktisiert sind, wie es beispielsweise der Fall ist, wenn die Ereignisse Mengen darstellen, dann sind sie bereits in Bezug gesetzt durch die Relation „größer als oder gleich". Die Auswahloperation mag diese Relation aufrechterhalten oder nicht aufrechterhalten. Dennoch ist es möglich, im Hinblick auf solche in Bezug gesetzten Ereignisse zu fordern, daß der Akt der Wahl nicht die Relation zerstören sollte. Dies würde einen Rat der Vorteilhaftigkeit oder Rationalität darstellen. Falls aber die Ereignisse nicht so geordnet würden, brächte die Operation der Auswahl unter ihnen keine Relation mit logischem oder mathematischem Charakter hervor, es sei denn durch Zufall.

Einen anderen Weg zum selben Ergebnis bietet die Aussage, daß der Akt des

Vorziehens nicht in sich selbst eine Präferenzrelation darstellt[6]. Sie mag zwar als solche benutzt werden, aber wenn dies zutrifft, ist diese Tatsache die Konsequenz eines besonderen Postulats, nämlich, daß in einer gegebenen Situation eine Serie von Wahlakten als geordnet angesehen werden sollte. Aber eine solche geordnete Menge resultiert nicht aus dem Wahlakt, sondern aus der Festlegung, eine Ordnung für diese Wahlakte zu befolgen. Und Experimente deuten an, daß eine Serie von Wahlakten, die durch Transitivität (und Asymmetrie) geordnet werden und sich über eine gewisse Grenze erstrecken, sehr schnell in Unordnung geraten – ein Zustand, der ziemlich unvereinbar mit der Eigenschaft eines Ordnungsprinzips wie das der Asymmetrie und der Transitivität von „größer als oder gleich" ist. So halte ich in der Tat die Bedingung der Unordnung in einer Kette von verbundenen Entscheidungen für eine brauchbarere Vorstellung als die von Transitivität oder Nicht-Transitivität.

Über die oben geschilderten formalen Ungereimtheiten bei der Behandlung der Präferenz als eine transitive Relation hinaus bestehen ebenfalls ernsthafte inhaltliche Schwierigkeiten. Die Auffassung von Präferenz als eine transitive Relation ist auf solche Personen begrenzt, die ein langes Training in Logik und Mathematik haben, denn offensichtlich wird die große Masse der Entscheidungsprozesse durch diese Konvention nicht charakterisiert.

Auf der anderen Seite gibt es eine formale Konzeption, die wirklich eine sehr wichtige Rolle im aktuellen menschlichen Entscheiden spielt. Dies ist die Konzeption der Konsistenz. Es besteht eine weitgehende Übereinstimmung darin, daß Konsistenz zwischen einer Menge von Entscheidungen einen Wert darstellt. Wie beeinflußt diese Idee nun das Studium der Entscheidungstheorie als Gegensatz zu der Auffassung einer Transitivität von Präferenzen?

Es dürfte auffallen, daß ich, obwohl ich Vorbehalte gegenüber der Auffassung von Präferenz als einer transitiven Ordnungsrelation geäußert habe, meine Kritik nicht gegen die Idee der Asymmetrie gerichtet habe, die meines Erachtens keineswegs selbstverständlich der Auffassung von Präferenz innewohnt. Aber die Asymmetrie reicht als Ordnungsprinzip nicht weiter als die Dyade, in die sie eingebettet ist. Die Relation „ist der Vater von" ist asymmetrisch und erzeugt eine Richtung oder eine Ordnung zwischen einem variablen Paar. Aber wenn jemand die Kette zu erweitern wünscht, muß eine ähnlich transitive Relation wie „ist der Vorgänger von" eingeführt werden. Nun taucht die Frage auf: Ist die Konzeption einer Konsistenz ohne die Vorstellung von Transitivität möglich oder gar durchführbar? Oder direkter im Hinblick auf unser Interesse: Ist es möglich, dem Akt des Vorziehens die Vorstellung von Konsistenz in einer mehr oder weniger formalen Weise zuzuschreiben? Während es wenig Gewinn bringen würde, eine Folge von Präferenzen transitiv zu ordnen, weil diese Konstruktion mehr der Neigung des Logikers oder Mathematikers als der des Entscheidungssubjekts entgegenkommt, mag es durchaus sinnvoll sein danach zu fragen, welchen formalen Sinn Konsistenz für eine Gruppe von Entscheidungen mit sich bringt.

---

[6] Vgl. *L. I. Savage*, New York, London 1954, S. 17 f. als Beispiel für eine einfache, nichtpräferentielle Ordnung.

Die Frage nach formaler Konsistenz einer Anhäufung von Entscheidungen ist eine unendlich wichtige in der Entscheidungstheorie. In der Tat ist es unter praktischem Aspekt üblich anzunehmen, daß eine Anzahl von Entscheidungen, die in einer Menge oder in einer relativierten Gruppierung angeordnet sind, sich in einem Zustand formaler Konsistenz befinden sollten. Darüberhinaus tauchen viele wirklich wichtige Entscheidungen deshalb auf, weil es notwendig wird zu entscheiden, ob man oder ob man nicht mit einem konsistenten Verhaltensmodell brechen soll. Das „stare decisis" genannte Rechtsprinzip läßt die Entscheidung stehen und drückt damit die menschliche Tendenz aus, nach Möglichkeit eine Entscheidung durch bloßes Nichtbeeinträchtigen des status quo zu vermeiden.

Das Problem der formalen Konsistenz hat zwei Hauptgesichtspunkte. Der erste ist ein Modell zu entwickeln, das auf konsistente Mengen von Entscheidungen zielt. Obwohl dies entweder material als unmöglich oder außerdem formal als trivial erscheinen mag, ist dies nicht notwendig der Fall. Die Hauptaufgabe des Modells besteht nämlich nicht darin, die Bildung inkonsistenter Entscheidungen zu verhindern, sondern ihr unvermeidliches Vorkommen anzuzeigen. Weil diese Situation, wie oben angedeutet, derjenige Fall ist, der normalerweise wichtige und kreative Entscheidungen verlangt, müssen die Anlässe für die Befolgung oder Loslösung von Präzedenzfällen ins Auge gefaßt werden.

Das andere Problem ist furchterregender. Es betrifft die Frage nach der Konsistenz des Modells selbst.

5 Juristisches Entscheiden und die Logik des Individuums
(Der auf der Spitze stehende Entscheidungskegel)

An anderer Stelle habe ich die Beziehung des Rechts zur Wissenschaft untersucht und gemeint, Wissenschaft generalisiere, während das Recht individualisiere[7]. Außerdem sprach ich damals gegen Ende aus, daß ich hoffe, die Entscheidungstheorie könne sich als Brücke zwischen der Wissenschaft und dem Recht herausstellen, denn während die Entscheidungstheorie auf Generalität zielt, gibt es, wie ich glaube, ein unentrinnbares Element in jeder wahren Entscheidung, das ausschließlich zu dieser Entscheidung gehört. Ich möchte den Ausdruck „Schlußfolgerung" auf alle Schlüsse beschränken, in denen kein individualisierendes Element vorkommen muß. Die wahre Entscheidung erfordert ein solches, und für mich ist dies das wichtigste „Moment" in der Entscheidung.

Man stelle sich einen auf der Spitze stehenden Kegel vor, der komplexe Linien repräsentiert, die auf der Basis des umgekehrten Kegels im Entscheidungszeitpunkt – umgangssprachlich: dem Augenblick der Wahrheit – zusammenlaufen. Dieses Bild kann in einem damit verbundenen aufrechtstehenden Kegel fortgesetzt werden, der die Wirkungen der Entscheidung darstellt, wie sie sich im Zeitablauf ausbreiten.

Man betrachte die juristische Entscheidung im Licht dieses Bildes. Die Linien des Präzedenzfalles fließen in den umgekehrten Kegel, um von den rechtlichen

---

[7] Science, Bd. 140 (1963), no. 3751; "What Law Can Do for Social Science" in Law and Sociology (hrsg. von *W. M. Evan*), Free Press 1967, S. 91 ff.

Werten, den Werten der juristischen Administration, den Werten der Gesellschaft, den Tatsachen des Falles, der Rolle der Parteien, der Haltung der Zeugen, Rechtsanwälte und Geschworenen, dem Charakter und Temperament des Richters vereinigt zu werden. Alles läuft, wie man sagen muß, unter ungeheurem Zwang auf einen Punkt zu und dieser Punkt repräsentiert ein einheitliches Urteil oder eine einheitliche Entscheidung. Nachdem sie gemacht ist, tritt die Entscheidung selbst ihren Lebenslauf an als Vorstellung vom Leben, der Freiheit oder dem Eigentum der Parteien, als Präzedenzfall, als ein Handlungsakt, der rechtliche, soziale, moralische und erzieherische Effekte auf Teile oder auf die Gesamtheit der Öffentlichkeit hat.

Seit unzähligen Generationen haben die Jurastudenten die Linien der Macht studiert, die zu einer juristischen Entscheidung führen. Wie *Llwellyn*[8] ausgeführt hat, sind die Hauptlinien, die eine Entscheidung kanalisieren, die juristische Dogmatik, die rechtlich ausgebildeten Beamten, die Verantwortlichkeit der Justiz, ein karges Protokoll von unteren Gerichten, die vorgelegten gekürzten, beschränkten und phrasierten Sachverhalte, die gegenteiligen Argumente der Rechtsanwälte, die Rechtssicherheit und Wahrheitsfindung, eine bekannte Richterbank, ein Rechtsanwaltsbüro und eine Gruppenentscheidung.

Andere Berufe, die außerhalb des Rechts mehr oder weniger bewußt dem Modell des umgekehrten Kegels bei einer Entscheidung zu folgen scheinen, sind die Medizin, die Psychiatrie, die Psychoanalyse, die klinische Psychologie, die Sozialarbeit, die Architektur, das Planungs- und Ingenieurswesen sowie die gewerbliche Wirtschaft. Ich möchte die Vermutung aussprechen, daß in der experimentellen Wissenschaft das kritische Experiment ebenso diesem Modell folgt. Das Modell versucht, den vergangenen Lernprozeß und die gegenwärtige Intention in Richtung des kritischen Tests zu kanalisieren. Die Ergebnis-Vervollständigung, die oft vernachlässigt wird, ist ein Effekt der Entscheidung.

Kennzeichnend für alle diese Versuche ist eine punktuelle Entscheidung, die auf der Grundlage der Vergangenheit gezogen wird und sich in die Zukunft hineinverzweigt. Sowohl die Wissenschaft als auch das Recht scheinen mir sehr stark auf die Vergangenheit zu bauen, die Gegenwart zu betonen und die zukünftigen Konsequenzen weitgehend zu vernachlässigen, auch wenn normalerweise eine praktische im Unterschied zu einer grundsätzlichen Berücksichtigung zukünftiger Konsequenzen besteht. In der Wissenschaft greifen in diesem Fall die angewandten Disziplinen ein und differenzieren. Im Recht bildet die Verwaltung das Analogon.

Die juristische Entscheidung ist unter den genannten Entscheidungssituationen insofern einzigartig, als die juristische Entscheidung ausschließlich entscheidet. Der Entscheidungsprozeß ist spezialisiert und der Justiz zugewiesen. Dieser einzigartigen Entscheidungsfunktion der Justiz gegenüber gibt es nichts Vergleichbares in der Wissenschaft, obwohl die erstaunliche Zunahme von Wissenschaftsverwaltern dies vorausahnen läßt.

Der juristische Prozeß richtet sich bewußt auf den Einzelfall. Fälle, die eindeutig

[8] *Karl Llwellyn*, The Common Law Tradition, 1961.

unter die Grundsätze fallen, kommen nicht vor die Gerichte, bis eine Ausnahme angestrebt oder bis versucht wird, einen Grundsatz zu verwerfen. Bestehende allgemeine Grundsätze machen zahllose mögliche Streitfälle überflüssig.

Der juristische Prozeß beschränkt den Gegenstand der rechtlichen Wahl auf ein oder zwei streitende Parteien. Die Technik, um diese Beschränkung von Überlegungen zustande zu bringen, ist höchst kompliziert und verfehlt in der Tat oft ihren Zweck. Dennoch gelingt es oft genug, die typische Situation herzustellen. Theoretisch wählt das Gericht zwischen Werten und Gegenwerten und summiert alle in einer einzelnen dispositiven Wertentscheidung: dem Urteil für den Kläger oder den Beklagten; und auf diese Weise kommt es zu einer singulären, außerhalb von Allgemeinheit stehenden Entscheidung. Dieses Einordnen von vielen Allgemeinheiten in eine augenblickliche, allumfassende „Ja"- oder „Nein"-Entscheidung bildet die übliche Besonderheit des Entscheidens. Ebenso gehört das Einordnen zu jedem Akt des Urteilens. Das Ergebnis ist ein singuläres oder individuelles Urteil.

Wir sollten für einen Moment den Weg überdenken, auf dem *Kant* in der „Kritik der reinen Vernunft" das Problem diskutiert. Er behandelt es im Abschnitt, der „Von der transzendentalen Urteilskraft überhaupt" heißt. *Kant* nennt das Urteil „Mutterwitz". Dieser kann nicht ersetzt werden, wenn er fehlt, aber er kann offensichtlich durch Übung verbessert werden. Der Prozeß wird „Synthesis" genannt, und über die Funktion des menschlichen Geistes sagt *Kant*:

> „Die Synthese überhaupt ist, wie wir künftig sehen werden, die bloße Wirkung der Einbildungskraft, einer blinden, obgleich unentbehrlichen Funktion der Seele (in psychoanalytischer Ausdrucksweise: des Unbewußten), ohne die wir überall gar keine Erkenntnis haben würden, der wir uns aber selten nur einmal bewußt sind."[9]

Nun zur Einmaligkeit des Handlungsaktes: Das Zusammenziehen der vielfältigen Fasern aus Gründen, Näherungsversuchen, Zwecken, Argumenten, warum die Entscheidung so und nicht anders lauten sollte; dies folgt für *Kant* aus der einigenden Macht des menschlichen Verstehens. *Kant* nennt es „Synthesis", obwohl er andere Funktionen des Verstehens über das Urteilen hinaus einbezog. Nichtsdestoweniger wird die einigende Macht des Geistes einfach als gegeben vorausgesetzt, als eine Tatsache von solch offensichtlicher Gültigkeit festgestellt, daß sie keiner Begründung bedarf.

Im Hinblick auf die Einmaligkeit des Urteils haben wir ein knappes Stück der *Kant*schen sogenannten Logik vor uns. Urteile, so sagt er, sind allgemeine oder besondere oder einzelne:

> „Die Logiker sagen mit Recht, daß man beim Gebrauch der Urteile in Vernunftschlüssen die einzelnen Urteile gleich den allgemeinen behandeln könne. Denn eben darum, weil sie gar keinen Umfang haben, kann das Prädikat derselben nicht bloß auf einiges dessen, was unter dem Begriff des Subjekts enthalten ist, gezogen, von einigem aber ausgenommen werden. Es gilt also von jenem Begriffe ohne Ausnahme, gleich als wenn derselbe ein gemeingültiger Begriff wäre, der einen Umfang hätte, von dessen ganzer Bedeutung das Prädikat gelte. Vergleichen wir dagegen ein einzelnes Urteil mit

---

[9] *Immanuel Kant*, Kritik der reinen Vernunft, nach der 1. und 2. Originalausgabe neu herausgegeben von Raymund Schmidt, 2. Auflage Leipzig 1930, S. 116 (die Klammer wurde von mir hinzugefügt, T.A.C.).

einem gemeingültigen, bloß als Erkenntnis, der Größe nach, so verhält sie sich zu diesem wie Einheit zur Unendlichkeit, und ist also an sich selbst davon wesentlich unterschieden. Also, wenn ich ein einzelnes Urteil (iudicium singulare) nicht bloß nach seiner inneren Gültigkeit, sondern auch, als Erkenntnis überhaupt, nach der Größe, die es in Vergleichung mit anderen Erkenntnissen hat, schätze, so ist es allerdings von gemeingültigen Urteilen (iudicia communia) unterschieden, und verdient in einer vollständigen Tafel der Momente des Denkens überhaupt (obzwar freilich nicht in der bloß auf den Gebrauch der Urteile untereinander eingeschränkten Logik) eine besondere Stelle."[10]

Der allgemeine Logiker mag das Einzelne als das Allgemeine behandeln. Aber das Einzelne ist nicht das Allgemeine im Hinblick auf die Quantität, sagt *Kant*, und er begnügt sich mit der hübschen Annahme, daß alles, was gebraucht werde, die Nüchternheit von Tautologien sei. „Einheit ist nicht Unendlichkeit", sagt er beinahe mit diesen Worten.

Was für Kant eine Angelegenheit war, die nicht ausgesprochen werden mußte, vor allem, daß der menschliche Geist die Macht zur Synthese besitze, daß die Fähigkeit zum Urteilen angeboren sei und nicht ergänzt werden könne, wenn sie fehle, daß die Natur des Urteils auf Einbildungskraft beruhe, über die wir keine Kenntnis besäßen, und daß ein besonderes Urteil nur für einen allgemeinen Logiker ein allgemeines Urteil darstelle – diese sublimen beiläufigen „Nebensächlichkeiten" bilden für uns das Hauptproblem. Wir sind nämlich nicht länger damit zufrieden, der Fähigkeit zum Urteil zu gestatten, sich auf die blinde Vorstellungskraft zu verlassen. Wir halten es für notwendig, das phantasievolle Entscheiden der Analyse unterzuordnen. Das Spiel der aktiven Einbildungskraft innerhalb des Prozesses, der die Entscheidungsfaktoren auf einen Brennpunkt hinführt, wird zu einem Spiel – einem formalen Spiel im Sinne der Spieltheorie.

Können wir irgendetwas Fundamentales aus der Abhandlung zur Synthese in der Ersten Kritik lernen, vor allem aus dem synthetischen Urteil a priori? Man vergegenwärtigte sich für einen Moment *Kant*s Beispiel: „In einem gleichseitigen Dreieck sind zwei Seiten zusammen größer als die dritte". *Kant* versuchte anhand dieser Aussage drei Dinge zu zeigen:

1. Das Urteil ist nicht analytisch.
2. Es ist nicht empirisch oder sinnhaltig.
3. Es ist nichtsdestoweniger unangreifbar wahr.

Woher kommt dessen Wahrheit? Antwort: es ist die Beschaffenheit des menschlichen Geistes, wie der menschliche Geist eben zu sein pflegt.

Würde es möglich sein zu sagen, daß das Urteil: „In einem gleichseitigen Dreieck sind zwei Seiten zusammen größer als die dritte" für uns Moderne jetzt eine Entscheidung darstellt? Ist das Urteil wirklich keine Tatsachenentscheidung und deshalb in *Kant*s Sprache a priori? Ist das Urteil unbezweifelbar synthetisch, weil es nicht nur zwei, sondern viele Bestandteile geometrischer Argumente in einem Urteil zusammenbringt? Wir brauchen nicht länger seinen synthetischen Charakter als vom analytischen Charakter verschieden zu betonen, weil für uns

---

[10] *Immanuel Kant*, Kritik der reinen Vernunft (Anm. 9), S. 111.

analytische Urteile ebenso Entscheidung sein können. Aber wir möchten seine Besonderheit hervorheben. Es ist ein einmaliges Urteil.

Ich glaube, Entscheidungstheoretiker sollten nun diese Funktion des menschlichen Geistes, der eine Vielfalt von Überlegungen, die in der einzelnen oder singulären Entscheidung münden, zu einem Brennpunkt hinführt, einer ausgedehnten Analyse unterwerfen. Es wäre verlockend, diese Funktion die bewertende oder auch die bindende Funktion zu nennen, aber wir haben gesehen, daß mehr als ein Wert-Typ besteht. Beispielsweise gibt es Wahrheitswerte. Es gibt ästhetische Werte. Es gibt kreative Werte, den Wert des Neuen, des Originellen, des bisher Unbedachten. Das alles mag die Funktion beeinflussen, welche die vielen genannten Faktoren zum Brennpunkt einer Einzelentscheidung zusammenführt, aber sie sind nicht die Funktion selbst. Ich zögere daraus zu schließen, die Funktion sei autonom. Wir können vielleicht sagen, daß die angesprochene Funktion nicht „Werte", sondern „Bedeutung" zuschreibt. Sie macht bessere/schlechtere Urteile nicht zu wahren/falschen Urteilen, auch wenn im großen und ganzen Wahrheit besser als Falschheit ist. Dies gilt beim Fehlen besonderer Umstände, die im Einzelfall gelegentlich zur Entscheidung zwingen mögen, eine falsche für besser als die wahre zu halten.

Es wird nicht unbemerkt geblieben sein, daß unsere programmierten Computer die Operationen durchführen, singuläre Entscheidungen herzustellen. Jede „Ja- oder Nein-", „Gehe- oder Gehe-nicht-", „Null- oder Eins-"Festlegung, welche die Maschine vornimmt, ist eine Zuschreibung von Bedeutung. Eine nicht gewählte Alternative wird aufgegeben. Sie war die schlechtere und nicht die bessere Wahl. Freilich möchten wir nicht von der Entscheidung der Maschine behaupten, die Entscheidung sei ihre eigene, sondern vielmehr die ihrer Planer, Programmierer, Operateure. Wir könnten, wenn wir wollen, die Maschine dazu bringen, die Entscheidung wenigstens teilweise selbst zu entwickeln (ähnlich wie wir es mit den Instrumenten machen, die wir „Haustiere" nennen). Bedeutsam jedoch ist, daß die Entscheidungen der Maschine entweder richtig oder unrichtig (wahr oder falsch) unter Vermischung mit der Eigenschaft „gut" oder „schlecht" sind. In der Maschine fallen wahre Entscheidungen und wertvolle Entscheidungen zusammen. Was wahr ist, ist gut, und was gut ist, ist wahr. Dies ist der Fall, weil uns die Maschine zu einer rigorosen Logik (den von uns hineingelegten Vorschriften, um Wahrheit von Falschheit zu unterscheiden) verpflichtet. Die „Wahr/Falsch"-Unterscheidungen der Maschine verdunkeln oder verdecken ihre „Gut/Schlecht"-Funktionen. Wir sollten tatsächlich geneigt sein zu sagen, daß die „Gut/Schlecht"-Unterscheidungen in der Maschine trivialisiert sind, und weil sie mit den „Wahr/Falsch"-Unterscheidungen zusammenfallen oder dazu verkürzt sind. Ein Mensch, der mit einem programmierten Computer wetteiferte und auf dessen Regeln und Vorschriften festgelegt wäre, könnte nur insoweit „Fehler machen", wie er von den maschinellen Ergebnissen abwiche. Der Mensch mag fühlen, daß einige Entscheidungen, denen er zuneigen würde, „besser" wären als die der Maschine, aber unter den Spielbedingungen wäre diese Abweichung unzulässig und deshalb „falsch". Wir können also sagen, daß „Gut/Schlecht"-Entscheidungen zu „Wahr/Falsch"-Entscheidungen trivialisiert sind.

Andererseits fällt es nicht schwer, sich ein anderes Spiel mit veränderten Bedingungen vorzustellen: Man nehme an, die Maschine habe das gleiche Programm wie oben, aber der Mensch, der mit ihr wetteifert, sei ein Experte auf dem Gebiet, welches das Programm abdeckt. Falls wir dann die Expertenentscheidungen für autoritativ, also was er entscheidet für gut halten, dann sollten wir dazu neigen, all seine „guten" Entscheidungen „wahr" zu nennen. Diejenigen Fälle, in denen die Entscheidungen des Computers nicht mit denen des Experten übereinstimmen, sind Fälle, in denen die Computerentscheidungen „falsch" sind.

Wir dürfen dieses Spiel nicht wirklich als Wettbewerb zwischen zwei Menschen, dem Programmierer und dem Experten, ansehen, denn diese beiden erfüllen völlig unterschiedliche Funktionen. Die „Gut/Schlecht"-Entscheidung des Programmierers werden alle im voraus gemacht, auf „Wahr/Falsch"-Entscheidungen zurückgeführt und dann von der Logik der Maschine übernommen. Der Programmierer arrangiert die Dinge bewußt so, daß seine „Gut/Schlecht"-Entscheidungen auf „Wahr/Falsch"-Entscheidungen zurückgeführt werden können. Auf der anderen Seite reduziert der Experte seine „Wahr/Falsch"-Entscheidungen auf „Gut/Schlecht"-Entscheidungen. Der Schiedsrichter eines Baseballspiels soll beispielsweise dasselbe tun.

Die Funktion, an die wir denken, bringt eine Rangordnung hervor. Die zugehörige Hauptmethode ist die Dichotomie. Es wird eher dieses als jenes gewählt. Mit der Notwendigkeit einer Wahl und der Unmöglichkeit konfrontiert, das eine von zwei Gegensätzen zu wählen, läuft die Methode darauf hinaus, etwas dialektisch zusammenzufügen, um etwas Drittes hervorzubringen. Anders als das Denken, das bei Widersprüchen zu einem Haltepunkt kommt und seine Entwicklungsschritte zurückverfolgt um zu sehen, ob nicht eine genauere Unterscheidung einen der beiden Gegensätze ausschließt (eine Erscheinung kann nicht zugleich vorliegen und fehlen), versucht die Funktion, die irgendeiner Erscheinung eine „Bedeutung" zuschreibt, typischerweise eine Synthese herzustellen, auch wenn das Denken mit dem Prinzip des Widerspruchs den Zweck besser erfüllen würde.

Die Funktion, die zwischen besser/schlechter unterscheidet, bringt eine Rangordnung hervor. Was hat diese Operation mit der oben erwähnten besonderen oder einzelnen Entscheidung zu tun? Mir scheint, daß die Rangordnung, die durch jene Bedeutung zuschreibende Funktion des Geistes hervorgebracht wird, auf der individualisierenden Macht dieser Funktion beruht: Irgendeiner Präferenz wird also die Bedeutung zugeschrieben, sie besitze einen besonderen oder einzelnen Wert, oder von irgendwelchen zwei Objekten wird gesagt, es bestehe eine Rangordnung, welches Objekt zuerst komme. In der Entscheidung: „A ist besser als B" wird dem A der besondere Wert zugeschrieben, daß es besser als B sei und dem B wird die besondere Eigenschaft zugeschrieben, daß es schlechter als A sei. Dies ist der Grund, warum niemals irgendeine Sicherheit besteht, daß eine Serie von Objekten, die in eine Rangordnung gebracht ist, die Eigenschaft der Transitivität aufweist. Das kann der Fall sein, kann aber auch nicht der Fall sein. Tatsächlich können die Präferenzen abstufen oder auch nicht abstufen. Darauf beruht es, warum es vollkommen verständlich ist, daß A gegenüber B vorgezogen wird und B gegenüber C und C gegenüber A. Das mag für diejenigen gelegen kommen, welche die einzelnen Präferenzen einer Rangordnung in universelle oder allgemeine Präferenzen verwandeln wollen (also die Anhänger einer verallgemeinerten Entscheidungstheorie), aber wir wissen, daß die Bemühungen, aktuelle Präferenzen zu verallgemeinern oder generalisieren, einfach keinen Erfolg haben werden. Oder wir sollten vielleicht sagen, es geht, wenn es geht – und das trifft unglücklicherweise nur auf wenige kritische Fälle zu.

Die geschilderte Situation verlangt die Entwicklung einer Logik des Einzelnen und einer Mathematik des Einzelnen: eine empirische Mathematik, die keine Mathematik der Induktion von Besonderheiten zu allgemeinen Regeln, sondern eine Mathematik der tatsächlich bestehenden besonderen Objekte oder Ereignisse darstellt. Als ich erstmals auf dieses Problem stieß, war ich naiv genug zu glauben, daß die Theorie der Ordinalzahlen sicherlich meinem Ziel dienen würde. Ich dachte, daß der einzigartige Charakter der Eins im Vergleich zur Zwei, Zwei im Vergleich zur Eins und Drei usw. den Gegenstand gelehrter Studien bilden würde. Falls es das ist, kann ich es nicht herausfinden. Die Bemühungen gehen jedenfalls, auch wenn das mir falsch erscheint, in Richtung einer Reduktion von Rangordnungen von Ordinalzahlen zur Mengentheorie und von dort zu einer generalisierten Logik.

Ich habe nicht die leiseste Vorstellung davon, wie eine Mathematik des Einzigartigen aussehen würde. Ich weiß lediglich, wie sie nicht aussehen würde: sie würde jedenfalls nicht generalisiert sein. Dasselbe gilt für die Logik des Einzigartigen. In einer solchen Logik würde das Prinzip der Substituierbarkeit nicht gelten; ebensowenig die Transitivität. Die Identität selbst würde lediglich eine besondere Bezugnahme haben. Das würde der Charakter irgendeines der einzigartigen Objekte der Logik sein, bevor irgendein Benutzer damit umgeht. Jede einzelne Operation müßte redefiniert werden. Konjunktionen hätten eine besondere Bedeutung. Was heißt es, irgendetwas über ein einzigartiges A und ein einzigartiges B zu sagen? Gewiß nichts, was AB wäre. Ähnliches gilt für die Disjunktion. Das einzigartige A oder das einzigartige B mag einer Null entsprechen; es gibt kein „oder" zwischen Einzigartigkeiten. Die Kontradiktion müßte erneut überdacht werden. Es gibt kein „Nicht-A", falls A singulär ist. Symmetrie oder auch Asymmetrie auf der anderen Seite scheinen verwendbar zu sein.

Es müßte demnach also notwendig sein, der Nicht-Konjunktion, der Nicht-Disjunktion, der Nicht-Kontradiktion, der Nicht-Transitivität und der Nicht-Substituierbarkeit eine Bedeutung zu verleihen sowie der Identität und der Symmetrie einen besonderen Inhalt zu geben. Soweit zu den einzigartigen oder singulären Objekten in dieser Logik. Die erste Relation, die untersucht werden muß, bildet die Präferenz. Nunmehr leuchtet es wohl ein, daß „Präferenz" nicht transitiv ist und zwar nicht etwa deshalb, weil sie nicht-transitiv ist, sondern weil die Konjunktion im normalen Sinn, nicht im Zusammenhang mit Einzigartigkeiten paßt. Deshalb kann niemand sagen, er ziehe A gegenüber B vor und B gegenüber C, falls man hofft, durch dieses „und" die erste Präferenz mit der zweiten auf einem Weg zusammenzuschließen, wie die allgemeine Logik A und B zusammenschließt, um AB zu erhalten. Ebenso ist es eine besondere Eigenschaft der Konjunktion in der Logik, daß sich ihr Einfluß nicht durch Entfernung verringert. Am Ende einer unabgeschlossenen Menge von Anwendungen (A ist größer als B und B ist größer als C und C ist größer als D usw.) ist die Relation der Konjunktion genauso wirksam wie stets. Das aber läßt sich kaum auf eine Reihe von Präferenzen anwenden. Die Entwicklung dieser Logik der Einzigartigkeit würde so aussehen wie das Zurückverfolgen der üblichen Logik – der Film läuft also rückwärts. Denn was wir beabsichtigen ist nicht, die Entscheidung auszudehnen, zu verallgemeinern, sondern die Einzigartigkeit herauszustreichen und ihre vielfältigen Komponenten in einem Brennpunkt zusammenzuführen. Nur auf diesem Weg werden die unzähligen Jahrhunderte mit juristischen Entscheidungen ihre Reichtümer freigeben, um sie für eine solche Theorie der Entscheidung verwertbar zu machen, die einige Aussicht auf eine Annäherung an den aktuellen Prozeß des Entscheidens im täglichen Leben eröffnet.

6 Juristisches Entscheiden und die Logik des Einzelnen

Das Entscheiden vereinigt eine Vielzahl von Faktoren zu einem einzelnen Schluß. Zeitweise wird die gesamte relevante Vergangenheit überflogen und mündet im Augenblick der Entscheidung in einem einzelnen Urteil (ja oder nein, null oder eins, gehe oder gehe nicht, schuldig oder nicht schuldig).

Die ältere Logik stellte den juristischen Entscheidungsprozeß als Übergang von einer allgemeinen oder universellen Behauptung dar, die über eine besondere Behauptung (möglicherweise) in einem einzelnen Urteil münden sollte. Ein Beispiel:

Alle Menschen sind sterblich (das Allgemeine).

Sokrates (nicht anders als Plato, du und ich) ist ein Mensch (das Besondere).

Der *Sokrates*, Sohn des *Nicomachus*, Ehemann der *Xanthippe* usw. ist sterblich (das Einzelne).

Ohne Frage war auch *Aristoteles* mit dieser unausweichlichen Tendenz der universellen und besonderen Behauptung, sich in einzelne Behauptungen zu verwandeln, unzufrieden. Keine irgendwie geartete Differenzierung, keine Differenzierungsbemühungen werden bis zum Individuum „*Sokrates*" vordringen. *Aristoteles* sagte, Logiker, müßten auf der untersten Stufe, der „infima species" Halt machen. Doch ist die Individuierung genau dasjenige, dem der Vollzug des Syllogismus meist diente. *Leibniz* verwendete einen Kettenschluß, um zu zeigen, daß der Körper und das Blut Christi wirklich in der Eucharistie gegenwärtig seien und (bei einer anderen Gelegenheit), daß der *Graf von Neuburg* den gerade vakant gewordenen Thron von Polen besteigen sollte. *Spinoza* verwendete den Syllogismus zum Beweis der Existenz Gottes, also dem alleräußersten singulären Urteil, wie man sagen könnte.

Es ist für einen allgemeinen Logiker vollkommen schulgemäß, das einzelne auf ein allgemeines Urteil zu reduzieren. Wir könnten sagen, alle *Sokratesse*, also alle die berühmten dialektischen Söhne des Physikers *Nicomachus* mit dem Namen *Sokrates*, alle die Helden in *Plato*s Apologie, diese Ehemänner der widerspenstigen *Xanthippe*, alle diese (obwohl nur einer existierte) sind sterblich. Und das ist in genau demselben Sinne der Fall wie es zutrifft, daß alle Einer und alle einzigen Elemente einer allgemeinen Klasse von „Einern" sind.

Wir wissen, daß die Logiker des 19. Jahrhunderts, die *Leibniz* darin folgten, was er über den Syllogismus sagte, und nicht darin, was er damit tat, jenseits der Entschließung, den Untersatz oder den Mittelbegriff zu berücksichtigen, den Generalisierungsprozeß erfolgreich ausbauten. Logik wurde als das reine Geschäft im Bemühen um Generalisierung betrachtet. Alle Prämissen werden unterschiedslos als allgemeine Behauptungen angesehen; Axiome, Postulate, Definitionen und Theoreme bilden gleichermaßen Allgemeinheiten. Deduktion ist nicht länger ein Urteilsprozeß, sondern lediglich eine Erklärung. Die alte Anklage gegen den Syllogismus, daß nichts in der Schlußfolgerung als gültig auftauchen könne, was nicht bereits in den Prämissen enthalten sei, wurde als Test für die Gültigkeit einer Axiomenmenge bzw. ihrer Konsistenz angesehen.

Interessant ist der Vorgang, durch den die untere oder die besondere Prämisse von der generellen oder allgemeinen Prämisse geschluckt wurde. Die aristotelischen Bezeichnungen für Quantität (alle, einige, keine, einige nicht) wurden ausgebootet. Für alle logischen Klassen wurde vermutet, sie könnten eine unbegrenzte Zahl von Elementen erreichen. Der Prozeß, durch ein einzelnes Element einer Klasse die Klassenzugehörigkeit zugeschrieben erhielt, wurde einfach unter den Teppich gekehrt. Es wurde lediglich unterstellt, daß eine Klasse von Objekten bestehe, die alle die Charakteristika der Klassenelemente aufwiesen. Die Schwierigkeiten multiplizierten sich immer dann, wenn man sich der Aufgabe unterzog, tatsächlich existente Elemente aufzufinden, die den Platz der im voraus vermuteten Elemente einnehmen sollten. Ein ziemlicher Umfang an Wissen ist für die Methodologie notwendig, um Objekte angemessen klassifizieren zu können. Die Taxonomie ist weit davon entfernt, eine exakte Wissenschaft zu sein.

Der Prozeß, durch den einzelne Objekte subsumiert werden, ist nichts anderes als die wissenschaftliche Methodologie selbst. Die „Logik" für einzelne Objekte ist nicht weit über das Wissen zur Zeit *Kant*s noch, in diesem speziellen Fall, über *Aristoteles* hinausgelangt.

Die Logik zu generalisieren ist zu einem sehr einflußreichen Ziel bei allen Unternehmungen geworden, die Generalisierungen benötigen. Tatsächlich übernahm die Logik selbst als erste unter Vernachlässigung desjenigen Teils, den sie traditionell beim Urteilsakt spielt, den Vorstoß zur Generalisierung. Dann wurde die Mathematik „subsumiert", wiederum zum Nachteil all derjenigen Aspekte der Mathematik, die Einzigartigkeiten oder auch nur Besonderheiten herausstellten. Der Nutzen der Mathematik lag vor allem darin, den Prozeß der Generalisierung in diesem Fach explizit zu machen. Aber der Erfolg ist gering und auf bestimmte Gebiete beschränkt geblieben; vor allem die Zahlentheorie, in der, wie im Fall der Primzahlen, ein einzelner Aspekt der Objekte behandelt wird, ist zu wichtig, um übergangen zu werden. Dieselbe Erscheinung kann bei dem Kalkül beobachtet werden, wo der Begriff der Annäherung singuläre Urteile erfordert. Allgemein und ohne pädagogische Hintergedanken ausgedrückt:

Die angewandte Mathematik erscheint sehr wenig von den Versuchen beeinflußt zu sein, die Mathematik oder auch nur die Arithmetik auf Logik zu „reduzieren".

Auf dem Gebiet des Rechts hat die moderne Umkehrung der Logik von einem Vehikel zur Darstellung eines Urteils zu einem Vehikel, das lediglich zur Explikation einer Bedeutung dient, dazu geführt, daß die Logik für das Recht nutzlos ist. Die traditionelle propädeutische Funktion des Syllogismus, Urteile auf „logische" Fehler zu überwachen, ist verschwunden. Das gilt nicht nur für die Logiker, sondern auch für die Jurastudenten selbst, die sich dem Tod derjenigen Richtung verbunden fühlen, die weithin „mechanische Jurisprudenz" genannt wird, also auf dem Vertrauen in die Form des Syllogismus beruht, ein Urteil zu erzwingen. Diese Bewegung war gut. Aber sie forderte genau ihren Preis. Die Ordnung und der Zusammenhalt, denen die angenommene normale Behandlung des Gesetzes als einer oberen (allgemeinen) Prämisse bewirkte, unter welche die Tatsachen des Falles als untere (besondere) Prämisse im Hinblick auf die Entscheidung des Falls (dem singulären Urteil) zu subsumieren sind, gilt für uns nicht mehr. In der Tat haben wir keine Methodologie, um den Urteilsprozeß insgesamt darzustellen. Und dennoch ist es völlig offensichtlich, daß im Recht allgemeine Regeln auf tatsächliche Situationen angewandt werden, um Einzelfallentscheidungen zu erreichen.

Nicht nur das Recht, sondern die meisten anderen Berufe verwenden das generalisierte Erfahrungswissen, um in einem bestimmten Fall die einzelne Entscheidung an einen Brennpunkt heranzuführen. Die gesamte medizinische Praxis bietet dafür ein Beispiel. Die Medizin, die Ingenieurwissenschaften, die Sozialarbeit und in der Tat alle „angewandten" Wissenschaften, wie wir sie genannt haben, entsprechen diesem Bild. Die Trennung zwischen der Praxis, Recht (physisch oder anders) zu setzen, und der Praxis, Recht nicht zu spezialisieren, sondern abzuleiten, bildet die Trennungslinie zwischen Generalisierung und Singularisierung. Entscheiden bedeutet singularisieren.

Außer Logik benötigt die Entscheidungstheorie sowohl die wissenschaftliche Theorie als auch die rechtliche Praxis, um ihre Funktion zu erfüllen. Es mag sich als sehr schwierig herausstellen, diese beiden unterschiedlichen Denkweisen zusammenzuführen; sie aber getrennt zu halten bedeutet, daß die Entscheidungstheorie daran vorbeigeht, beide zu bereichern.

Zusammenfassung

Diese Studie diskutiert einige weitreichende Probleme auf dem Gebiet der Entscheidungstheorie. Es ist dringend erforderlich, daß unbewußte Vorgänge, welche in der Formulierung von Entscheidungen einfließen, erkannt und in Zukunftsmodelle des Entscheidens eingebaut werden. Vor allem muß in den rationalen Entscheidungsmodellen Raum gelassen werden für die Funktionen Intuition, Emotion, Gefühl oder Meinung, Nicht-Rationalität und moralische Werte. Die kennzeichnenden Besonderheiten des intuitiven Denkens werden beschrieben und die Unterscheidung zwischen dem Nicht-Rationalen und dem Irrationalen getroffen. Voreilige Modelle des rationalen Entscheidens werden im Hinblick auf die logische Bedeutung kritisiert, welche sie der Bezeichnung „Präferenz" zumessen. Entscheidungstheorie wird als etwas aufgefaßt, das es mit einzelnen Wahlakten zu tun hat. Der Beweggrund für die einzelne Wahl wurzelt im Kontext des einmaligen Urteils. Schließlich wird die Notwendigkeit für eine Logik der Einzelerscheinung diskutiert.

Summary

This paper discusses some long range problems in the field of Decision Theory. It is urged that unconscious processes involved in the formulation of decisions be recognized and subsumed in future models of decision making. In particular, room must be found in the models of rational decision making for the functions of intuition, emotion, feeling or sentiment, anti-rationality, and moral values. The distinguishing characteristics of intuitive thinking are described and the distinction between the non-rational and the irrational is made. Previous models of rational decision making are criticized as to the logical meaning whiche these models ascribe to the notion of "preference". Decision Theory is viewed as being concerned with singular choices. The consideration of the singular choice lies in the context of the unique judgement. Finally, the need for a logic of the singular is discussed.

Bibliographie

Um den Leser in die Lage zu versetzen, die vorliegende Thematik weiter zu vertiefen, folgt eine Bibliographie zu gegenwärtigen Aspekten der Entscheidungstheorie*. Diese Bibliographie ist eine auf den neuesten Stand gebrachte Ergänzung zu der Liste, die ich im Anhang zu meinem Artikel "Decision Theory in Law, Science and Technology, in: Science, Bd. 140 (Juni 1963), Nr. 3751 = *Rutgers* Law Review Bd. 17 (1963), S. 499, veröffentlicht habe.*

1. Entscheidungstheorie (Allgemein)

Arrow, Kenneth J.
Social Choice and Individual Values, 3. ed.
New York/London/Sydney 1966

Churchman, C. West – Krauch, Helmut
Information Display and Decision,
Berkeley 1969

Jeffrey, Richard C.
Logik der Entscheidungen
Wien/München 1967

Luce, R. Duncan – Raiffa, Howard
Games and Decisions, 7. ed.,
New York/London/Sydney 1967

von Neumann, John – Morgenstern, Oskar
Spieltheorie und wirtschaftliches Verhalten,
2. Auflage Würzurg 1967 (Translation of: Theory of Games and Economic Behavior, 3. ed. Princeton/New Jersey 1953)

Raiffa, Howard
Decision Analysis. Introductory Lectures on Choices under Uncertainty,
Reading/Mass. 1970

Rescher, Nicholas (ed.)
The Logic of Decision and Action,
Pittsburgh 1967

Rittel, Horst
Zur wissenschaftlichen und politischen Bedeutung der Entscheidungstheorie,
in: *Helmut Krauch* u. a. (Hrsg.), Forschungsplanung. Eine Studie über Ziele und Strukturen amerikanischer Forschungsinstitute,
München/Wien 1966, S. 110–129.

Schlaifer, Robert
Analysis of Decisions under Uncertainty,

* Sie wurde von Professor Dr. *Wolfgang Kilian*, Technische Universität Hannover, zusammengestellt, dem ich hierfür und für die Übersetzung meinen Dank ausspreche.

New York 1969

Shelly, Maynard W. – Bryan, Glenn, L. (ed.)
Human Judgements and Optimality,
New York/London/Sydney 1964

Shubik, Martin (Hrsg.)
Spieltheorie und Sozialwissenschaften,
Hamburg 1965

Simon, Herbert A.
Perspektiven der Automation für Entscheider,
Quickborn 1966

2. Der Jurist als wissenschaftlicher Entscheider

Birmingham, Robert L.
A Modell of Criminal Process: Game Theory and Law,
in: 56/57 Cornell Law Review 1970, p. 57–73

Braithwaite, R. B.
Theory of Games as a Tool for the Moral Philosopher,
Cambridge 1963

Esser, Josef
Vorverständnis und Methodenwahl in der Rechtsfindung. Rationalitätskriterien der richterlichen Entscheidungspraxis,
Frankfurt a. M. 1970

Friedrich, Carl J. (ed.)
Rational Decision,
New York 1964 (Yearbook of the American Society for Political and Legal Philosophy)

Gottlieb, Gidon
The Logic of Choice. An Investigation of the Concepts of Rule and Rationality,
London 1968

Haag, Karl
Rationale Strafzumessung. Ein entscheidungstheoretisches Modell der strafrichterlichen Entscheidung,
Köln/Berlin/Bonn/München 1970

Hughes, Graham
Rules, Policy and Decision Making,
in: The Yale Law Journal 1967/68, p. 411–439

Internationale Vereinigung für Rechts- und Sozialphilosophie (Hrsg.)
Die juristische Argumentation.
Vorträge des Weltkongresses für Rechts- und Sozialphilosophie Brüssel 29. VIII.–3. IX. 1971, Wiesbaden 1972

Jorgensen, Stig
Argumentation and Decision, in: Festskrift til Alf Ross 10. Juni 1969, ed. by Mogens Blegvad,
Kobenhavn 1969, p. 261–284

Ladd, John
The Place of Practical Reason in Judicial Decision, in: *Carl J. Friedrich* (ed.), Rational Decision,
New York 1964, p. 126–144

Losano, Mario G.
The Legal System from Theology to Technology,
in: ARSP 57 (1971), S. 485–502

Kaplan, Abraham
Some Limitations on Rationality, in: *Carl J. Friedrich* (ed.), Rational Decision,
New York 1964, p. 55–64

Knapp, Viktor/Vrecion, Vladimir
L'applicabilité des méthodes de la cybernétique au droit et à l'administration,
in: Revue internationale des sciences sociales; Tendances de la science juridique, Vol. 22 (1970), p. 501–508

Lasswell, Harold D./McDougal, Myres S.
Jurisprudence in Policy-Oriented Perspective,
in: University of Florida Law Review 19 (1966/67), p. 486–513

Makkonen, Kaarle
Zur Problematik der juridischen Entscheidung. Eine strukturanalytische Studie,
Turku 1965

Podlech, Adalbert
Wertungen und Werte im Recht,
in: AöR 95 (1970), S. 185–223

Schlink, Bernhard
Inwieweit sind juristische Entscheidungen mit entscheidungstheoretischen Modellen theoretisch zu erfassen und praktisch zu bewältigen?
in: *Hans Albert/Niklas Luhmann/Werner Maihofer/Ota Weinberger* (Hrsg.), Rechtstheorie als Grundlagenwissenschaft (Jahrbuch für Rechtssoziologie und Rechtstheorie, Bd. II)
Düsseldorf 1972, S. 322–346

Viehweg, Theodor
Topik und Jurisprudenz,
4. Auflage München 1969

3. Wahrscheinlichkeit und Statistik

Brown, Kenneth S./Kelly, Douglas G.
Playing the Percentages and the Law of Evidence,
in: Law Forum 1970, p. 23–48

Finkelstein, Michael O./Fairley, William B.
A Bayesian Approach to Identification Evidence,
in: Harvard Law Review 83 (1970), p. 489–517

Kaplan, John
Decision Theory and the Factfinding Process,
in: Stanford Law Review 20 (1968), p. 1065–1092

Tribe, Laurence H.
Trial by Mathematics: Precision and Ritual in the Legal Process,
in: Harvard Law Review 84 (1971), p. 1329–1393

4. Entscheidungstheorie und Sozialwissenschaften

Boulding, Kenneth E.
Conflict and Defence,
New York/Evanston/London 1963

Churchman, West C.
The Systems Approach. Einführung in die Systemanalyse,
5. Auflage 1971

Lautmann, Rüdiger
Rolle und Entscheidung des Richters – Ein soziologischer Problemkatalog,
in: *Werner Maihofer/Helmut Schelsky* (Hrsg.), Jahrbuch für Rechtssoziologie und Rechtstheorie I,
Bielefeld 1970, S. 381–416

Luhmann, Niklas
Legitimation durch Verfahren,
Neuwied/Berlin 1969

McWhinney, W. H.

Aspiration Levels and Utility Theory,
in: General Systems 1965, p. 131–144

5. Entscheidungstheorie und Psychologie

Edwards, Ward/Tversky, Amos
Decision Making,
Harmondsworth 1967

Weimar, Robert
Psychologische Strukturen richterlicher Entscheidung,
Basel/Stuttgart 1969

6. Voraussage juristischen Verhaltens

Baade, Hans W. (ed.)
Jurimetrics, New York/London 1963

Bigelow, Robert P. .(ed.)
Computers and the Law. An Introductory Handbook, 2. ed. New York 1969

Gore, William J./Dyson, J. W.
The Making of Decisions. A Reader in Administrative Behavior,
Glencoe 1964

Lawlor, Read C.
Excerpts from Fact Content of Cases and Precedent. A Modern Theory of Precedent,
in: Jurimetrics Journal 12 (1972), p. 245–270

7. Logik und Recht

Bar-Hillel, Yehoshua
Language and Information,
Reading/Mass./Palo Alto/London 1964

Kalinowski, G.
Introduction à la logique juridique. Eléments de sémiotique juridique, logique des normes et logique juridique,
Paris 1965

Keuth, Hans Herbert
Zur Logik der Normen,
Berlin 1972

Lampe, Ernst-Joachim
Juristische Semantik,
Bad Homburg/Berlin/Zürich 1970

Lorenzen, Paul
Normative Logic and Ethics,
Mannheim/Zürich 1969

Rave, Dieter/Brinckmann, Hans/Grimmer Klaus (Hrsg.)
Logische Struktur von Normensystemen am Beispiel der Rechtsordnung.
Referate und Protokolle der Arbeitstagung im Deutschen Rechenzentrum Darmstadt vom 1.–3. Oktober 1970,
Darmstadt 1971

Rödig, Jürgen
Die Denkform der Alternative in der Jurisprudenz,
Berlin/Heidelberg/New York 1969

Wagner, Heinz/Haag, Karl
Die moderne Logik in der Rechtswissenschaft,
Bad Homburg/Berlin/Zürich 1970

v. Wright, Georg Henrik
The Logic of Preference. An Essay,

Edinburgh 1963

8. Linguistik und Recht

Chomsky, Noam
Aspekte der Syntax-Theorie,
Frankfurt a. M. 1970

Lyons, John
Introduction to Theoretical Linguistics,
Cambridge 1971

Rave, Dieter/Brinckmann, Hans/Grimmer, Klaus (ed.)
Paraphrasen juristischer Texte,
Referate und Protokolle der Arbeitstagung im Deutschen Rechenzentrum Darmstadt vom 24.–26. Juni 1971,
Darmstadt 1971

9. Wiederauffinden von Informationen

American Bar Association (ed.)
First National Conference on Automated Law Research,
Atlanta March 16–18, 1972

Boyd, William E.
Law in Computers and Computers in Law: *A* Lawyer's View of the State of the Art,
in: Arizona Law Review 14 (1972), p. 267–311

Fraenkel, Aviezri S.
Legal Information Retrieval,
in: Franz L. Alt/Morris Rubinoff (ed.), Advances in Computers Vol. 9,
New York/London 1968, p. 113–178

10. Simulation und künstliche Intelligenz

Banerji, Ranan B./Mesarovic, Mihajlo, D. (ed.)
Theoretical Approaches to Non-Numerical Problem Solving,
Berlin/Heidelberg/New York 1970

Buchanan, Bruce G./Headrick, Thomas E.
Some Speculations About Artificial Intelligence and Legal Reasoning,
in: Stanford Law Review 23 (1970), p. 40–62

Reisinger, Leo
Automatisierte Normanalyse und Normanwendung,
Berlin 1972

11. Mensch-Maschine-Interaktion

Suhr, Dieter (Hrsg.)
Computer als juristischer Gesprächspartner.
Arbeitspapiere Rechtsinformatik, Heft 2,
Berlin 1970

Thompson, Howard
Joint Man/Machine Decisions. The Phase beyond Data Processing and Operations Research,
Cleveland/Ohio 1965

Hans D. Jarass

Das „Informationsgleichgewicht“ zwischen Parlament und Verwaltung*

Übersicht

A. Problemstellung

Die Beziehung zwischen dem Parlament und der Verwaltung nimmt eine zentrale Stellung im Regierungsprozeß ein. Sie hat schon seit langem das Interesse der verschiedensten Wissenschaftsbereiche erregt, insbesondere der Rechts- und Politikwissenschaft. Zahllose Untersuchungen wurden dieser Frage gewid-

---

* Die Abhandlung gibt im wesentlichen einen 1973 anläßlich einer Gemeinschaftsveranstaltung der Schweizerischen Vereinigung für Rechtsinformatik und der Universität Zürich gehaltenen Vortrag wieder. Inhaltlich stützt sie sich auf eine vom Verfasser 1971/72 in den Vereinigten Staaten durchgeführte größere Untersuchung, die unter dem Titel „Executive Information Systems and Congress“ 1974 im J. Schweitzer Verlag, Berlin, erschienen ist. Im folgenden werden nur erste Hinweise auf die amerikanische Literatur gegeben. Im übrigen wird auf die Untersuchung selbst verwiesen.

In Deutschland wurde das Thema schon mehrfach angesprochen, doch fehlt noch eine größere Darstellung, vgl. z. B. *v. Berg/Harboth/Jarass/Lutterbeck*, Schafft die Datenverarbeitung den modernen Leviathan?, ÖVD 1972, S. 3; *Geiger*, Datenschutz und Gewaltenteilung, in: *Kilian/Lenk/Steinmüller* (Hrg.), Datenschutz, Frankfurt 1973, S. 173; *Goller/Scheuring/Trageser*, Das KI-System, 1971, Kap. 8; *Haag*, Formalisierung und Kybernetisierung im Recht, Rechtstheorie 1972, S. 171; *v. d. Heydte*, Elektronische Datenverarbeitung und parlamentarische Demokratie, Festgabe für *Th. Maunz*, München 1971, S. 157; *Steinmüller* u. a., Das Informationsrecht des Parlaments, BT-Drs. VI/3826 Anhang; *Kamlah*, Der Informationsanspruch des Parlaments im Computerzeitalter, ÖVD 1971, S. 35, 60; *Luhmann*, Verfassungsmäßige Auswirkungen der elektronischen Datenverarbeitung, ÖVD 1972, S. 45; *Lutterbeck*, Entscheidungstheoretische Bemerkungen zum Gewaltenteilungsprinzip. Zur Problematik parlamentarischer Informations-

met[2]. Gleichwohl läßt sich immer noch nicht davon sprechen, daß sie gelöst ist. Heute nun wird die Beziehung von Exekutive und Legislative durch eine neue Stufe des technischenFortschritts erreicht, die alles tiefgreifend verändert, der Einführung von automatisierten Datenverarbeitungsanlagen. Diese Anlagen erleichtern einmal die Erfüllung bisheriger Aufgaben, bilden also ein besseres Instrument. Doch wird immer deutlicher, daß sie darüber hinausgehend die Aufgabenstellung selbst verändern, einen Wandel der Organisationen erzwingen, in denen sie eingesetzt werden[3]. So ist es reizvoll und nützlich zugleich, die alte Frage nach der Zuordnung von Parlament und Verwaltung auf dem Hintergrund, ja mit besonderem Blick auf diese Entwicklung neu zu überdenken.

Eine derartige Fragestellung wirft allerdings besondere Probleme auf. Einmal erfordert sie die Antizipation zukünftiger Entwicklungen. Ohne Zukunftsperspektive läßt sich gerade dieses Problem nicht zureichend beantworten. Zum anderen erfordert die Frage einen interdisziplinären Ansatz. Schließlich fehlen in diesem Bereich noch fast vollständig empirische Arbeiten[4]. So muß eine Antwort vorläufig und spekulativ bleiben.

Doch kann auf eine Antwort nicht verzichtet werden. Professor *Weizenbaum*, einer der führenden Fachleute auf dem Gebiet des Computerbaues, der sich zugleich mit den politischen Nebeneffekten von Datenverarbeitungsanlagen intensiv beschäftigt hat, betont immer wieder, daß Informationssysteme, einmal eingerichtet, nicht mehr veränderbar sind. Sie können nur noch wachsen[5]. So ist es in diesem Gebiet mehr als auf anderen nötig, zukünftige Entwicklungen gedanklich vorwegzunehmen, und die Wirkungen von Informationssystemen bereits vor ihrer Verwirklichung abzuschätzen.

Will man über bloße Gemeinplätze hinauskommen, kann die Frage nicht ohne konkreten Bezug auf ein bestimmtes Regierungssystem beantwortet werden[6].

---

rechte im Datenschutz, in *Kilian/Lenk/Steinmüller,* (Hrg.), Datenschutz, Frankfurt 1973, S. 187; *Podlech,* Verfassungsrechtliche Probleme öffentlicher Datenbanken, ÖDV 1970, S. 473; *Simitis,* Chancen und Gefahren der elektronischen Datenverarbeitung, NJW 1971, S. 673; *Steinmüller,* Stellenwert der EDV in der öffentlichen Verwaltung und Prinzipien des Datenschutzrechts, ÖDV 1972, S. 453; ders., Rechtspolitische Bemerkungen zum geplanten staatlichen „Informationssystem", in: *T. Würtenberger* (Hrsg.), Rechtsphilosophie und Rechtspraxis, 1971, S. 86.

[2] *S. J. Freeman,* The Political Process: Executive Bureau — Legislative Committee Relations, New York 1965, S. 8 ff mit zahlreichen Nachweisen.

[3] Vgl. z. B. *M. Meyer,* Automation and Bureaucritic Structure, American Journal of Sociology, Bd. 74 (1968), S. 256 ff.; *T. Wisler,* The Inpact of Computers on Organizations New York 1970, S. 44 ff. Zugleich wirkt sich der Einsatz von Computern auch auf die Außenbeziehungen der Organisatoren und damit auf deren Umwelt aus; dazu die Nachweise in: Harvard University Program for Technology and Society, Implication of Computer Technology, Cambridge, Mass. 1971, S. 27 ff., 46 ff.

[4] Vgl. die Auswertung der Forschung in dem in FN 3 erwähnten Bericht „Implications of Computer Technology".

[5] *S. J. Weizenbaum,* Alptraum Computer, in: Die Zeit vom 25. 1. 1972, S. 7.

[6] An diesem Mangel leiden die meisten Untersuchungen zum vorliegenden Thema. Bezugspunkt ist meist eine idealtypische Beziehung von Legislative und Exekutive. Gerade in diesem Bereich weicht aber die Verfassungswirklichkeit besonders weit von der Verfassungsnorm ab. Dazu die demnächst erscheinende Monographie *H. Jarass,* Politik und Bürokratie als Elemente der Gewaltenteilung.

Die Vereinigten Staaten bieten sich dazu aus zwei Gründen an. Einmal ist dort Legislative und Exekutive klarer voneinander getrennt[7], was eine stärkere Konzentration auf die Probleme des EDV-Einsatzes erlaubt. Außerdem ist dort die technische Entwicklung weiter als in Europa.

Schließlich gilt es noch klarzustellen, daß Bezugspunkt nicht die gesamte Beziehung von erster und zweiter Gewalt ist, sondern nur das Verhältnis zwischen dem Parlament, also dem „Congress“ und den Bundesbehörden[8].

B. Die Beziehung zwischen dem Kongreß und den Bundesbehörden

1. Als erstes ist es angebracht, einen wenn auch summarischen Überblick über die wechselseitigen Beziehungen zwischen Kongreß und Bundesverwaltung zu geben. Läßt man sich den Blick nicht durch traditionelle Vorstellungen verstellen, dann zeigt sich schnell, daß sowohl auf der Seite der Exekutive wie auf der Seite des Kongresses bestimmte *Untereinheiten* entscheidend für das Verhältnis der beiden Gewalten sind[9]. Sie bilden die Akteure im Zusammenspiel von Parlament und Verwaltung. Gerade für diese Frage ist es wenig ergiebig, Parlament und Verwaltung als eine Einheit zu betrachten[10].

Diese Untereinheiten haben ein erstaunliches Maß an Autonomie gewinnen können[11]. Auf der Exekutivseite zählen dazu die unabhängigen „Agencies“, denen bereits formell eine bestimmte Selbständigkeit gewährt ist[12]. Doch auch innerhalb der „Departments“, also der Ministerien, finden sich zahllose halbautonome Subsysteme, vor allem auf der Ebene der „Bureaus“[13].

Auf der Seite des Kongresses bilden die Ausschüsse bzw. die Unterausschüsse die entscheidenden Einheiten. Zu den beiden wichtigsten Typen zählen die „Sachausschüsse“, denen ein bestimmtes Sachgebiet zugeteilt ist, auf dem sie

---

7 Vgl. dazu *Diamond/Fisk/Garfinkel*, The Democratic Republic, 2. Aufl., Chicago 1966, S. 85 ff.; *Eliot/Chambers/Salisbury/Prewitt*, American Government, New York 1966, S. 85 ff.; *C. Pritchett*, The American Constitution, 2. Aufl., New York 1968, S. 174 ff., 195 ff.

8 Ausgeklammert bleibt damit die höchst bedeutsame Beziehung zwischen dem Kongreß und der „Presidency“ (d. h. dem Präsidenten und seinem Beraterstab), dazu *Keefe/Ogul*, The American Legislative Process, 2. Aufl., Englewood Cliffs, N. J. 1968, S. 397 ff.

9 Dies gilt zumindest bei einer Beschränkung auf bürokratische Aktionen, dazu *Jarass* (FN 1), S. 17 ff.

10 Allgemein zur Unergiebigkeit dieses Ansatzes *G. Allison*, Essence of Decision, Boston 1971, bes. S. 5 ff.

11 Für die Exekutive vgl. *A. Downs*, Inside Bureaucracy, Boston 1967, S. 132; *L. Gawthrop*, Bureaucratic Behavior in the Executive Branch, New York 1969, S. 66 ff. Für den Kongreß *R. Fenno*, The Internal Distribution of Influence: The House, in: *D. Truman* (Hrsg.), The Congress and America's Future, Englewood Cliffs, N. J. 1965, S. 53; *R. Huitt*, The Internal Distribution of Influence: The Senate, in: *D. Truman*, a.a.O., S. 89; *S. Huntington*, Congressional Responses to the Twentieth Century, in: *D. Truman*, a.a.O., S. 19 ff.

12 Dazu ausführlich *H. Emmerich*, Federal Organization and Administrative Management, 1971.

13 Berühmte Beispiele sind das Federal Bureau of Investigation und das Corps of Engineers of the U.S. Army, dazu *Gawthrop* (FN 11), S. 67 mit Nachweisen; vgl. auch *M. Bernstein*, The Job of the Federal Executive, Washington, S. 84.

für Gesetzgebung und Kontrolle der Verwaltung zuständig sind[14]. Eine große Rolle spielen auch die Haushaltsunterausschüsse („Appropriations subcommittees"), die für Budgetfragen in einem bestimmten Sachbereich zuständig sind[15].

2. Das Verhältnis von Parlament und Verwaltung ist idealiter eine Steuerungs- und Kontrollbeziehung[16]. Von da aus interessiert, welche Möglichkeiten diese Ausschüsse gegenüber der Verwaltung besitzen. Da es hier nicht so sehr um eine formal-rechtliche Betrachtung geht, zählen dazu auch zahlreiche Befugnisse des gesamten Parlaments oder eines der beiden Häuser, weil die Ausschüsse die Entscheidungen der größeren Einheiten meist vollständig präjudizieren[17].

a) Ein erster Ansatzpunkt für Einfluß ergibt sich aus der Tatsache, daß Behörden *Geld* benötigen. Dazu brauchen sie jedes Jahr die Zustimmung der zuständigen Sachausschüsse sowie der Haushaltsunterausschüsse[18]. Der besondere Einfluß der Ausschüsse ergibt sich nun daraus, daß die Behörden ihre finanziellen Ansprüche selbst in den Ausschüssen zu vertreten haben. Dies schafft einen direkten Kontakt zwischen den Ausschußmitgliedern und führenden Behördenvertretern, der natürlich ganz andere Einflußmöglichkeiten bietet als nur eine mittelbare Beziehung über die Regierung bzw. das Instrument des Gesetzes.

b) Behörden benötigen nicht nur Geld, sondern von Zeit zu Zeit auch neue *Gesetze* bzw. Gesetzesänderungen, sei es, daß bisherige Verfahrensvorschriften zu umständlich geworden sind, sei es, daß für neue Aufgaben neue gesetzliche Grundlagen nötig sind. Die Behördenvertreter sind also nicht nur genötigt, in die Ausschüsse zu gehen, um ihr jährliches Budget sicher zu stellen, sondern auch um ihre Forderungen nach Gesetzesänderungen durchzusetzen. Diese Verbindung ist für die Ausschußmitglieder auch deshalb von besonderem Wert, weil man in den Vereinigten Staaten – für einen deutschen Betrachter – recht großzügig mit der Koppelung von Fragen umgeht, die miteinander nichts zu tun haben. So kommt es häufig vor, daß der Kongreß seine Zustimmung zu einem bestimmten Gesetz oder zu einem bestimmten Budgetanspruch nur dann gibt, wenn die Behörde zusagt, in einem ganz anderen Gebiet den Vorstellungen des Ausschusses entgegenzukommen[19].

Der direkte Kontakt bietet dabei die verschiedensten Einflußstufen. Kongreß-

---

[14] Dazu *Keefe/Ogul* (FN 8), S. 167 ff.; *J. Lees*, The Committee System of the United States Congress, New York 1967, S. 15 f.

[15] Vgl. *Fenno* (FN 11), S. 55; *A. Macmahon*, Congressional Oversight of Administration; The Power of the Purse, Political Science Quarterly, Bd. 58 (1943), S. 176 ff.

[16] Das war der Hintergrund für die „Delegation Doctrine", die in der amerikanischen Verfassungsrechtsprechung eine große Rolle spielte, vgl. *Jarass* (FN 1), S. 12 ff.; *Keefe/Ogul* (FN 8), S. 423 ff.; *Pritchett* (FN 7), S. 198 ff., 205 ff.

[17] Vgl. *Fenno* (FN 11), S. 53 ff.; *Huitt* (FN 11), S. 89; *Keefe/Ogul* (FN 8), S. 162 ff.; eine Ausnahme findet sich bei *B. Hinckley*, Stability and Change in Congress, New York 1971, S. 102 ff.

[18] Vgl. *Gellhorn/Byse*, Administrative Law, Mineola, N. Y. 1970, S. 84 FN 6; *V. Key* Legislative Control, in: *Morstein-Marx* (Hrsg.), Elements of Public Administration, 2. Aufl., Englewood Cliffs, N. J. 1959, S. 314.

[19] Beispiele finden sich bei *W. Cary*, Politics and the Regulatory Agencies, New York 1967, S. 49 ff.

mitglieder können nur ihre Vorstellungen äußern, sie können Wünsche aussprechen oder direkte Forderungen stellen. Darauf nicht einzugehen ist für die Behördenvertreter recht gefährlich. Haben sie doch damit zu rechnen, in Kürze wiederum im Ausschuß erscheinen zu müssen, um ihr neues Budget oder einen Gesetzesentwurf zu vertreten[20].

c) Ein weiteres Einflußmittel für die Ausschüsse des Senats ergibt sich aus dem Recht des Senats, der *Ernennung* vieler Bundesbeamten zuzustimmen. Dabei braucht der Senat Anträge des Präsidenten nicht förmlich abzulehnen. Ein bloßes Nichtentscheiden über die Anträge genügt, um die Ernennung unmöglich zu machen. Und das kommt sehr häufig vor. So sind in den Senatsausschüssen in 10 Jahren über 5000 Ernennungen von Beamten liegen geblieben[21]. Es ist daher nicht erstaunlich, daß der Präsident bereits vor seinem Antrag die Wünsche des Senats bzw. des entsprechenden Ausschusses abklärt[22].

d) Weiter zu erwähnen sind *Untersuchungen* und *Hearings*, die in den Vereinigten Staaten auf Grund des enormen Publizitätseffekts dieser Einrichtungen eine viel größere Rolle als in Europa spielen. Auch hier liegt die hauptsächliche Bedeutung nicht so sehr in der offiziellen Funktion dieser Instrumente, also in der Beschaffung von Informationen oder der direkten Kontrolle der Verwaltung, sondern in dem „Abschreckungswert“, den sie gegenüber der Verwaltung besitzen. Wenn man z. B. bedenkt, daß die Security Exchange Commission für eine einzige Anfrage 10 000 Arbeitsstunden aufwenden mußte oder die Federal Communication Commission in einem Jahr 900 Arbeitstage für Hearings benötigte[23], kann man sich vorstellen, daß die Verwaltungsbehörden auf die „Androhung“ einer Untersuchung oder eines Hearings durchaus reagieren[24].

e) Schließlich sind noch die zahlreichen *informellen Kontakte* zwischen Ausschußmitgliedern und Behördenvertretern von Bedeutung. Telefonanrufe, Briefe und persönliche Treffen finden sehr häufig statt[25].

3. Gemessen an europäischen Verhältnissen ist dieses Arsenal von Möglichkeiten höchst beeindruckend. Gleichwohl ist es umstritten, welchen Einfluß der Kongreß tatsächlich auf die Verwaltung nimmt[26]. Vor allem die Abgeordneten selbst beklagen sich darüber, daß ihre Mittel doch recht stumpf seien[27].

Bei einer näheren Analyse der Beziehungen zwischen den verschiedenen Ausschüssen und den entsprechenden Behörden zeigen sich zwei ganz verschie-

---

[20] So *Gellhorn/Byse* (FN 18), S. 84.
[21] *Keefe/Ogul* (FN 8), S. 432.
[22] So *Cary* (FN 19), S. 10.
[23] So *Gellhorn/Byse* (FN 18), S. 88, FN 22.
[24] Vgl. *Cary* (FN 19), S. 51.
[25] Vgl. Congressional Oversight of Administrative Agencies, NYCBA Records, Bd. 5 (1950) S. 25 ff.; *Freeman* (FN 2), S. 122; *S. Scher*, Conditions for Legislative Control, Journal for Politics, Bd. 25 (1963), S. 534.
[26] Vgl. einerseits *J. Harris*, Congressional Control of Administration, Washington 1964, S. 35, und andererseits *C. Hyneman*, Bureaucracy in a Democracy, New York 1950, S. 166.
[27] *M. O'Leary*, Congressional Reorganizations: Problems and Prospects – A Conference Report, Hanover, N. H. 1964, S. 22 ff., 45; *Scher* (FN 25), S. 533.

dene Beziehungsmuster:[28]

Das eine läßt sich als „symbiotische Beziehung" kennzeichnen. Der Ausschuß läßt die Behörde mehr oder minder frei gewähren, während die Behörde umgekhrt die Interessen der Auschußmitglieder in Bezug auf Wahlkreis oder Interessengruppe bei ihrer Arbeit berücksichtigt.

Der andere Typus der Beziehung könnte als „gegenseitige Entfremdung" charakterisiert werden. Die Ausschußmitglieder greifen häufig in die Arbeit der Behörden ein, ohne dazu allerdings eine ausreichende Informationsgrundlage zu besitzen. Die Behördenvertreter empfinden das Parlament dann als institutionalisierte Obstruktion ihrer in mühevoller Arbeit entwickelten Pläne.

Beide Typen von Beziehungen lassen sich auf eine Ursache zurückführen, nämlich die *Diskrepanz von Einflußmöglichkeiten und Informationsbasis* bei den Ausschüssen. Die Ausschußmitglieder besitzen nicht die nötigen Informationen, um ihre Einflußmittel sinnvoll nutzen zu können. Entweder verzichten sie deshalb auf den Einsatz dieser Mittel, was dann die genannte symbiotische Beziehung zur Folge hat, oder aber sie machen ihren Einfluß trotz der problematischen Informationslage geltend, mit der Folge der gegenseitigen Entfremdung. Empirische Untersuchungen haben denn auch ergeben, daß die problematische Informationssituation der meistbeklagte Mangel unter Abgeordneten ist.

Der Informationsaspekt ist also in der Beziehung von Legislative und Exekutive von zentraler Bedeutung.

C. Einsatz von Informationssystemen in Parlament und Verwaltung[29]

Die Beziehung von Kongreß und Bundesbehörden wird in zunehmendem Maße vom Einsatz automatisierter Datenverarbeitungsanlagen beeinflußt. Von diesen Anlagen interessieren hier allerdings nur „Informationssysteme". Darunter sind Kombinationen von Computern und Informationsnetzen sowie die entsprechenden Spezialisten gemeint, deren Aufgabe es ist, den Informationsbedarf einer Organisation für komplexe Entscheidungen zu decken[30].

Im *Kongreß* finden sich erst bescheidene Ansätze. Natürlich gibt es Datenverarbeitungsanlagen für die Buchhaltung usw.[31]. Doch was die Unterstützung komplexer Entscheidungen angeht, ist der Einsatz von Datenverarbeitungsanlagen noch sehr beschränkt. Immerhin gibt es bereits einige Anfänge, was interne Informationen, also Informationen über den Kongreß selbst, angeht. So werden die Gesetzesvorhaben der verschiedenen Ausschüsse auf Band genommen und sind über Terminals abrufbar[32].

---

[28] Das folgende ist ein erstes wichtiges Ergebnis der Untersuchung von *Jarass* (FN 1), insbesondere S. 63 ff.

[29] Das herangezogene Material stammt großenteils aus den Jahren 1969 und 1970. Doch dürfte sich das Bild, was die Beziehung von Kongreß und Verwaltung angeht, nicht wesentlich geändert haben.

[30] Vgl. *Jarass* (FN 1) S. 65 ff.; *Leavitt/Whisler*, Management in the 1980's, Havard Business Review, Bd. 36 (1958), S. 6 ff.

[31] Vgl. *R. Chartrand*, Redimensioning Congressional Information Support, Jurimetrics Journal, Bd. 11 (1971), S. 174 f.

[32] *S. Chartrand* (FN 31), S. 175 f. Die Ausschüsse werden dabei über Interessenprofile bedient, Chartrand a.a.O.

Versucht man die zukünftige Entwicklung abzuschätzen, so ist für interne Daten ein zunehmender Einsatz von Informationssystemen zu erwarten. Dagegen ist eine ausreichende Versorgung mit externen Daten durch eigene Informationssysteme unwahrscheinlich.

In den *Verwaltungsbehörden* findet sich eine enorme Zahl von Datenverarbeitungsanlagen. 1970 wurden dafür 2,2 Mrd. Dollar ausgegeben[33]. Nun ist nur ein Bruchteil dieser Kosten für wirkliche Informationssysteme bestimmt. Die meisten Anlagen dienen der Automatisierung einfacher Verwaltungsprozesse. Immerhin, fast jede Behörde, die „etwas auf sich hält“, plant ein Informationssystem oder befindet sich gar schon in der Entwicklungs- oder Erprobungsphase[34]. Dabei lassen sich zwei Tendenzen beobachten: Einmal versuchen die Behörden mehr und mehr auf eigene Daten statt auf Census-Daten zurückzugreifen. Zum anderen erfolgen diese Projekte alle innerhalb einer Behörde, nicht etwa für ein ganzes Ministerium[35]. Diese Tendenzen werden sich noch verstärken. Im übrigen wird die zukünftige Entwicklung zweifellos durch einen noch stärkeren Einsatz von Informationssystemen gekennzeichnet sein.

D. Beibehaltung der traditionellen Informationsbeschaffung

Die zukünftige Informationssituation des Kongresses hängt entscheidend davon ab, welche Methoden der Informationsbeschaffung er benutzen wird. Zwei Möglichkeiten haben dabei die größte Wahrscheinlichkeit. Einmal kann der Kongreß die traditionellen Wege beibehalten. Zum anderen könnte er einen direkten Zugriff auf die Informationssysteme der Verwaltung bekommen.

Wenden wir uns zuerst der Alternative zu, bei der die traditionellen Wege der Informationsbeschaffung beibehalten werden. Will man die zukünftige Informationssituation des Kongresses unter dieser Alternative abschätzen, so muß Ausgangspunkt sein, daß bereits heute die Hauptinformationsquelle des Kongresses, was Informationen zur Kontrolle einer Behörde angeht, die Behörde selbst ist[36]. Dies wird sich mit der Einführung von Informationssystemen noch verstärken.

Zwei Gründe werden das unter anderem verursachen. Einmal besitzt ein Computer eine besondere Glaubwürdigkeit[37]. Wenn ein Behördenvertreter im Ausschuß anführen kann, daß seine These durch Millionen von Daten gestützt ist, hat das eine ganz andere Bedeutung, als wenn er sie nur als eigene Meinung oder die der Behörde ausgeben kann. Zum anderen ist eine Behörde mit eige-

---

[33] U. S. Congress Senate, Committee on the Judiciary, Federal Data Banks, Computers and the Bill of Rights, Hearings before the Subcommittee on Constitutional Rights, 92d Cong., 1st Sess., Feb. 23 – March 17 1971, S. 831. Hier findet sich auch, daß 1971 in der Bundesverwaltung 4756 Anlagen installiert waren.

[34] S. die Beispiele bei *Jarass* (FN 1), S. 73 ff.

[35] Dies betont *A. Downs*, A Realistic Look at the Final Payoffs from Urban Information Systems, Public Administration Review, Bd. 27 (1967), S. 210.

[36] S. *Jarass* (FN 1), S. 62; *A. Etzioni*, How May Congess Learn?, Science Bd. 159 (1968), S. 171.

[37] *Arthur Miller* bezeichnete das als des „Computers image of infallibility“, *A. Miller*, Personal Privacy in the Computer Age: The Challenge of a New Technology in an Information-Oriented Society, Michigan Law Review, Bd. 67 (1969), S. 1116.

nen Informationssystemen in der Lage, wesentlich mehr Informationen zu liefern, und, was noch wichtiger ist, viel schneller.

Trotzdem behält die Verwaltung unter dieser Alternative die Möglichkeit, die Informationen zu überprüfen und auszusieben[38]. Wer mit empirischen Daten arbeitet, weiß, wie sehr sich das Bild von Daten ändern läßt, wenn man nur den Untersuchungsbereich etwas verengt oder erweitert.

Insgesamt dürfte sich unter dieser Möglichkeit die Informationssituation des Kongresses erheblich verschlechtern, mit der Konsequenz, daß sich die Diskrepanz zwischen den Einflußmöglichkeiten der Ausschüsse und der Informationssituation noch erhöht. Der Trend zu einer symbiotischen bzw. einer wechselseitig entfremdeten Beziehung würde sich damit verstärken.

E. Direkter Zugriff des Parlaments auf die Informationssysteme der Verwaltung

Die Manipulierbarkeit von Daten durch die Verwaltung, wie sie unter der ersten Alternative möglich ist, legt es nahe, die Lösung der Informationsprobleme des Kongresses in einem „direkten Zugriff" des Kongresses auf die Informationssysteme der Verwaltung zu suchen[39]. Ein derartiger Zugriff würde einen erheblichen Aufwand implizieren. Auch bestehen einige rechtliche Probleme[40].

Doch diese Schwierigkeiten sollen hier ausgeklammert werden. Die Frage, die hier näher untersucht werden soll, ist, ob ein direkter Zugriff die Informationssituation des Kongresses überhaupt in relevanter Weise verbessert. Unterstellen wir also, daß der Kongreß einen direkten Zugriff auf die Informationssysteme der Verwaltung erhält: Eigene Terminals würden jederzeit Fragen ermöglichen, spezielle Suchroutinen wären abrufbereit, ein Stab von Spezialisten stünde zur Verfügung.

1. Will man die Informationssituation des Kongresses unter dieser Alternative abschätzen, dann ist es nötig, die Aggregierung von Daten in Informationssystemen näher zu untersuchen. Beginnen wir mit der Vorbereitung von Daten. Hier zeigt sich schnell, daß eine *Auswahl* getroffen werden muß.

Zum einen besitzen auch sehr große Informationssysteme nur begrenzte Kapazitäten. Noch wichtiger ist die Tatsache, daß mit dem Umfang der gespeicherten Informationen auch die Antwortzeiten wachsen. Lange Antwortzeiten bedeuten aber nicht nur eine gewisse Umständlichkeit. Sie bedeuten eine qualitative Än-

---

[38] Was auch getan wird, vgl. *J. Schlesinger*, Systems Analysis and the Politcal Process, Journal of Law and Economics, Bd. 11 (1968), S. 284.

[39] *Anthony Oettinger* hat dies allgemein als „Chief's Principle" formuliert: „Direct access to information on all levels for leaders", *A. Oettinger*, Communications in the National Decision Making Process, in: *M. Greenberger* (Hrsg.), Computer, Communications and the Public Interest, Baltimore 1971, S. 84 f.

[40] Hier ist vor allem das Problem des „Executive Priviledge" zu erwähnen, vgl. *R. Berger*, Executive Priviledge v. Congressional Inquiry, UCLA Law Review, Bd. 12, S. 1067 ff.; *J. Saloma*, Congress and the New Politics, Boston 1969, S. 213; vgl. auch die Aussagen in U. S. Congress Senate, Committee on the Judiciary, Executive Priviledge: The Withholding of Information by the Executive, Hearings before the Subcommittee on Separation of Powers, 92d Cong., 1st Sess., July 28 – Aug. 5, 1971.

derung: Eine Interaktion zwischen dem Benutzer und dem Informationssystem ist nicht mehr möglich[41].

2. Neben der Selektion der Daten erweist sich bei der Vorbereitung die *Definition* als fundamentales Problem. Jede Größe im Informationssystem muß operational definiert werden. Die Frage ist bei den „Sozialen Indikatoren“ näher untersucht worden. Dabei tauchten verschiedene Schwierigkeiten auf.

a) Für viele Größen gibt es mehrere Wege der Messung. So sieht die Größe „Kriminalität in einer Bevölkerung“ recht objektiv aus. Trotzdem streitet sich die Wissenschaft seit Jahrzehnten darüber, was unter Verbrechen zu verstehen ist[42]. „Realisten“ versuchen die wirklichen Verbrechen herauszufinden, während „Institutionalisten“ davon ausgehen, daß man von Verbrechen nur dort sprechen könne, wo sich eine organisierte, legitime soziale Reaktion findet. Beide Positionen sind weder richtig noch falsch. Vielmehr kommt es auf den Zweck an, zu dem sie benutzt werden sollen. Bei zahlreichen Größen ist eben nicht ein bestimmter Weg der Messung der allein richtige. Was der richtige Weg ist, hängt vielmehr davon ab, wozu die Größe benutzt werden soll[43].

b) Ein anderes Problem bei der operationalen Definition von Größen besteht darin, daß diese meist eine ganze Reihe von Dimensionen besitzen. Doch aus finanziellen oder sonstigen Gründen können nur eine oder nur einige gemessen werden. Wenn beispielsweise ein Erziehungssystem an der Zahl der Doktorate gemessen wird, ist offensichtlich, daß eine Reihe wichtiger anderer Dimensionen unter den Tisch fällt[44].

c) Auch dann, wenn mehrere Dimensionen gegeben werden, sind die Schwierigkeiten noch nicht erschöpft. Die Dimensionen müssen in einem Gesamt-Index verknüpft werden, was eine Wertentscheidung nötig macht. So werden z. B. im Kriminal-Index des FBI acht verschiedene Delikte gleichermaßen berücksichtigt, mit der Konsequenz, daß ein Diebstahl von 50 Dollar genau so stark zählt wie ein Mord[45].

d) Schließlich ist noch zu erwähnen, daß bei der Definition von Größen immer wieder qualitative Dimensionen zu Gunsten von quantitativen vernachlässigt werden[46].

3. Diese Schwierigkeiten, die allgemein bei der Definition von Größen bestehen, werden bei Informationssystemen zu einem besonderen Problem. Einmal bleiben Einseitigkeiten verborgen: Den Informationen, die ein Informationssystem ausgibt, sieht man nicht an, auf welche Art und Weise sie zustande gekommen sind. Zum anderen werden Einseitigkeiten oft durch raffinierte Verarbeitungs-

---

[41] Vgl. *Corbato/Vyssotsky*, Introduction and Overview of the Multics System, Fall Joint Computer Conference, Las Vegas, 1965, S. 186 f.

[42] Ausführlich dazu *Biderman/Reiss*, On Exploring the „Dark Figure“ of Crime, The Annals of the American Academy, Bd. 374 (1967), S. 1 ff.

[43] *Biderman/Reiss* (FN 42), S. 14 f.

[44] Vgl. *Etzioni/Lehman*, Some Dangers in „Valid“ Measurement, The Annals of the American Academy, Bd. 373 (1967), S. 3 f.

[45] Vgl. *D. Glaser*, National Goals and Indicators for Crime and Delinquency, The Annals of the American Academy, Bd. 371 (1967), S. 115.

[46] Das betonen *Chartrand* (FN 31), S. 234 und *Etzioni/Lehman* (FN 44), S. 4 f.

methoden „verschleiert“. Der enorme Aufwand bei der Aufbereitung von Daten in Informationssystemen täuscht leicht darüber hinweg, daß ursprünglich „weiche“ Daten eingegeben worden sind, was auch durch die geschickteste Verarbeitung nicht behoben werden kann[47].

4. Auch bei der *Aggregierung* von Daten ergeben sich notwendig Einseitigkeiten eines Informationssystems.

a) Das Definitionsproblem stellt sich erneut, nun nur auf höherer Ebene. Jede Größe der verschiedenen Aggregierungsstufen muß neu definiert werden.

b) Darüber hinaus zeigen sich noch zusätzliche Gründe, warum ein Informationssystem einseitig sein muß, bzw. warum es auch auf einen ganz bestimmten Zweck ausgerichtet zu sein hat. Sie ergeben sich aus der Art und Weise der Daten-Organisation. Von ihr hängt ab, wie lange die Antwortzeiten sind.

Das sei an zwei Organisationsformen illustriert. Als erste soll eine sequentielle Datenorganisation benutzt werden.

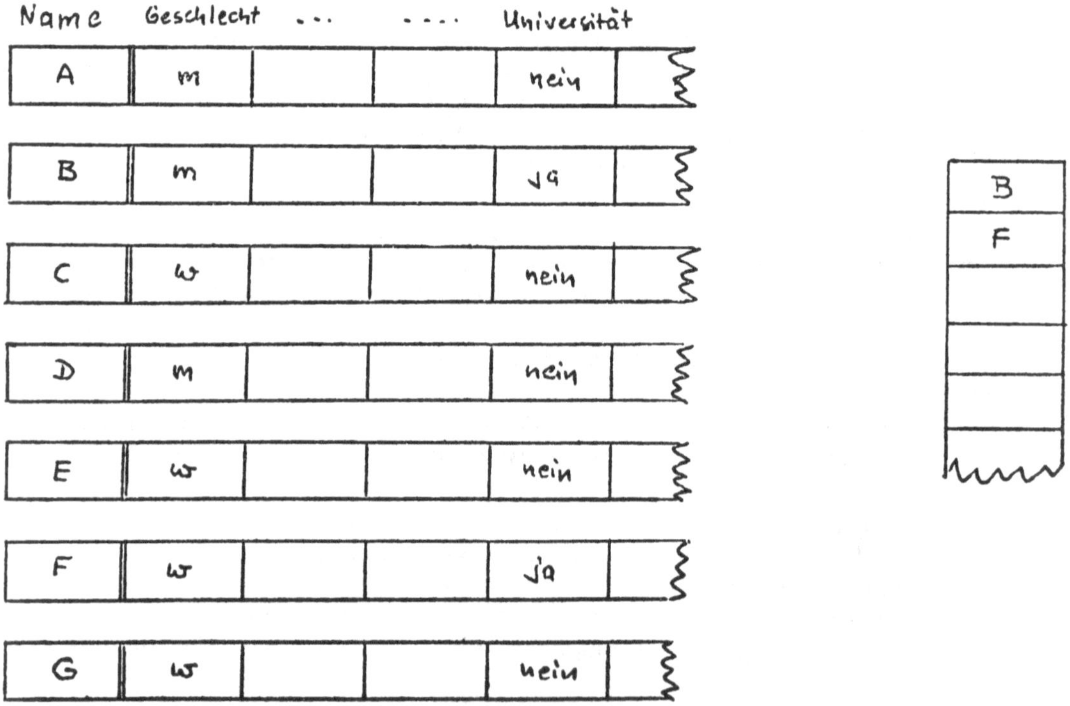

Wie sich aus der Darstellung ergibt, ist jedes Feld auf eine Person bezogen und enthält eine Anzahl von Attributen dieser Person. Unter den Attributen soll auch das Geschlecht und ein evtl. Universitätsbesuch sein. Falls nun die Frage interessiert, wieviele Frauen die Universität besucht haben, muß das System jedes Feld aufsuchen und hier die relevanten Attribute kontrollieren. Will man dies für

---

[47] So *Etzioni/Lehman* (FN 44), S. 11 f.

ein ganzes Land tun, dann ist das auch für eine größere Datenverarbeitungsanlage ein erheblicher Aufwand.

Ein sogenanntes invertiertes Feld kann diese Aufgabe vereinfachen. Es würde zum Beispiel all die Personen enthalten, die eine Universität besucht haben, mit der Folge, daß nur diese Personen in den sequentiellen Feldern aufzusuchen wären.

Die Schaffung von invertierten Feldern belastet auf der anderen Seite das System, so daß invertierte Felder nur für wichtige Fragen geschaffen werden können. Das hat die Konsequenz, daß das System auf bestimmte Fragen relativ schnell auf andere nur relativ langsam antworten kann.

Eine andere Form der Datenorganisation, die bereits etwas komplizierter ist, ist eine hierarchische Datenorganisation.

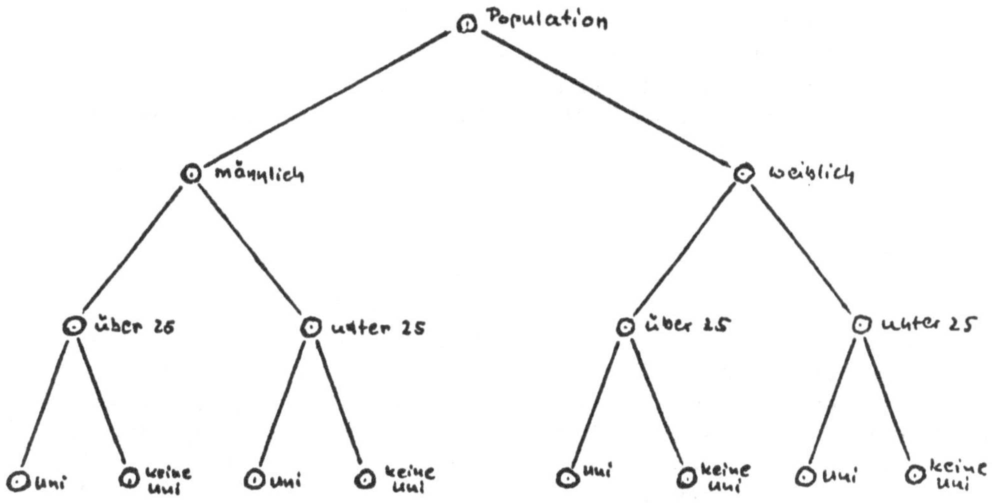

In einer derartigen Organisation enthält die höchste Variable die gesamte Population, die dann immer wieder in zwei oder mehrere Untervariablen aufgeteilt wird. Die Antwortzeit hängt nun davon ab, wie hoch die gesuchte Variable in der Hierarchie untergebracht ist. In dem hier präsentierten Beispiel würde die Frage nach der Anzahl der Männer nur das Aufsuchen einer einzigen Zahl bedeuten. Würde dagegen nach der Anzahl der Personen gefragt werden, die eine Universität besucht haben, dann wären 8 Zahlen aufzusuchen und zu addieren, wobei der Weg bereits zu jeder einzelnen schwieriger wäre. Das ist natürlich kein Problem für einen Computer. Doch mit einer wachsenden Hierarchie werden die unterschiedlichen Antwortzeiten durchaus relevant. Hier können sich Unterschiede in der Größenordnung von 10^3 ergeben.

Aus der Notwendigkeit der Selektion von Daten, aus den Problemen bei ihrer Definition und bei ihrer Aggregierung ergibt sich, daß Informationssysteme notwendigerweise einseitig sein müssen. Sie müssen auf die spezifischen Bedürfnisse der Benutzer zugeschnitten sein[48]. Bei der Selektion, bei der Definition, wie bei der Aggregierung sind diese Bedürfnisse zu berücksichtigen, soll das Informationssystem von Nutzen sein.

5. Für unsere Frage nach dem Wert eines direkten Zugriffs des Kongresses auf die Informationssysteme der Verwaltung hat das folgende Konsequenz: Die Informationssysteme sind verständlicherweise auf die besonderen Bedürfnisse der Behörde ausgerichtet, in der sie installiert sind. Die Bedürfnisse des Kongresses weichen jedoch davon ab und zwar gerade dort, wo es um die Kontrolle der Verwaltung geht[49]. So interessiert es die Behörde wenig, ob ihr Kompetenzbereich eingeschränkt, ob ganz andere Wege der Aufgabenerledigung funktional äquivalent sind. Diese Fragen sind dagegen für den Kongreß relevant. Das heißt aber, daß ein direkter Zugriff des Kongresses auf die Informationssysteme der Verwaltung von nur geringem Nutzen ist.

Nun könnte man fordern, der Kongreß müsse eben dafür sorgen, daß die Strukturen der Verwaltungsinformationssysteme auf seine Bedürfnisse zugeschnitten sind[50]. Doch stehen dem zwei Punkte entgegen:

a) Einmal dürfte es für den Kongreß kaum möglich sein, nicht nur bei der Schaffung sämtlicher Verwaltungsinformationssysteme darauf hinzuwirken, daß seine Bedürfnisse berücksichtigt werden, sondern auch bei dem ständigen Ausbau und der Verbesserung der Systeme seine Interessen zur Geltung zu bringen. Das ist vom Kongreß einfach nicht zu leisten.

b) Dazu kommt noch folgendes: In dem Maß, wie Informationssysteme auf die Bedürfnisse des Kongresses stärker ausgerichtet werden, sind sie für die Behörden, in denen sie etabliert sind, weniger brauchbar. Der Nutzen, der von den Informationssystemen gerade erbracht werden soll, reduziert sich damit und macht den gesamten Einsatz von Informationssystemen überhaupt fragwürdig[51].

Auch unter der zweiten Alternative der Informationsbeschaffung, dem direkten Zugriff des Parlaments auf die Informationssysteme der Verwaltung dürfte sich also die Informationssituation des Kongresses nicht wesentlich verbessern. Die Diskrepanz zwischen Einflußmitteln und Information würde sich nicht verkleinern.

F. Auswege aus der Problematik

Welche Auswege lassen sich aus diesen Schwierigkeiten vorstellen? Hier können nur einige Punkte skizziert werden.

1. Ein erster Punkt ist ein *autonomer Status* der Informationssysteme. Der Aus-

---

[48] Das wird in den USA immer deutlicher herausgestellt, vgl. *Chartrand/Janda/Hugo*, Information Support, Program Budgeting and The Congress, New York 1968, S. 14; *O. Dial*, Urban Infomation Systems, Cambridge, Mass. 1968, S. I ff.; *R. Hayes*, Information Retrieval: An Introduction, Datamation, Bd. 14 (1968), Heft 3, S. 26; *R. Levee*, Information Systems in the Seventies, in: *Knight/Curtis/Fogel*, Cybernetcis, Simulation and Conflict Resolution, New York, 1971, S. 196.

[49] Gerade deswegen ist eine Kontrolle der Verwaltung durch den Kongreß erst sinnvoll.

[50] Vgl. *Oettinger* (FN 39), S. 84.

[51] Weitere Probleme bei *Jarass* (FN 1), S. 91 ff.

stoß eines Informationssystems kann einseitig sein, weil die Wirklichkeit zu komplex ist, als daß sie vollständig erfaßt werden könnte. Insoweit ist es berechtigt, wenn die Bedürfnisse der Behörde in das Informationssystem eingehen.

Doch ist dies nicht der einzige Grund für Einseitigkeiten. Untersuchungen der Informationsverarbeitung in Organisationen haben eine Reihe anderer Ursachen aufgezeigt[52]. Der Ausschaltung derartiger Einseitigkeiten könnte eine gewisse Autonomie der Informationssysteme dienen. Auf diese Art und Weise wären sie von den Interessen und Einflüssen der Behörden, in denen sie eingerichtet sind, etwas getrennt. Wieweit diese Trennung jeweils zu gehen hat, würde sich nach den Besonderheiten des entsprechenden Gebietes und der entsprechenden Behörde richten müssen[53].

2. Ein weiterer Gesichtspunkt ist die *Publizität* der Systeme. Informationssysteme müßten grundsätzlich für jedermann und für jede Organisation direkt zugänglich sein, also einem direkten Zugriff unterliegen. Einseitigkeiten von Informationssystemen könnten dann über die Öffentlichkeit korrigiert werden.

Es braucht hier nicht näher ausgeführt zu werden, daß es dabei Einschränkungen geben muß. Einmal erfordert das Persönlichkeitsrecht der Personen, deren Daten sich im Informationssystem befinden, eine Beschränkung[54]. Zum anderen gibt es auch ein berechtigtes Bedürfnis der Verwaltung, nicht alles sofort an die Öffentlichkeit dringen zu lassen. Man denke an die Aufstellung von Plänen, die wahrscheinlich nie zustande kämen, wenn alle Betroffenen vom ersten Anfang bereits informiert wären[55].

Als Regelung bietet sich vielleicht eine Vermutung für die Publizität an. Die Bedürfnisse der Behörden würden von diesen selbst sicherlich sehr aktiv vertreten. Was den Schutz der betroffenen Bürger angeht, ist dagegen eine gesetzliche Abgrenzung nötig.

3. Eine wirkliche Lösung der prekären Informationssituation des Parlaments würde aber nur ein *eigenes System* für externe Daten erstellen. Nur auf diesem Weg könnte es seine Informationssituation wirksam verbessern. Doppelarbeit ist hier ausnahmsweise wirtschaftlich. Um die enormen Schäden zu vermeiden, die sich aus der einseitigen Ausrichtung von Informationssystemen ergeben können, sind die Investitionen für Parallelsysteme wohl begründet.

Zusammenfassung

Die Abhandlung fußt auf einem längeren Forschungsaufenthalt des Autors in den Vereinigten Staaten und versucht exemplarisch den Effekt von automatisierten Informationssystemen auf die Informationsbalance von Parlament und Verwaltung abzuschätzen.

Als konkreter Hinitergrund dient das Verhältnis von Kongreß und den Bundesbehörden in einigten Staaten, dessen Eigenheiten vorweg kurz dargestellt werden. In der Folge zeigt sich, daß die sowieso gefährdete Stellung des Parlaments gegenüber der Verwaltung

[52] Nachweise bei *Jarass* (FN 1), S. 49 ff.

[53] Zur Gefahr, daß dann die „Informationsbehörde“ ihre eigenen Einseitigkeiten entwikkelt: *Jarass* (FN 1), S. 95.

[54] Vgl. dazu das Standardwerk von *A. Westin*, Privacy and Freedom, New York 1970.

[55] Dazu *Westin* (FN 54), S. 46 ff.

nicht nur dann verschlechtert wird, wenn das Parlament die traditionellen Wege der Informationsbeschaffung beibehält. Der häufig empfohlene (direkte) Zugriff des Parlaments auf die Verwaltungsinformationssysteme bedeutet gleichfalls keine echte Hilfe. Ursache dafür ist letztlich der unvermeidliche Zwang, automatisierte Informationssysteme an einer genau definierten Benutzergruppe zu orientieren. Die in Deutschland weitverbreitete Vorstellung einer „Datenbank“, die Informationen für die verschiedensten Zwecke und Informationen bereithält, erweist sich als irreführend.

Summary

The article is a result of an extended research stay of the author in the United States. It is an attempt to evaluate exemplarily the effect of automated information systems on the information balance between parliament and administration.

The factual background is the relationship between the Congress and the federal administration in the United States the pecularities of which are briefly presented at the outset. Thereafter it is demonstrated that the – in any case endangered – position of the parliament in relation to the administration is deteriorating further not only when the parliament retains the traditional methods of procuring information. Likewise, the often recommended (direct) access of the parliament to the administration's information systems is no real remedly. Basically this is caused by the unavoidable necessity that automated information systems have to be oriented on a precisely defined user group. The idea which is prevalent in Germany of a "data bank" which provides data for all kinds of purposes and information proves to be erroneous.

Literatur

Cybernetics, Simulation and Conflict Resolution

Proceedings of the Third Annual Symposium of the American Society of Cybernetics. Ed. by *D. E. Knight*, *H. W. Curtis*, *L. J. Fogel*. Spartan Books, Washington & Macmillan, London. 1971. 250 Seiten. 5 £.

Die von namhaften US-Wissenschaftlern (u. a. *Th. Schelling*, *M. Shubik*, *I. K. Feierabend*) gehaltenen Vorträge am 3. Symposium der Amerikanischen Gesellschaft für Kybernetik sind in diesem Band wiedergegeben. Sie befassen sich mit der Möglichkeit, durch kybernetische Methoden soziale Konflikte vorherzusehen und zu lösen. Dabei wurden zwei aktuelle Beispiele ausgewählt: Die Studentenunruhen in den USA und die Simulation internationaler Konflikte. Es werden dabei nicht nur Koeffizienten für die politische Stabilität staatlicher Systeme aufzuzeigen versucht, sondern auch an Hand des amerikanischen Engagements in Vietnam Möglichkeiten des EDV-Einsatzes bei der politischen Entscheidungsfindung gezeigt. Den Abschluß des Bandes bilden einige futurologische Aspekte der technischen Möglichkeiten der kommenden Computer-Generationen bis zur 13. Generation, die etwa im Jahre 1994 vorhanden sein wird („ultraintelligent machine" mit Direkt-Speicherkapazität 10^{15} bits). Als Anwendungsbeispiel sei noch auf den Vorschlag eines nur mit Maschinen einer derart hohen Kapazität durchführbaren Systems der Demokratie hingewiesen (S. 241 ff.), das von 1–100 Punkten, die von jedem Wahlberechtigten, je nach seinem Alter, seinem Bildungsgang und seinem Familienstand zu vergeben sind, ausgeht und auf eine Verstärkung der direkten Demokratie hinzielt. Gerhard Stadler

Hinweis

Internationaler Kongreß für Datenverarbeitung (IKD) Berlin 1974
Resolution zum Datenschutz

Im Auftrag der Teilnehmer des Internationalen Kongresses für Datenverarbeitung, der in der Zeit vom 4. bis 7. September 1974 in Berlin stattfand, richteten die Mitglieder des Fachbeirats für diesen Kongreß folgende Resolution an die gesetzgebenden Gremien der im Europarat vertretenen Staaten:

Während überall in der Wirtschaft, der Industrie und der öffentlichen Verwaltung mehr und mehr Aufgaben mit Hilfe der automatisierten Datenverarbeitung gelöst werden, hat die Diskussion über die Auswirkungen der automatischen Informationsverarbeitung auf die gesellschaftlichen und staatlichen Ordnungen noch nicht zu einheitlichen Vorstellungen geführt. Viele der dabei auftretenden Probleme sind offenbar in ihren Auswirkungen auf die Gesellschaft noch nicht voll erkannt, obwohl sie sich schon heute als wesentlich ambivalenter und weitreichender erweisen als allgemein gesehen wird.

Je umfassender der Computereinsatz wird, umso dringender wird es, die Verhaltensregeln und Normen unserer Gesellschaft auf die neue Technik hin zu überdenken und – wenn es notwendig ist – zu modifizieren. Dabei kann es nicht uns Fachleuten auf dem Gebiet der automatischen Datenverarbeitung allein überlassen bleiben, die Normen für unsere Arbeit festzusetzen, sondern diese Aufgabe muß von den verfassungsmäßig dafür vorgesehenen Gremien wahrgenommen werden. Selbstverständlich sind wir jederzeit bereit, uns bei der Klärung und Lösung der anstehenden Grundsatzprobleme aktiv zu beteiligen.

Besonders vordringlich wird dabei die Diskussion folgender Problemkreise angesehen:

1. Durch Vergleiche bzw. Aggregierungen der über natürliche oder juristische Personen bei den verschiedensten Stellen gespeicherten Daten kann eine Transparenz entstehen, die zu Erkenntnissen führt, welche weit über das Informationsrecht der jeweiligen Institution oder Organisation hinausgeht und so das Schutzbedürfnis der genannten Personen möglicherweise erheblich verletzt.
2. Durch den verstärkten Einsatz der automatischen Datenverarbeitung mit der Erschließung immer neuer Kommunikationsmöglichkeiten kann die Balance- und Aus-

gleichsfunktion überkommener Organisationsstrukturen in Staat und Wirtschaft in Frage gestellt werden, ohne daß hier rechtzeitig ein Gegengewicht hergestellt wird. Dies kann letzten Endes dazu führen, daß Staat und Wirtschaft mit zunehmender Automation immer mehr von diesen technischen Hilfsmitteln und gleichzeitig von den sie bedienenden Menschen abhängig werden, und daß mit dem Wachsen der Abhängigkeit zugleich kleinste Gruppen der Gesellschaft immer größere Macht gewinnen, die letzten Endes zur absoluten Herrschaft dieser Gruppe von Technokraten und Funktionären führen wird (Macht ohne Mandat).

3. Im Hinblick auf die ständig zunehmenden internationalen Beziehungen in Staat und Wirtschaft, insbesondere auch auf den transnationalen Austausch innerhalb multinationaler Unternehmen können die Probleme des Datenschutzes nicht nur auf einen Staat bezogen betrachtet werden, sondern bedürfen einer abgestimmten überregionalen Behandlung. Aus diesem Grund werden die gesetzgebenden Gremien der im Europarat vertretenen Staaten aufgefordert, sich dieser Probleme mit besonderem Vorrang anzunehmen und geeignete Normen zu erlassen, die verhindern, daß etwa durch den Einsatz der automatischen Datenverarbeitung eine selbständige Gewalt entsteht, die unsere gesellschaftliche Ordnung in Frage stellt.

Veranstaltung

Thema: **Auswirkungen des Bundes-Datenschutzgesetzes und der neuen Buchführungsvorschriften auf EDV-Organisation**

Der Lehrgang behandelt die gesetzlichen Normen des Datenschutzes und die Neufassungen des Handels- bzw. Steuerrechts und gibt eine Interpretation dieser Vorschriften, außerdem die personellen, technischen und organisatorischen Auswirkungen und Grundvoraussetzungen für die Realisierung des Datenschutzes und seiner Nachprüfbarkeit.

Termin: 20. Januar 1975

Leitung: Dipl.-Kfm. Dr. K. Nagel, IBM Deutschland GmbH, Stuttgart

Programmanforderung und Anmeldung:

Fort- und Weiterbildungszentrum Technische Akademie Esslingen, 7300 Esslingen a. N., Postfach 748, Telefon (0711) 379 36, Telex 7-256 475 akes d.

FSC
www.fsc.org
MIX
Papier | Fördert gute Waldnutzung
FSC® C083411

Kolibri 360 GmbH
Ferdinand-Jühlke-Straße 7
99095 Erfurt, Deutschland
produktsicherheit@kolibri360.de